U0084093

古典文獻研究輯刊

初　編

潘美月・杜潔祥　主編

第 **29** 冊

歐陽脩《集古錄跋尾》之研究
——以書學、佛老學、史學爲主

蔡　清　和　著

羅振玉金文學著述

熊　道　麟　著

國家圖書館出版品預行編目資料

歐陽脩《集古錄跋尾》之研究——以書學、佛老學、史學為主，
蔡清和著／羅振玉金文學著述，熊道麟著 — 初版 — 台北縣永
和市：花木蘭文化工作坊，2005〔民 94〕
目 1＋158 面＋序 1＋目 1＋118 面；19×26 公分
（古典文獻研究輯刊 初編：第 34 冊）
ISBN：986-7128-04-4（精裝）

1.（宋）歐陽修－學術思想 2. 羅振玉－學術思想－金石
3. 金石－考證－目錄

791.7   94019019

ISBN 986-7128-04-4

9 789867 128041

古典文獻研究輯刊

初 編 第二九冊   ISBN：986-7128-04-4

蔡清和：歐陽脩《集古錄跋尾》之研究
　　　　——以書學、佛老學、史學爲主
熊道麟：羅振玉金文學著述

作　者　蔡清和／熊道麟
主　編　潘美月　杜潔祥
企劃出版　北京大學文化資源研究中心
出　版　花木蘭文化工作坊
發行所　花木蘭文化工作坊
發行人　高小娟
聯絡地址　台北縣永和市中正路五九五號七樓之三
　　　　　電話：02-2923-1455／傳眞：02-2923-1452
電子信箱　sut81518@ms59.hinet.net
初　版　2005 年 12 月
定　價　初編 40 冊（精裝）新台幣 62,000 元

歐陽脩《集古錄跋尾》之研究
——以書學、佛老學、史學爲主

作者簡介

蔡清和，民國五十二年出生於屏東縣鹽埔鄉。東海大學中文系畢業，國立中正大學中文研究所碩士。曾任教於雲林縣東南國中、正心中學，現為國立員林高中教務主任。平日喜蒐集碑帖、墨、硯，並以研墨臨書自娛。

提　要

　　長久以來，歐陽脩被定位為文史學家，而對於他在集錄古碑刻上所投注的心力，以及晚年餘暇在書法上的努力，則常為學者所忽略。筆者透過他晚年陸續寫就的《集古錄跋尾》內容，試圖找出諸多蛛絲馬跡，以窺探歐陽脩集古活動的真實內涵。

　　本文一開始從他的文集翰札裡及當時士人對他的描述，找到了不少有關歐氏集古的素材，再綜合後人對他此舉的觀感，筆者發現歐陽脩的集古一事，應是在一股極為強烈的好古癖好驅使下，所從事的一項高難度挑戰。因為古碑之蒐集，原本是可遇不可求之事；辨識古文字，亦非歐陽脩之所專擅；而缺乏書法的權威性，也是他常感不足之處。還好在他專心致志的追索下，時有所得；並且尚有幾位同道好友適時對他提供了不少援助，使他獲益匪淺，終成金石學界的重要先鋒。

　　所以本文自第三章起，即先針對他在《集古錄跋尾》裡有關書法的跋語，將之一一挑出，並在歐氏其它相關文札中，找到相互印證的話語，以探求他在書學上的努力。經由資料的分析歸納，筆者看到歐陽脩在書法上所付出的努力，其實並不亞於一般書法名家，只是大家還是沒能將之當作書法家看待，如果對他的書法有所好評，也常是因為歐氏的文名與人品太高之故。但不容忽視的是，歐陽脩在《集古錄跋尾》裡傳達出的許多見解，對整個宋代書法界來說，仍有他一定的影響力。

　　研究《集古錄跋尾》還有一項重大發現，即是筆者透過此書，竟找到數十則有關排佛斥老的跋語，可見歐陽脩在維護儒家學說的立場上，是極為堅定而積極，雖然自宋代以來，學界對歐氏晚年的排佛行動是否已有動搖，出現許多不同的意見，但若由此書的內容與寫作年份來看，歐陽脩在五十八歲前的排佛應是未曾鬆動。至於此後至過世前的八年之間，歐陽脩的排佛之志，是否出現變化，筆者亦可從他六十六歲時與子歐陽發等編定《居士集》時，竟刪除與排佛無涉的〈本論〉上篇，而留下專論排佛的〈本論〉中篇與下篇一事來判斷，歐陽脩應是堅決排佛至死前都未曾稍歇。

　　而對於歐陽脩在史學上的創發，筆者在整理此書時，亦專闢一章以為探討。以金石證史，是他在史學上的一項創舉，也是他最常於書中自許的事功，歷代不乏學者對他作出高度推崇。但其真實內涵為何？迄未有人詳加整理分析，本文第五章即是筆者歸納《集古錄跋尾》在史學上的實際應用與作法，以見歐陽脩對史料的科學態度，並藉此感受他金石證史之功。另，《集古錄跋尾》亦可提供史鑑，歐氏對於文士不修品德，而只是想藉金石以期不朽之作法，頗不以為然。究竟，金石雖堅，仍是敵不過歲月自然的摧殘，唯有泊然無欲，不為禍福所動，不被利害所誘，才是聖賢之道，也才得以不朽。

目錄

第一章 緒 論

第一節 研究動機和目的

　　筆者是書法學習者與愛好者，平日在提筆臨池之餘，就是以蒐集歷代碑帖、賞玩古今名蹟為樂，當初選擇中文系為志願，以及目前進修中文研究所，或多或少都與書法有關。在碩論研究主題的取材，難免也是圍繞在書法相關議題上打轉，所以在興趣的引領下，我自然地找到歐陽脩《集古錄跋尾》以為研究主題。因為這是歐氏一生傾注心力，蒐集一千卷歷代碑帖之後，在賞玩字蹟、研究考證之餘而寫成的著作，這樣的蒐集過程與寫作背景，對於喜好書法、蒐集碑帖的我來說，是再親切不過的事了，尤其是每當我展卷閱覽研讀之際，看到歐陽脩寫道：「斯人之作，非好古者，不知為可愛也。然來者安知無同好也邪？」（唐元結〈峿臺銘跋尾〉）心弦就不自覺地被撥動了起來，久久不能自已，所以不顧自我能力之不足，便毅然決然以此書作為我的研究對象。

　　研究歐陽脩，早已是文史學者關心的課題，多年以來，實不乏豐贍的研究成果呈現在吾人面前。對於歐陽脩的研究，似乎是不易再有任何發現了。而長久以來，歐陽脩也只是被定位為文史學家而已，對於他在其它面向的努力，諸如集錄古碑刻上所投注的心力，以及晚年餘暇在書法上的努力，則向為學者所忽略。近幾年來，隨著學術界研究觸角的多向延伸，已有幾位學者專家注意到他在書法、金石學上的高度成就，經由論文的陸續發表，已漸漸改變人們對歐陽脩的固定印象。

　　儘管如此，當我們提及宋代書法名家，人們首先想到的往往還是蘇、黃、米、蔡四人，而甚少將歐陽脩列入其中。雖然歐陽脩留下幾件書法名蹟，也在文集中

寫下不少關乎書法之論述，又有《集古錄跋尾》之作，開啓了宋代金石學研究之先河，但在後人眼中，歐陽脩充其量只是一位好古之文人，或只是一位金石學家，仍未能取得如蘇、黃、米、蔡等書家之地位。而他在金石學上的努力，雖開風氣之先，也未如他的文學、史學成就，而能引起廣大學者之注意，實爲可惜。

　　細審歐陽脩的集古之舉，其實在他的一生當中，是佔有一定比例與重要意義的事業。因爲當我們翻開《集古錄跋尾》，便會發現他在此書中傳達的，除金石學之外，還可見其強烈的排佛思想與文史書法等諸多創見，雖然這些論點，未必有嚴密之組織與架構，只是隨想隨記而散見於各碑碑末的跋尾，但若要研究歐陽脩的書法成就、排佛思想及在史學上的創發，《集古錄跋尾》反倒成了最眞實、最自然的資料，如不著力於此，只從他其它論著下手，恐將難窺其堂奧，亦必然有所疏漏。因此之故，他蒐集眾多古碑刻的背後，及反映在《集古錄跋尾》的諸多意念，就成了研究歐陽脩思想不可或缺的重要材料。

第二節　研究內容和方法

　　有感於《集古錄跋尾》對於作者歐陽脩之重要，本論文擬以此書之內容爲主，其它歐陽脩相關著作爲輔，針對他在金石、書法、排佛、史學之見解，分成幾個面向來探討：

一、集錄古碑刻與成書經過

　　歐陽脩的集古，主要是集錄何種古物？他又是如何完成此一壯舉？他遇上了那些困難？而《集古錄》與《集古錄跋尾》之差別何在？其對後世影響又如何？

二、由《集古錄跋尾》看歐陽脩之書法

　　歐陽脩的書法成就如何？他對書法的熱愛，常被後世所忽略，於《集古錄跋尾》書中，面對著諸多古代碑刻，正有不少與書法相關話題可以盡情發揮。他本身具備的書法觀念，以及他的書法學習過程，是否能從此書得到一個概況？

三、由《集古錄跋尾》看歐陽脩之排佛

　　歐陽脩排斥佛、老，向來不遺餘力，在《集古錄跋尾》裡，可以清楚認識到他對佛、老的排斥，主要是集中在佛教之上。而他如何在集古之時借題發揮？以及他排佛的重點何在？或許能在此書中得到解答。又因學界對歐陽脩是否在晚年之時，對佛教之排斥已有鬆動現象，至今仍是一件公案，不易解決，筆者嘗試由《集古錄跋尾》書中找尋線索，進而擴及到他其它資料，或許能因此而獲得些許創發。

四、由《集古錄跋尾》看歐陽脩之史學

歐陽脩的集古，除卻排遣生活之外，還有一個嚴肅的課題，即是以金石資料來考證史實，這是歷史學界一項極其重要的創發，他是如何提出與應用在學術之上？以及如何辨明金石資料的可靠與否？相信亦可從本書的探討之後，得到一些啓發。

衷心期望在逐一爬梳之後，與其相關著作相互闡發，以整理出歐陽脩的好古情懷（集古癖），幫助學者們認識歐陽脩中晚年生活的眞實面貌，同時亦將他於本書中所提出的的書法評論、排佛思想及金石證史之論，作一試探性之評析。

由於《集古錄跋尾》的資料引發，筆者注意到些許值得研究之問題，在探索的過程裡，常常需要再從歐陽脩的其它著作裡尋找可資印證的材料，所以雖然題目鎖定在《集古錄跋尾》一書，但其實在整個論文的研究上，筆者發現，不論是書法問題、排佛思想、或是金石證史的問題上，要研究歐陽脩的問題，是無法截然強加劃分的，而之所以會以《集古錄跋尾》爲主要線索，也是考量到個人才力有限、學養不足，只能從中選取相關重點以作爲研究主題，若因此而有所遺漏，也是難免之事，尚期大方之家不吝批評指教爲幸。

第二章　集錄古碑刻與成書經過

第一節　歐陽脩的好古與集古

　　宋代文人中，歐陽脩不僅以文章主盟文壇，又以集錄古碑刻帶動金石學的發展，而爲後人所稱道。關於他的文章，學界論述已多，無需筆者贅語，而有關他集古的內在原因，則是本文所欲探究之重點。以下即爲筆者所作之探討。

　　歐陽脩集古的內在因素爲何？儘管他曾對其季子歐陽棐說：「吾集錄前世埋沒缺落之文，獨取世人無用之物而藏之者，豈徒出於嗜好之僻而以爲耳目之玩哉？其爲所得亦已多矣〔註1〕！」但如細審他集古的背後動機，則不難發現，他的集古除了有神聖的學術使命以外，仍是在強烈的好古癖驅使下開始了他的集古活動，吾人可在以下四方面窺知。

一、見諸書信翰札

　　在歐氏與朋友的書函，不難找出原因。他在〈投時相書〉中有言：「獨好取古書文字，考尋前世以來聖賢君子之所爲，與古之車旗服器名色等數，以求國家之治、賢愚之任〔註2〕。」即道出自己有一股強烈的好古癖，且這股好古之癖主要是集中在「古書文字」方面，所以歐陽脩在好古癖的驅使下，蒐集的古物並非一般骨董，而是與古文字有關的金石碑刻。

　　另在〈與蔡君謨求書集古錄序書〉裡又言：「竊復自念，好嗜與俗異馳，乃獨

〔註1〕（宋）歐陽脩，《歐陽文忠公集》五，〈錄目記〉（上海：上海書店，1989 年 3 月，《四部叢刊》初編），頁 2 下～3 上。

〔註2〕同註1，《歐陽文忠公集》二《外集》卷第十六，頁 13 下。

區區收拾世人之所棄者,惟恐不及,是又可笑也。因輒自敘其事,庶以見其志焉〔註3〕。」可見歐陽脩一再強調自己的嗜好是絕對不同於流俗,在看似自嘲的語氣裡,又透露出些許的自豪。

而他真正提出著錄集古專書,則始自嘉祐四年(1059)時,寫給劉原父的書信,他說:

> 愚家所藏集古錄,嘗得故許子春為余言:「集聚多且久,無不散亡,此物理也。不若舉取其要,著為一書,謂可傳久。」余深以其言為然,昨在汝陰居閒,遂為〈集古錄目〉,方得八九十篇,不徒如許之說,又因得與史傳相參驗證,見史家闕失甚多〔註4〕。

為了傳之久遠,歐陽脩聽從許子春的意見,將蒐集所得,舉取其要,著為一書,這若不是有極大的興趣在背後支撐,恐亦不易完成。

除此以外,他有數則翰札言及蒐集到古碑刻的欣喜情狀,可讓我們想見他當時的癡態,如〈與韓忠獻王稚圭〉的書信:

> 前在潁承示碑文甚多,愧荷之懇,已嘗附狀。今者人至,又惠宋公碑二本,事蹟辭翰,可令人想慕張迪碑并八關齋記,此之所有,聊答厚賜〔註5〕。

又如在〈與馮章靖公當世〉的書信:

> 前承惠碑多佳者,甚濟編錄,感幸!感幸!聞金陵有數廳梁陳碑,及蔣山題名甚多,境內所有,幸為博采以為惠,實寡陋之益也。

> 承惠寄碑刻,既博而精,多所未見,寡陋蒙益,而私藏頓富矣!中年早衰,世好漸薄,獨於茲物,厥嗜尤篤,而俗尚乖殊,每患不獲同好。凡如所惠,僅得二三,固已為難,而驟獲如是之多,宜其如何為喜幸也〔註6〕!

都是提及獲贈碑刻的喜悅,於此,歐陽脩為了蒐集古碑,竟表現出貪多務得之樣態,足見他對集古之熱切。而又於〈與王懿敏公仲儀〉的書函,有幾句話是這麼說:

> 蜀中碑文雖古碑斷缺,僅有字者,皆打取來。如今祇見此等物,粗有心情,餘皆不入眼也〔註7〕。

〔註3〕同註1,《歐陽文忠公集》三,《外集》卷第十九,頁9下。
〔註4〕同註1,《書簡》卷第五,頁1上~1下。
〔註5〕同註1,《歐陽文忠公集》五,《書簡》卷第一,頁4下~5上。
〔註6〕同註5,《書簡》卷第三,頁6下~7上。
〔註7〕同註6,頁10上~10下。

只要是有字的古碑，皆請朋友爲他打取來，因爲歐陽脩此時的心情是除了古碑以外，其餘「皆不入眼」。由此更是將他對古碑的渴求，表露無遺。

在〈與張直方〉信裡，他關心的也是蒐集碑刻的問題：

> 縣境有好碑，試爲訪之，別後所收必多也〔註8〕。

而在與劉原父的書函，也有一處極盡誇張的描述：

> 昨日進奏院送九月十五日所寄書，竊承動履清勝，兼復惠以古器銘文，發書驚喜失聲，群兒曹走問，迺翁夜獲何物，其喜若斯？信吾二人好惡之異如此，安得不爲世俗所憎邪？其窮達有命爾，求合世人以取悅，則難矣！自公之西，集古屢獲異文，并來書集入錄中，以爲子孫之藏也〔註9〕。

此文中的「發書驚喜失聲，群兒曹走問，迺翁夜獲何物，其喜若斯？」一段所記，若不是歐陽脩的同好劉原父，大概不是一般大眾所能感受，在此，歐陽脩不禁要感慨：「信吾二人好惡之異如此，安得不爲世俗所憎邪？其窮達有命爾，求合世人以取悅，則難矣！」。

二、見諸歐陽脩《集古錄目序》

對於自己的集古，歐氏在《集古錄目序》裡有一段詳細的說明，茲錄其文於下：

> 物常聚於所好，而常得於有力之彊，有力而不好，好之而無力，雖近且易，有不能致之。象犀虎豹，蠻夷山海殺人之獸，然其齒角皮革可聚而有也；玉出崑崙流沙萬里之外，經十餘譯，乃至乎中國；珠出南海，常生深淵，採者腰絙而入水，形色非人，往往不出，則下飽蛟魚；金礦于山鑿深而冗遠篝火餱糧而後進，其崖崩窟塞，則遂葬於其中者，率常數十百人，其遠且難而又多死，禍常如此，然而金玉珠璣世常兼聚而有也，凡物好之而有力，則無不至也〔註10〕。

如他所言，象犀虎豹的齒角皮革，與藏於深山大海的金玉珠寶，是一般世人之所愛，但這等嗜好，往往需要勞動眾多苦役，冒著生命危險，遠涉外域，歷經年歲，方能取得，而這種爲滿足個人私慾，卻常爲無辜者帶來禍害。以歐陽脩看來，卻

〔註8〕同註5，《書簡》卷第四，頁9下。
〔註9〕同註5，《書簡》卷第五，頁10下。
〔註10〕同註5，《歐陽文忠公集》五，《集古錄目序》，頁1上。

是「無欲於其間」的，所以他對於象犀虎豹的齒角皮革，與藏於深山大海的金玉珠寶，並無多大興趣。

相較之下，歐陽脩的嗜好則大異於此，他說：

> 湯盤孔鼎岐陽之鼓，岱山鄒嶧會稽之刻石，與夫漢魏已來聖君賢士桓碑彝器銘詩序記，下至古文籀篆分隸諸家之字書，皆三代以來至寶怪奇偉麗工妙可喜之物，其去人不遠，其取之無禍，然而風霜兵火湮淪磨滅散棄於山崖墟莽之間，未嘗收拾者，由世之好者少也，幸而有好之者，又其力或不足，故僅得其一二，而不能使其聚也。夫力莫如好，好莫如一，予性顓而嗜古，凡世人之所貪者，皆無欲於其間，故得一其所好於斯，好之已篤，則力雖未足，猶能致之，故上自周穆王以來，下更秦漢隋唐五代，外至四海九州名山大澤窮崖絕谷荒林破塚神仙鬼物詭怪所傳，莫不皆有，以為集古錄〔註11〕。

於此，他明白訴說自己獨特的癖好——「性顓而嗜古，凡世人之所貪者，皆無欲於其間」——是與一般世人貪求珍物珠寶有很大的不同，他喜愛的卻是不用冒險速禍、為世人較易忽略的古代鐘鼎刻石。此等古物，因「其去人不遠，其取之無禍」，只要有心蒐集，即可得之。在他看來，集古雖無「冒險速禍」之虞，卻有其迫切性，由於「風霜兵火湮淪磨滅散棄於山崖墟莽之間」，而世人「未嘗收拾」，「由世之好者少也，幸而有好之者，又其力或不足，故僅得其一二，而不能使其聚也。」

所以他相信「凡物好之而有力，則無不至也」。「夫力莫如好，好莫如一」，「故得一其所好於斯，好之已篤，則力雖未足，猶能致之，故上自周穆王以來，下更秦漢隋唐五代，外至四海九州名山大澤窮崖絕谷荒林破塚神仙鬼物詭怪所傳，莫不皆有，以為集古錄。」這即是他集古之初衷。

而他也知道所集「未必皆適世之用」〔註12〕，恐為世人訕笑，因此以自嘲的口吻道出自己實有好古之癖，而這個癖好，就是促使他完成集古錄的最大動力。

三、見諸《集古錄跋尾》的敘述

而據他在《集古錄跋尾》中的幾條跋尾，亦可見其好古之癖。先看他在〈漢玄儒婁先生碑跋尾〉所寫：

> 右〈漢玄儒婁先生碑〉。……今光化軍乾德縣圖經載此碑。景祐中，

〔註11〕同註10，頁1上～1下。
〔註12〕同註5，《集古錄跋尾》卷第三，頁15下。

余自夷陵貶所再遷乾德令，按圖求碑，而壽有墓在穀城界中，余率縣學
生親拜其墓，見此碑在墓側，遂據圖經，遷碑還縣，立於勅書樓下，至
今在焉。治平元年六月十三日書〔註13〕。

在遭遇貶謫之時，他仍能按圖求碑，進而發現此碑在墳墓之側，並遷碑還縣。這
種尋碑的狂熱，著實令人感動。

再看〈唐竇叔蒙海濤誌跋尾〉，歐陽脩所寫的內容：

余嚮在揚州，得此誌，甚愛之，張于座右之壁，冀於朝夕見也。已
而，夜為風雨所壞，其後求之，凡十五年而復得斯本以示京師好事者，
皆云未嘗見也〔註14〕。

因為甚愛之，張掛於座右之壁，希望朝夕得見，於此，已可見歐氏喜愛碑帖之心，
而卻因被風雨摧損之後，經歷十五年之久才又獲得，這十五年的等待，豈是常人
所可想見？

其實十五年的等待，還不算是最久，吾人尚可在《集古錄跋尾》書中找到更
久的事例，如在〈唐鶺鴒頌跋尾〉裡，即有一段描述：

〈唐鶺鴒頌〉。當皇祐至和之間，余在廣陵，有敕史黃元吉者以唐
明皇自書鶺鴒頌本示余，把玩久之。後二十年獲此石本於國子博士楊褒，
又三年，來守青州，始知刻石在故相沂公宅〔註15〕。

以歐氏的好古，在看到黃元吉所展示的〈唐明皇自書鶺鴒頌〉以後，想必有欲得之
而後快的念頭，但除了「把玩久之」，他也不能占為己有，沒想到竟要等到二十年
後才能獲得石刻本，這之間的懸想掛念，恐怕也只有好古之人方能感受個中滋味。

要看歐陽脩的好古情懷，下一則〈後漢無名碑跋尾〉的自述是更為直接了。
他說：

〈後漢無名碑〉……夫好古之士，所藏之物，未必皆適世之用，
惟其埋沒零落之餘，尤以為可惜，此好古之癖也〔註16〕。

歐陽脩在此則跋尾裡，即以一方埋沒零落的〈後漢無名碑〉，在一句「尤以為可惜」
的慨嘆下，明白道出自己強烈的好古之癖。

又在〈魏劉熹學生冢碑跋尾〉，歐氏也將自己求索古碑的一段心路歷程作了大
略描述，他寫道：

〔註13〕同註5，《集古錄跋尾》卷第三，頁10下～11上。
〔註14〕同註5，《集古錄跋尾》卷第八，頁3上～3下。
〔註15〕同註5，《集古錄跋尾》卷第六，頁14上～14下。
〔註16〕同註5，《集古錄跋尾》卷第三，頁15上～15下。

　　　　右〈魏劉熹學生冡碑〉，在襄州穀城縣界中。余為乾德令時，嘗以
公事過穀城，見數荒冡在草間，旁有古碑傾側，半埋土中，問其村人為
何人冡，皆不能道，而碑文磨滅，不暇讀而去。後數年，在河北，始集
錄古文，思嚮所見穀城碑，疑為漢碑，求之又數年，乃獲[註17]。

由一次公務的偶遇，看到荒冡草間半埋土中的傾側古碑，又引發他追索蒐求的慾
望，在數年後，於集錄古碑時，仍念念不忘當初的想望，經由幾年的苦心求索，
才終於如願以償。這樣的一段漫長心路，實是歐陽脩好古的最佳證明。

　　又在〈唐陶雲德政碑跋尾〉裡，也有一段敘述可以證明歐氏的好古。他說：

　　　　〈唐陶雲德政碑〉。……予為河北轉運使，至真定府，見碑仆在府
門外，半埋地中，命工掘出，立于廡下，字為行書，筆跡遒麗，而不著
書者姓名，惜哉[註18]！

因為公務的關係，歐陽脩「至真定府，見碑仆在府門外，半埋地中」，就「命工掘
出，立于廡下」。於此，歐陽脩又再一次表現出他那好古的癡態了。類似這樣的記
載，在《集古錄跋尾》裡還有以下一例：

　　　　右〈花林宴別記〉，唐竇常撰。花林寺在滁州全椒縣，余在滁陽，
遣推官陳說以事至縣，見寺旁石澗岸土崩，出石崖，隱隱有字，亟命模
得之[註19]。

　　只要發覺何處石塊「隱隱有字」，歐陽脩就「亟命模得之」，生怕遺漏天地間
任何一方古碑。也因在如此熱情的求索下，他不斷獲得為數頗多的古碑刻，充實
了集古內容。

　　其實像這樣的情懷，還有不少，再看以下兩則跋語，對歐陽脩的好古，當更
能感受得到。

　　　　右〈周伯著碑〉者，在今宿州，出於近歲，蓋官部春天開汴渠於泥
沙中掘得之。其文字古怪，而磨滅無首尾，了不可讀。伯著不知為何人，
其僅可見者，云渤海君玄孫季景長子也。其事蹟不可考，文辭莫曉，而
字畫不工，徒以其古怪而錄之，此誠好古之弊也。治平元年七月三十日
書[註20]。

　　　　〈唐元結峿臺銘〉。右斯人之作，非好古者，不知為可愛也。然來

〔註17〕同註5，《集古錄跋尾》卷第四，頁3下。
〔註18〕同註5，《集古錄跋尾》卷第五，頁16下～17上。
〔註19〕同註5，《集古錄跋尾》卷第九，頁15下。
〔註20〕同註5，《集古錄跋尾》卷第十，頁9下～10上。

者安知無同好也邪〔註21〕？

在這兩則跋語中，歐陽脩一再強調自己的好古，因為若不是有好古之癖，豈會有如此之語呢？

再看以下兩則跋語，歐陽脩所展現的眞誠，則眞可令人爲之動容。

> 余自皇祐中，得公權所書〈陰符經序〉，遂求其經，云石已亡矣！常意必有藏于人間者，求之十餘年，莫可得。治平三年，有鐫工張景儒忽以此遺余，家小吏遂錄之。信乎，余所謂物常聚於所好也〔註22〕！

> 右漢〈天祿辟邪〉四字，在宗資墓前石獸膊上。按後漢書，宗資，南陽安眾人也。今墓在鄧州南陽界中，墓前有二石獸刻其膊上，一曰天祿，一曰辟邪。余自天聖中舉進士，往來穰鄧間，見之道側，迄今三十餘年矣。其後集錄古文，思得此字，屢求於人，不能致。尚書職方員外郎謝景初家於鄧，爲余模得之，然字畫訛缺，不若余見時完也〔註23〕。

據文中所記，分明已聽人說柳公權所書陰符經之原石已亡，歐陽脩仍不死心，還「求之十餘年，莫可得」，結果卻於治平三年，得之於鐫工張景儒，難怪歐氏會感動得說出「物常聚於所好也」。而對於漢〈天祿辟邪〉四字，歐陽脩自天聖年間中舉進士以來，曾往來於穰鄧間，見之道側，三十餘年來，爲集錄古文，思得此字，屢次求於他人而不能致。幸有尚書職方員外郎謝景初爲他模得，雖然字畫訛缺，不若他三十幾年前所見時之清晰完整，但由此亦可知歐氏好古之心切，實是遠在一般士人之上。

四、時人、後人對他的評論

以上純就歐陽脩自己的敘述來看他的好古，而與之同時及後代的士人如何評論他呢？

他的摯友梅堯臣就有〈觀永叔集古錄詩〉提及歐陽脩的集古：

> 古碑手集一千卷，河北關西得最多，莫怕他時費人力，他時自有錦蒙馳〔註24〕。

〔註21〕同註5，《集古錄跋尾》卷第七，頁13下。
〔註22〕同註5，《集古錄跋尾》卷第九，頁7上。
〔註23〕同註5，《集古錄跋尾》卷第三，頁20上。
〔註24〕（宋）梅堯臣，《宛陵先生集》二，卷第三十三（上海：上海書店，1989年3月，《四部叢刊》初編），頁9上。

另有詩〈聞永叔出守同州寄之〉下半,也有「訪古尋碑可銷日」〔註25〕之句,可以傳達出歐氏集古之癡心。

另,朱善〈送稽古劉先生還鄉序〉有云:

> 凡漢、魏以來之桓碑、彝器,古文篆、籀、分、隸,諸家之字、畫,幽而窮崖絕谷之隱淪,外而僻壤遐陬之遺逸,皆古今之奇寶、華夏之偉觀。然非如歐陽子心誠好之,力又足以致之,則亦未能遽集也〔註26〕。

即強調若不是歐陽脩心誠力足,方得以致之,否則如此巨構,亦非泛泛之輩所能遽集。

諸如此類言及歐陽脩集古的記錄,翻查史料,還真不少。

韓琦就曾說他「於物無他玩好,獨好收古文圖書」〔註27〕。

葉濤也說:「公平生,於物少所嗜好,雖異物奇玩,不甚愛惜,獨好收蓄古文圖書,及三代以來金石銘刻為一千卷」〔註28〕。

王闢之亦云歐陽文忠公「凡世俗所嗜,一無留意,獨好古石刻」〔註29〕。

胡應麟說:「歐好古,於金石頗睹一斑」〔註30〕。

儲欣云:「不寶象犀金玉,而寶古來文字之傳,公所自喜在此」〔註31〕。

又,洪适〈隸釋序〉裡也有「本朝歐陽公、趙明誠好藏金石刻」〔註32〕一句,雖非專指歐氏而言,但是道出了歐陽脩愛好集古的事實。

可見歐陽脩的好古石刻,是為士人們所公認共知的。而胡應麟有一段話說得有意思,他說:

> 永叔謂好而能一,則力雖不足,猶能致之。余竊有深味焉,而猶惜

〔註25〕 (宋)梅堯臣,《梅堯臣集編年校注》(上海市,上海古籍出版社,1980年,《中國古典文學叢書》一版一刷),頁733。

〔註26〕 程敏政編,《皇明文衡》,卷四十二(台北市:商務,1990年,《四部叢刊》初編),頁347。

〔註27〕 (宋)韓琦,《安陽集》,卷五十(台北市:臺灣商務,《四庫全書珍本》),頁10下。

〔註28〕 同註5,附錄卷第五,頁21上。

〔註29〕 (宋)王闢之,《澠水燕談錄》,卷七(台北縣:藝文,1965年,百部叢書集成:第二十二函:29),《知不足齋叢書》初版),頁65。

〔註30〕 (明)胡應麟,《少室山房筆叢》,卷三九(台北市:世界,1980年,《中國學術名著:728～729》,《讀書記叢刊:第十二～十三冊》),頁527。

〔註31〕 (清)儲欣,《唐宋十大家全集錄》,《六一居士全集錄》卷五(臺南縣,莊嚴文化事業公司,1997年,《四庫全書存目叢書;集部;總集類;405》,初版一刷),頁30。

〔註32〕 (宋)洪适,《隸釋》,卷一(上海:上海書店,1985年9月,《四部叢刊》三編),頁1上。

　　　　公之不以金石之好，聚於墳典也〔註33〕。

歐陽脩因為對古文字的愛好，而投注在金石的精力與時間，顯然是超乎一般文人之上的，他即曾在〈秦泰山刻石跋尾〉說：「苟有可以用於世者，不必皆聖賢之作也」〔註34〕，可是胡應麟站在傳統的經學角度上來看待歐氏的集古，當然會覺得歐氏之作法無異是將有用的大好時光耗蝕在金石小道上，實是辜負了歐氏本身所具備的才能，所以末了一句「猶惜公之不以金石之好，聚於墳典也」，應是有頗深的感觸。

　　在蔡世明所著的《歐陽修的生平與學術》一書中，對於歐陽脩的集古，他引用了方和的一段見解可提供吾人參考，他說：

　　　　方和先生認為歐陽修這麼喜歡收集碑帖銘文，在心理學上是可以得
　　到解釋的，這種行為或是一種淵源有自的「補償」要求。歐陽修早年家
　　貧，他的啟蒙教育，是由他母親用蘆荻的莖桿在沙地上教他學寫字開始
　　的。別人家的小孩都有筆有紙，唯獨歐陽修沒有，幼年期這種極為深刻
　　的印象，必然給他極大的影響。所以一旦他功成名就，希望在業餘有個
　　寄託精神的來源時，「字」就首先浮現出來，於是從湯盤、孔鼎、秦刻，
　　一直到五代的碑刻，不管是古文奇字，或篆隸八分，凡是寫的或刻的字，
　　就都成了他收集的對象。他既然喜好，而又能專心一致，所以成就也更
　　可觀了。但如果歐陽修的嗜好僅止於對個人的「補償」，那麼他了不起是
　　個自我陶醉的骨董收藏家而已；然而可貴的是，他能夠從這些旁人不屑
　　一顧的東西，下了許多考證的工夫，將自古以來文化傳遞的線索整理出
　　來，這種貢獻不只是有益後學，也是為爾後史學研究開闢了一條新的途
　　徑〔註35〕。

雖然這種看法，未必能找到確切證據可資證明，但卻能言之成理，幫助世人理解這種特殊癖好的形成之因，而他對於歐陽脩集古證史的評價，應是不容置疑的定論。

〔註33〕（明）胡應麟，《少室山房筆叢》，卷四（台北市：世界，1980 年，《中國學術名著；
　　　　728～729》，《讀書記叢刊；第十二～十三冊》），頁 69。
〔註34〕同註 5，《集古錄跋尾》卷第一，頁 17 上。
〔註35〕蔡世明，《歐陽修的生平與學術》（台北市：文史哲出版社，1986 年 9 月，《文史哲
　　　　學集成》），頁 97。

第二節　歐陽脩集古所遇困難

　　有關歐陽脩的集古過程，他於《集古錄跋尾》有言：「余所集錄，自非眾君子共成之，不能若此之多也。〔註36〕」由此可知，他的集古，是靠許多好友的鼎力相助，才得以順利完成。據目前歐陽脩全集所記資料看來，幫忙他蒐集古物的主要是劉原父；幫忙他辨識古文字的除了劉原父以外，還有楊南仲、章友直、王原叔等人。而於品評書法時，主要是藉助蔡襄之眼力。

　　集錄古碑刻，固然是需要一番努力與耗費精力，而歐氏為何需要眾多朋友的幫助，而無法獨力完成呢？依筆者的判斷，他是遇上了幾個難題。這些難題分別是：

一、古碑之蒐集

　　雖然歐陽脩認為「湯盤孔鼎岐陽之鼓，岱山鄒嶧會稽之刻石，與夫漢魏已來聖君賢士桓碑彝器銘詩序記，下至古文籀篆分隸諸家之字書，皆三代以來至寶怪奇偉麗工妙可喜之物，其去人不遠，其取之無禍」〔註37〕，不似象犀虎豹、玉、珠、金等礦之「遠且難而又多死」，但真要蒐集古碑刻，則必有其時代之限制，若前人不加珍惜保護，甚易遭受破壞，所以年代相隔愈久，所存愈少，而歐陽脩就常感嘆「漢之金石之文存於今者蓋寡〔註38〕」也在〈後漢楊震碑陰題名跋尾〉說：「漢隸世所難得，幸而在者，多殘滅不完〔註39〕」而對於西漢石碑之不存，更是難能釋懷。他在〈與劉侍讀原父〉云：

　　　　某啟：賈常行嘗附狀辱書，承經署，動履康和，兼蒙惠以〈韓城鼎銘〉及〈漢博山樂記〉，二者實為奇物。某集錄前古遺文，往往得人之難得。自三代以來，莫不皆有。然獨無前漢字，每以為恨，今遽獲斯銘，遂大償其素願〔註40〕。

在此則中，歐陽脩道出他「集錄前古遺文，往往得人之難得。自三代以來，莫不皆有。然獨無前漢字，每以為恨，今遽獲斯銘，遂大償其素願。」對此，他也曾說「余所集錄千卷，前漢時文字惟此與林華行鐙、蓮鑪盤銘爾」〔註41〕以歐陽脩

〔註36〕同註5，《集古錄跋尾》卷第六，頁18上～18下。
〔註37〕同註5，《集古錄目序》，頁1上～1下。
〔註38〕同註3，《外集》卷第十八，頁4下。
〔註39〕同註5，《集古錄跋尾》卷第二，頁14下。
〔註40〕同註5，《書簡》卷第五，頁10上。
〔註41〕同註5，《集古錄目序》，頁20上。

蒐藏之富，仍有此嘆，可見西漢碑石之難得。也因西漢碑石如此難得，連帶地，使他對東漢碑刻的蒐集，所抱持的態度是，只要是漢隸，不論其優劣與否，就盡其所能蒐集，例如在〈後漢碑陰題名跋尾〉，歐陽脩就說出他之所以蒐集此碑是「第以漢隸難得錄之爾」〔註42〕而不去計較字的好壞。

關於此事，陸友仁《研北雜志》裡也說：

> 歐陽公集錄古文，自穆王以來，莫不有之，而獨無前漢時字，求之久而不得。其後劉原父敵得前漢數物，以銘刻遺之，由是大償素願。蓋其難得如此〔註43〕。

陸氏於此段之後，還進一步探討為何找不到前漢石碑的問題，他說：

> 趙德甫《金石錄》謂西漢文字世不多有，殆不可曉。胡承公《資古紹志集》云獨尤延之以為西漢刻石文自昔好古之士，固嘗博采，竟不之見，如陽朔磚字要亦非真，聞是新莽惡稱漢德，凡有石刻皆令仆而礳之，仍嚴期禁，略不容留。至於秦碑乃更加營覆，遂得不毀。故至今猶存者，西漢而上，紀功述事多寓之金刻，自東漢以來，石刻始盛，而金刻鮮矣。歐陽公《集古錄》恨獨缺西漢字，逮劉原父出守永興，多遺古物奇器，因撫林華宮行鐙、蓮勺宮博山鑪槃及谷口銅甬三銘遺之。於是始得西漢字，以補其缺，而石刻卒無有也。或謂西漢至今，歷年甚久，所刻石皆以缺壞磨滅，因不復有，東漢則以年所差近得存。此說非也！周宣王石鼓文、秦二世泰山詔令尚在，豈西漢石刻獨已缺壞磨滅，當是西漢之俗猶為近古，其有功德，獨銘之鐘鼎彝槃，而冢墓碑刻則自東漢以來始有耳〔註44〕。

若陸友仁所言屬實，則歐陽脩一直蒐集不到西漢碑石的遺憾，就可找到合理解答。而陸氏文中提到劉原父出守永興，以所獲三銅銘贈送歐陽脩一事，則見於歐氏〈劉原父帖〉，歐陽脩說：

> 余所集錄古文，自周穆王以來，莫不有之，而獨無前漢時字，求之久而不獲，每以為恨。嘉祐中，友人劉原甫出為永興守，長安，秦漢故都，多古物奇器埋沒於荒基敗冢，往往為耕夫牧豎得之，遂復傳於人間，而原甫又雅喜藏古器，由此所獲頗多，而以余方集古文，故每以其銘刻

〔註42〕同註5，《集古錄跋尾》卷第二，頁5上。
〔註43〕（元）陸友仁，《研北雜志》一，卷上（北京市：中華書局，1991年，第一版），頁96。
〔註44〕同註43，頁96～98。

爲遺，既獲此二銘，其後又得谷口銅甬銘，乃甘露中造，由是始有前漢時字，以足余之所闕，而大償其素願焉。余所集錄既博，而爲日滋久，求之亦勞，得於人者頗多，而最後成余志者，原甫也，故特誌之〔註45〕。

除此以外，歐陽脩還有一封〈與劉侍讀原父〉書信，將這時的欣喜之情作了一番生動的描述。

昨日進奏院送九月十五日所寄書，竊承動履清勝，兼復惠以古器銘文，發書驚喜失聲，群兒曹走問，迺翁夜獲何物，其喜若斯？信吾二人好惡之異如此，安得不爲世俗所憎邪？其窮達有命爾，求合世人以取悅，則難矣！自公之西，集古屢獲異文，并來書集入錄中，以爲子孫之藏也。幸甚！幸甚〔註46〕！

其實歐陽脩在欣喜之餘，仍不免要感嘆他於集古路上的艱辛與寂寞，終究能像他如此熱衷蒐集古碑刻的士人，除了劉原父之外，頗難再尋覓知音，而一般社會大眾大概也很難體會他的這種癖好，至於會否因此「爲世俗所憎」？恐怕不會嚴重至此，但「求合世人以取悅，則難矣」一語，則應是反映了部份事實。

由上述可知，歐陽脩蒐集古碑刻，其過程之艱辛，是一般人所難以想見得到的。

二、古文之辨識

歐陽脩曾在〈與劉侍讀原父〉信中提到「無人爲識古文」〔註47〕，對於存在於古碑中的「篆畫」當「尋訪博識」。事實上，劉原父不僅是提供歐陽脩不少碑刻，同時在辨識古文字方面，劉原父亦是出了不少力氣，對於歐氏不擅辨識古字，劉原父甚且還譏誚歐陽脩平日不讀書，王世貞的〈集古錄跋〉就提到：

（歐陽脩）居恒謂辨古文奇字，全得楊南仲、章友直力，而又盛推原父博學，無所不通，原父卻謂人：「好一歐九，惜不讀書耳。」得非以是哉〔註48〕？

「文人相輕，自古而然」，當然歐陽脩也曾批評劉原父文章不工，關於此，晁公武《郡齋讀書志》〈劉公是集七十五卷〉有言：

〔註45〕同註5，《集古錄目序》，頁19下。
〔註46〕同註5，《書簡》卷第五，頁10下。
〔註47〕同註5，《書簡》卷第五，頁10上。
〔註48〕洪本健編，《歐陽修資料彙編》中冊（北京：中華書局，1995年5月，《古典文學研究資料彙編》，第一版），頁588。

英宗嘗語及原甫，韓魏公對以有文學，歐陽公曰：「其文章未佳，特博學可稱耳。〔註49〕」

明代胡應麟對此有一精闢分析：

劉原父強記絕人，博聞無比，而歐誚其文章未工，此博聞強記而短於文詞者也；歐、蘇俱以文章名世，而安道訝子瞻再讀《漢書》，原父惜歐九不甚讀書，此文章烜赫，而短於博聞強記者也，然歐、蘇皆有功經學，亦前文士所無。原父亦以文名宋，此據前人論之。

劉原父兄弟，皆博學窮經，傲睨歐、蘇、王氏間，而製作不甚傳〔註50〕。

清人錢大昕〈與友人書〉則說：「昔劉原父譏歐陽公不讀書，原父博聞誠勝於歐陽，然其言未免太過〔註51〕」這就說明了文人各有所專擅，本來即無需太過苛求，而在古文字上的造詣，歐陽脩的確有不如劉原父之處，難怪會被劉原父譏為「不讀書」之人了。

而歐陽脩所言的「尋訪博識」，除了劉氏以外，還有楊南仲、章友直兩人，是他經常諮詢的博識之人，所以他曾言：「自余集錄古文，所得三代器銘，必問於楊南仲、章友直」〔註52〕。在《集古錄跋尾》裡，正有一則楊南仲所寫的跋語，其文如下：

右嘉祐己亥歲，馮掞有得鼎韓城者，摹其款識于石。樂安公以南仲職典書學，命釋其字，謹按其銘，蓋多古文奇字。古文，自漢世知者已稀，字之傳者，賈逵、許慎輩多無其說。蓋古之事物，有不與後世同者，故不能盡通其作字之本意也。其不傳者，今或得於古器，無所依據，難以臆斷。大抵古字多省偏旁而趣簡易，……〔註53〕。

我們可從楊南仲的這一段話，見識到他的高明見解，也可體會出古文辨識之不易，因為時代久遠，而有古今之別。

另外還有兩則跋語，則是忠實呈現當時幾位大家對先秦古文字的討論過程。其文如下：

〔註49〕（宋）晁公武，《郡齋讀書志》卷四下（台北：台灣商務印書館，1978年1月，《人人文庫特：547～550》），頁448～449。
〔註50〕（明）胡應麟，《少室山房筆叢》，卷三九（台北市：世界，1980年，《讀書記叢刊》），頁526。
〔註51〕（清）錢大昕，《潛研堂文集》，卷三三（上海：上海書店，1989年3月，《四部叢刊》初編），頁16上。
〔註52〕同註5，《集古錄跋尾》卷第一，頁8下～9上。
〔註53〕同註51，頁5上～5下。

　　嘗觀石鼓文，愛其古質物象形勢，有遺思焉。及得原甫鼎器銘，又知古之篆字，或多或省，或移之左右上下，惟其意之所欲，然亦有工拙。秦漢以來，裁歸一體，故古文所見者止此，惜哉！治平甲辰正月莆陽蔡襄〔註54〕。

　　右商雒鼎銘者，原甫在長安時，得之上雒。其銘云：「惟十有四月，既死霸，王在下都，雒公……鼎，用追享丁于皇且考用气麤壽，萬年無疆，子子孫孫永寶用。」雒公不知為何人？原甫謂古丁寧通用，蓋古字簡略，以意求之，則得爾。而蔡君謨謂十有四月者何？原甫亦不能言也。治平元年中伏日書〔註55〕。

前一跋語，是出自大書法家蔡襄的手筆，後一跋語則是歐陽脩約略記錄了劉原父與蔡襄兩人對古字的探討。可見集古的過程裡，「非眾君子共成之」是難以成其功的。

　　而當集錄成書以後，楊、章兩人卻相繼過世，古文奇字自此以後，竟罕有識者，可見以當時歐陽脩所處的時空而言，古文字幾已成絕學。

　　除了以上幾人，可幫助歐陽脩辨識古文以外，當他遇上難解文字，他還有哪些奧援？在《歐陽文忠公集》裡，留有一封向王源叔請教的書信〈與王源叔問古碑字書〉，恰恰忠實記錄了歐氏在辨識古文的心路歷程。為便於討論，茲錄於下：

　　脩頓首，白源叔學士：秋涼體候無恙，脩以罪廢，不從先生長者之遊久矣！今春蒙恩得徙茲邑，然地僻而陋，罕有學者，幸而有之，亦不足與講論，或事有凝滯，無所考正，則思見君子，北首瞻望而已。縣有古碑一庁在近郊數大塚之間，圖經以為□儒翟先生碑。其文云：「先生諱壽，字元考，南陽隆人也。……」大略述其有道不仕，以敦學為業，然不著其姓氏，其題額乃云宮儒瞾先生碑，瞾字疑非翟字，而莫有識者。許慎說文亦不載，外方無他書可考正。其文辭簡質，皆隸書，書亦古樸，隱隱猶可讀，乃云熹平三年所立，去今蓋八百五十六年矣！漢之金石之文存於今者蓋寡，惜其將遂磨滅，而圖記所載訛謬若斯，遂使漢道草莽之賢湮沒而不見。源叔好古博學，知名今世，必識此字，或能究見其人本末事跡，悉以條示，幸甚！幸甚！原叔居京師事多，不當以此煩聽覽。漸寒，千萬保重，不宣〔註56〕。

〔註54〕同註5，《集古錄目序》，頁7上～7下。
〔註55〕同註53，頁7下。
〔註56〕同註3，《外集》卷第十七，頁4上～5上。

這封書信的收信者王源（原）叔，即是好古博學的王洙。王洙，宋代應天宋城人，中甲科，官終侍讀學士兼侍講學士。據《王氏談錄》書中所載：

> 公亦習古文小篆，嘗謂：「古文至少，至許慎所不載，及不出孔氏書者，悉後人所造，學之，少所根據。小篆源流可究，便于施用。」公用筆奇古，慶曆中，士大夫墓銘，蓋多公筆也。今上景祐徽號玉册，宣獻宋公受詔寫，宋公不習篆，公以代書也。又章郇公受詔書相國寶奎殿、太宗、眞宗詩額，亦公代之〔註57〕。

又據《宋史王洙傳》寫道「篆隸之學，無所不通」〔註58〕，《書史會要》寫著「原叔少聰悟博學，通篆隸書〔註59〕」足可證明王洙的篆書學養在當代文人中，是頗有份量的一位大家。歐陽脩曾稱讚他說：「王原叔博學多聞，見稱於世，最爲多識」〔註60〕，所以遇到這類問題，捎上一封信請教他，是很自然的事情，而信裡所提的漢碑題額「宮儒矇先生碑」，王洙到底如何回答歐陽脩的疑惑？清代王元啓在《讀歐記疑》中，就曾在〈與王源叔書〉「『矇』字疑非『瞿』字」之下寫上這麼一段：

> 按《集古錄》題云〈婁先生碑〉，《圖經》云「瞿」，而卒定爲「婁」，未知源叔云爾，抑公自以意定〔註61〕。

其實有關此事，在洪适《隸釋》卷九有一則記錄提到這件事的後續，可幫助吾人了解此事後來發展。他說：

> 歐陽公問之王洙，原叔以李陽冰篆文證之，始知玄儒爲婁姓〔註62〕。

雖然目前我們已無法看到王洙的回信，但洪适身處宋代，他寫下這一段記錄，應是有所根據才是。所以現在吾人看《集古錄跋尾》裡，歐陽脩於治平元年（1064）六月十三日寫作此碑跋尾時，直書其碑名爲〈後漢玄儒婁先生碑〉，大概即是得自王洙的見解。

關於這件事，葉矯然在《龍性堂詩話》初集裡云：「宋人王原叔洙，歐陽公稱

〔註57〕　（宋）王洙，《王氏談錄》（台北縣：藝文，1965 年，《百部叢書集成》），頁9下～10上。

〔註58〕　（元）脫脫、朱英、袁禎《宋史》册 14，卷 294（台北市：中華書局，1966 年，《四部備要》史部，初版），頁 6 上。

〔註59〕　（明）陶宗儀，《書史會要》卷六，《中國歷代書畫藝術論著叢編》第一冊，頁 207（北京：京華書店，1997 年，一版，一刷），頁 35。

〔註60〕　（宋）歐陽脩，《歐陽文忠公集》四，《詩話》一卷，頁 7 下。

〔註61〕　洪本健編，《歐陽修資料彙編》下册（北京：中華書局，1995 年 5 月，《古典文學研究資料彙編》，第一版），頁 1040。

〔註62〕　（宋）洪适，《隸釋》，卷九（上海：上海書店，1985 年 9 月，《四部叢刊》三編），頁 10 上。

其博學多聞，嘗馳書問『宮儒蒙者』」〔註63〕，就是專指此事而言。雖然葉矯然又在文後補上一句「今觀原叔注杜，皆尋常淺陋，甚不足觀〔註64〕。」對王原叔之學問頗有批評，但在古文字的辨識上，我們不得不承認王原叔的確有古文字上的專長所在，他在辨認古文的功力，實是幫了歐陽脩一個大忙。

從這一史事看來，辨識古字的能力，實非歐陽脩所擅長，但當他碰上難題時，便趕緊捎封書信請教博學之人，問題因而獲得解決。歐陽脩在集古之用心與努力，由此可見一斑。

三、鑑賞書蹟之權威性

歐陽脩除了以上所說的兩種難題，第三個困擾他的則是品評鑑賞之能力。當然，如果歐陽脩只是單純地蒐集古碑刻，約略將之整理成冊，他所面臨的難題，大概僅止於前述兩種問題。但是歐陽脩並不以此為滿足，他還想在這些字蹟上，發表見解，要對古人之用意，多方探討一番，而如果他是一位書法大家，在品鑑書蹟時，即可駕輕就熟，勝任愉快。但問題是，歐陽脩並不是公認的專業大書法家，所以當他要寫下跋語，以發揮見識時，他的品評鑑賞之權威性，可能就會受到相當程度的質疑。因為一般人相信：「有南威之容，乃可以論於淑媛；有龍泉之利，乃可以議於斷割。〔註65〕」雖然自唐朝以來，亦有為數不少的書評家未必即是書法能手，但他們在寫作之時，不至於像歐陽脩常在文中自承不識書法。

在《集古錄跋尾》書中，有一則〈後漢稿長蔡君頌碑跋尾〉，頗堪玩味，他說：

右〈漢稿長蔡君頌碑〉，在鎮府。故天章閣待制楊畋嘗為余言漢時
隸書在此者，此為最佳。畋自言平生惟學此字，余不甚識隸書，因畋言，
遽遣人之常山，求得之，遂入于錄〔註66〕。

歐陽脩即坦言：「余不甚識隸書」，他是在聽完楊畋的高見之後，才趕緊派人前去蒐求得來以書錄於《集古錄》中，依這段記載判斷，歐陽脩可能只是聽從權威人士的意見而已，自身並未真能體會得到〈蔡君頌碑〉的佳處。

而綜觀《集古錄跋尾》書中，歐氏對漢隸的評語大抵皆是著重在「難得」、「可惜」等字，很少提及書法上之優劣，而他在〈後漢楊震碑陰題名跋尾〉雖提及「隸

〔註63〕同註60，中冊，頁768。
〔註64〕同註62。
〔註65〕（三國魏）曹植《曹子建集》，卷九〈與楊德祖書〉（台北市：中華書局，1966年，《四部備要》集部），頁11上。
〔註66〕同註5，《集古錄跋尾》卷第三，頁15下～16上。

法尤精妙，甚可喜也〔註 67〕」等較爲針對書法的評論，但也只是泛泛之語，未能深入分析，這也難怪他要說出「余不甚識隸書」之語了。

另，他在〈唐興唐寺石經藏讚跋尾〉也說：「余初不識書，因集古著錄，所聞既多，遂稍識之。〔註68〕」於〈跋茶錄〉裡又說：「予非知書者，以接君謨之論久，故亦粗識其一二焉。〔註69〕」（註）在這段話裡，或許是他個人的謙虛，或許是要推崇蔡君謨，但多少也透露出他在書法造詣上的不足與缺乏自信，而儘管他熱衷臨習書法，喜愛蒐集碑帖，也從不敢以書家自居。

而歐陽脩大概也了解到自己書法的威信不足，所以他必須引用大書法家的言論以爲己用，方易取得共鳴與認同，幸好他有一位書法名家好友——蔡君謨，可以適時地、經常地給予他許多意見，也幫他克服了這項難題。

於《集古錄跋尾》書中，歐陽脩即錄有蔡君謨的跋語，有一則關於〈啓法寺碑〉的跋語，就是蔡君謨之筆，其文如下：

> 隋丁道護〈啓法寺碑〉。此書兼後魏遺法，與楊家本微異。隋唐之交，善書者眾，皆出一法，道護所得最多。楊本，開皇六年，去此十七年，書當益老，亦稍縱也。甲辰治平初月十日。莆陽蔡襄記〔註70〕。

在此跋語之下，歐陽脩緊接著說：

> 右〈啓法寺碑〉，丁道護書。蔡君謨，博學君子也，於書尤稱精鑒，余所藏書，未有不更其品目者。其謂道護所書如此。隋之晚年，書學尤盛，吾家率更與虞世南，皆當時人也，後顯於唐，遂爲絕筆。余所集錄開皇仁壽大業時碑頗多，其筆畫率皆精勁，而往往不著名氏，每執卷惘然，爲之歎息，惟道護能自著之，然碑刻在者尤少，余家集錄千卷，止有此爾。有太學官楊襃者，喜收書畫，獨得其所書〈興國寺碑〉，是梁正明中人所藏。君謨所謂楊家本者是也。欲求其本而不知碑所在？然不難得，則不足爲佳物。古人亦云：「百不爲多，一不爲少」者，正謂此也。治平元年立春後一日，太廟齋宮書〔註71〕。

歐氏即強調「蔡君謨，博學君子也，於書尤稱精鑒，余所藏書，未有不更其品目者」。可見在鑒賞方面，歐陽脩是頗爲借重蔡氏之眼光，而之所以如此，也正說明

〔註67〕同註5，《集古錄跋尾》卷第二，頁 14 下。
〔註68〕同註5，《集古錄跋尾》卷第六，頁 18 上。
〔註69〕同註3，《外集》卷第二十三，頁 14 下～15 上。
〔註70〕同註5，《集古錄跋尾》卷第五，頁 5 上。
〔註71〕同註5，《集古錄跋尾》卷第五，頁 5 上～6 上。

了歐氏缺乏自信的事實。

　　再看幾則跋語，則更能體會歐氏對蔡君謨倚賴之深，茲羅列於下：

　　　　書雖列於六藝，非如百工之藝也。蔡君謨以書名當世，其稱范君者
　　如此，不為誤矣〔註72〕！

　　　　〈唐有道先生葉公碑〉。右〈有道先生葉公碑〉，李邕撰并書。余集
　　古所錄李邕書頗多，最後得此碑於蔡君謨。君謨善論書，為余言邕之所
　　書，此為最佳也〔註73〕。

　　　　唐薛稷書。薛稷書刻石者，余家集錄頗多，與墨蹟互有不同。唐世
　　顏柳諸家刻石者，字體時時不類，謂由模刻人有工拙。昨日見楊褒家所
　　藏薛稷書，君謨以為不類，信矣〔註74〕！

在此，歐氏也是一再出現「蔡君謨以書名當世」、「君謨善論書」等語，來強調蔡
君謨在書法上的權威性，並以此鞏固自己之立論。而歐陽脩有時也與蔡君謨一起
感嘆、惋惜，在跋語中即有兩處提及，其文如下：

　　　　右蒙州〈普光寺碑〉。……碑無書撰人名氏，而筆畫遒美，翫之亡
　　（忘）倦。蓋開皇仁壽以來，碑碣字書多妙，而往往不著名氏，惟丁道
　　護所書，常自著之。然碑石在者尤少，余每與蔡君謨惜之〔註75〕。

　　　　然余常與蔡君謨論書，以謂書之盛，莫盛於唐；書之廢，莫廢於今〔註76〕。

由「余每與蔡君謨惜之」、「然余常與蔡君謨論書」等句看來，歐陽脩似乎是要傳
達出一種感覺——即是他雖然在書法上未有崇高地位，但卻常與大書法家一起討
論書法，可見他鑑賞之功力，亦不容士人輕忽，而他所遇的這道難題，也因常與
蔡君謨論書而大致獲得解決。

第三節　《集古錄跋尾》之成書、內容與影響

一、始集於何時，成書於何時

　　歐陽脩集錄金石文字開始於何時？又完成於何時？王柏〈墨林類考序〉云：「歐

〔註72〕同註5，《集古錄跋尾》卷第四，頁9下。
〔註73〕同註5，《集古錄跋尾》卷第六，頁8上～8下。
〔註74〕同註5，《集古錄跋尾》卷第五，頁13下～14上。
〔註75〕同註5，《集古錄跋尾》卷第五，頁4下～5上。
〔註76〕同註5，《集古錄跋尾》卷第六，頁15下～16上。

陽公集古之勤，十有八年，得千卷」〔註77〕。據歐氏〈與蔡君謨求書集古錄序書〉
有一段敘述提及自己之苦心孤詣時，說得頗為明白，其文如下：

> 羆在河朔，不能自閑，嘗集錄前世金石之遺文，自三代以來古文奇
> 字，莫不皆有。中間雖罪戾擯斥，水陸奔走，顛危困踣兼之，人事吉凶，
> 憂患悲愁，無聊倉卒，未嘗一日忘也。蓋自慶曆乙酉逮嘉祐壬寅，十有
> 八年，而得千卷。顧其勤至矣！然亦可謂富哉〔註78〕！

按慶曆乙酉即是慶曆五年（西元 1045 年，歐陽脩時年 39 歲），嘉祐壬寅即嘉祐七
年（西元 1062 年，歐陽脩時年 56 歲），前後共經十八年的歲月。誠如歐陽脩文中
所言，在這十八年裡，他雖經「罪戾擯斥，水陸奔走，顛危困踣兼之，人事吉凶，
憂患悲愁，無聊倉卒，未嘗一日忘也」，而終於完成《集古錄》一書。

　　但要注意的是，以上只是就《集古錄》一書而言，並非《集古錄跋尾》的寫
作時間。我們現今已無緣看到一千卷的《集古錄》，只能看到《集古錄目》十卷及
《集古錄跋尾》412 篇，有關這點，必須先由歐陽棐所寫之〈錄目記〉來探討，其
文如下：

> 《集古錄》既成之八年，家君命棐曰：「吾集錄前世埋沒缺落之文，
> 獨取世人無用之物而藏之者，豈徒出於嗜好之僻而以為耳目之玩哉？其
> 為所得亦已多矣！故嘗序其說而刻之。又跋於諸卷之尾者二百九十六
> 篇，序所謂可與史傳正其闕繆者，已粗備矣！若撮其大要別為目錄，則
> 吾未暇，然不可以闕而不備也。」棐退而悉發千卷之藏而考之曰：「嗚呼，
> 可謂詳矣！蓋自文武以來迄于五代，盛衰得失賢臣義士姦雄賊亂之事，
> 可以動人耳目者，至於釋氏道家之言，莫不皆有，然分散零落，數千百
> 年而後聚於此，則亦可謂難矣！其聚之既難，則其久也又將遂散而無傳，
> 宜公之惜乎此也。於是各取其書撰之人，事跡之始終，所立之時世而著
> 之，為一十卷，以附於跋尾之後。夫事必簡而不煩，然後能傳於久遠，
> 今此千卷之書者，刻之金石，託之山崖，未嘗不為無窮之計也，然必待
> 集錄而後著者，豈非以其繁而難於盡傳哉？故著其大略而不道其詳者，
> 公之志也。熙寧二年二月記〔註79〕。

若由此文所說，歐陽脩在熙寧二年二月之前，只有寫下二百九十六篇而已，但現

〔註77〕洪本健編，《歐陽修資料彙編》上冊（北京：中華書局，1995 年 5 月，《古典文學
　　　　研究資料彙編》，第一版），頁 391。

〔註78〕同註3，《外集》卷第十九，頁 9 上～9 下。

〔註79〕同註5，〈錄目記〉，頁 2 下～3 上。

存的《集古錄跋尾》有四百餘篇，其間這一百餘篇的差距，是否為歐陽脩在過世（熙寧五年七月）之前的三年五個月之間所完成？抑或是歐陽棐一時筆誤，將「三」誤植為「二」，以致有如此大之差距？關於此，周必大所寫的〈歐陽文忠公集古錄後序〉、〈歐陽文忠公集古錄序〉頗值得參考，其文如下：

> 《集古碑》千卷，每卷碑在前，跋在後，銜幅用公名印，其外標以細紙，束以縹帶，題其籤曰，某碑卷第幾，皆公親蹟，至今猶有存者。按公嘗自云四百餘篇有跋，今世所傳本是也。其間如〈唐鄭權碑〉乃熙寧辛亥歲跋。又至明年正月，方跋〈鄧艾碑〉、李德裕〈山居詩〉。四月，題〈前漢雁足鐙銘〉，後數月而公薨，殆《集錄》之絕筆也。方崧卿哀聚眞蹟，刻板盧陵，得二百四十餘篇，以校集本，頗有異同。疑眞蹟一時所書，集本後或改定。今於逐篇各注何本，若異同不多，則以眞蹟為主，而以集本所改注其下。或繁簡遼絕，則兩存之。如〈後漢樊常侍碑〉，眞蹟作「永壽四年四月」，而集本改作「二月訪得古碑」，「二月」為是。至於以始元為漢宣帝年號，又稱「後周大統十六年」、「唐大定二年」之類，乃公一時筆誤，不敢有所更改。〈集古跋〉既刻成，方得公子叔弼《目錄》二十篇，具列碑之歲月，雖朝代僅差一二，而紀年先後頗有倒置，已具其下[註80]。

> 右〈集古錄序〉，成於嘉祐末年，其云：「有卷帙次第，無時世先後，蓋取多而未已，故隨其所得而錄之。」此公述千卷不以世代為序之意也。又云：「撮其大要，別為目錄，因載夫可與史傳正其闕謬者，以傳後學。」此公述目錄跋尾之意也。至熙寧二年，公之子叔弼記其後云：「公命棐曰：『吾跋諸卷之尾者二百九十六篇，若撮其大要，別為目錄，則吾未暇。』棐乃盡發千卷，著其大略。」自今觀之，公序明言「別為目錄」，而棐乃記公「未暇」之語，世傳《集古跋》十卷四百餘篇，而棐乃謂二百九十六篇。雖是時公尚無恙，後三年方薨，然續跋纔十餘耳，不應多踰百篇。得非寫本誤以三百為二百，或棐記在熙寧之前耶？棐又云：「為十卷，附跋尾之後。」今目錄自為一書，乃二十卷，不過列碑石所在及其名氏歲月，初無難者，何未暇之有？是皆可疑，姑以棐所記附公本序之後，而自周、秦至於五季，皆隨年代為之序，庶幾時世先後，秩然不紊。間有書撰出於一手，其歲月相邇，則類而次之。又於每卷之末，備存當時卷

　　帙之次第，既以便今，亦不失其初云〔註81〕。

在〈歐陽文忠公集古錄後序〉裡，周必大對《集古錄跋尾》作了一番考證校對；而於〈歐陽文忠公集古錄序〉中，周必大提出他的疑問，這一疑問，到了清代《四庫全書總目》則說：

> 修始採摭佚遺，積至千卷，撮其大要，各爲之說。至嘉祐、治平間，修在政府，又各書其卷尾，於是文或小異，蓋隨時有所竄定也。修自書其後，題「嘉祐癸卯」。至熙寧二年己酉，修季子棐復摭其略，別爲目錄，上距癸卯蓋六年，而棐記稱錄既成之八年，則是錄之成，當在嘉祐六年辛丑。其眞蹟跋尾則多系治平初年所書，亦閒有在熙寧初者，知棐之目錄固承修之命而爲之也。諸碑跋今皆具修集中，其跋自爲書，則自宋方崧卿裒聚眞蹟，刻於廬陵。曾宏父《石刻鋪敘》稱有二百四十六跋，陳振孫《書錄解題》稱有三百五十跋，修子棐所記則曰凡二百九十六跋，修又自云凡四百餘篇有跋。近日刻《集古錄》者又爲之說曰：「世所傳《集古跋》四百餘篇，而棐乃謂二百九十六，雖是時修尚無恙，然續跋不應多逾百篇。」因疑寫本誤以三百爲二百。以今考之，則通此十卷，乃正符四百餘跋之數，蓋以集本與眞蹟合編，與專據集本者不同。宋時廬陵之刻，今已不傳，無從核定，不必以棐記爲疑矣〔註82〕。

依據《四庫全書總目》的說法，不僅將《集古錄跋尾》的寫作時間講得較爲明確，對篇數問題也提出他的見解──「蓋以集本與眞蹟合編，與專據集本者不同」。若依《四庫全書總目》之見，則正符四百餘跋之數目，好似已解決了後世學者對篇數之疑惑，但是否眞如《四庫全書總目》所言，則必須先深入了解歐陽脩心中之想法做起。因爲對同一篇碑文所作跋語文字相差若不大，而只是修改幾字，那麼以歐陽脩的想法，這是否算爲二篇或仍當作一篇看待？恐怕也只有起歐氏於地下，否則任誰也難以遽下定論，強作解人。所以《四庫全書總目》之言，只可供參考，筆者未敢盡信。

　　而關於此書之卷數，以目前的時空而言，此書之印刷方式，已以冊數形式呈現，其卷數如何，並不易見出，今人陳宗敏〈歐陽永叔的集古錄〉有一段考述，茲錄於下，以供學界參考，其文如下：

> 宋陳振孫撰《直齋書錄解題》，卷八著〈錄集古錄跋尾〉十卷，歐

〔註81〕同註5，〈錄目記〉，頁3下～4下。
〔註82〕（清）紀昀，《四庫全書總目》卷八十六（台北縣：藝文，1989，六版），頁1～3。

陽脩撰。清《四庫全書總目提要》卷八十六，史部四十二〈目錄類〉二亦作〈集古錄十卷〉。唯宋・晁公武撰《郡齋讀書志》卷五下，作〈歐陽公集古錄跋尾六卷、拾遺一卷〉。《宋史》卷二百二、《宋史新編》卷四十七藝文志一〈小學類〉作〈歐陽脩集古錄跋尾六卷〉，又二卷。卷數不同，或是宋時已有別本〔註83〕？

二、集古錄跋尾之內容大概

此書固然是作者為金石題跋之總集，其內容即是針對苦心蒐集而來的碑石拓片記下自己審訂考釋所得，不僅記錄了為數可觀的碑石資料，同時亦藉由撰寫跋尾之際，將自身平日學問之累積，自然地發之筆端，形諸筆墨，而成為金石學首創之作。歐陽棐在整理集古錄目時，即說：

> 蓋自文武以來迄于五代，盛衰得失賢臣義士姦雄賊亂之事，可以動人耳目者，至於釋氏道家之言，莫不皆有〔註84〕。

細審本書之文字，雖極為駁雜，據筆者之見，其內容大概可區分為以下六項：

（一）評賞書法

歐陽脩蒐集古碑拓本，固然是源於對古文字的喜愛，但在面對著眾多書法名品時，隨時來上一段評論賞析也是理所當然之事，更何況他是一位書法的愛好者，所以綜觀全書，有關論述書法的篇章，著實不少。例如〈後漢楊震碑陰題名跋尾〉云：

> 〈後漢楊震碑陰題名〉……漢隸世所難得，幸而在者，多殘滅不完，獨此碑刻畫完具，而隸法尤精妙，甚可喜也〔註85〕。

歐陽脩即針對漢隸之難得，發抒感慨；對於此碑隸法之精妙，道出心中欣喜之情。

再如〈范文度模本蘭亭序跋尾〉云：

> 自唐末干戈之亂，儒學文章，掃地而盡。宋興，百年之間，雄文碩儒，比肩而出，獨字學久而不振，未能比蹤唐之人，余每以為恨。今乃獲見范君筆法，信乎時不乏人而患知之不博，不然，有於中必形於外，若范君者，筆跡不傳於世而獨傳其家，蓋其潛光晦德，非止其書闕不傳也〔註86〕。

〔註83〕陳宗敏〈歐陽永叔的集古錄〉（《中國國學》第十一期，1997年），頁217～222。
〔註84〕同註5，〈錄目記〉，頁3上。
〔註85〕同註5，《集古錄跋尾》卷第二，頁14下。
〔註86〕同註5。

於讚美范文度之前，歐氏吐露了他對宋代書法表現之不滿──「獨字學久而不振，未能比蹤唐之人」，同時也傳達出他對唐人書法表現的大致肯定。

唐人書法整體表現之佳，除了名留書史的眾多書法大家以外，於《集古錄跋尾》裡，歐氏對於唐人書法的讚美，還可從幾則跋尾中見得，例如以下數則即是：

〈唐武盡禮寧照寺鐘銘〉。右武盡禮筆法精勁，當時宜自名家，而唐人未有稱之見於文字者，豈其工書如盡禮者，往往皆是，特今人罕及爾。余每得唐人書，未嘗不嘆息今人之廢學也〔註87〕。

右姚向書，筆力精勁，雖唐人工於書者多，而及此者亦少，惜其不傳於世，而今人莫有知者，惟余以集錄之博，得此而已。熙寧辛亥孟夏，清心堂書〔註88〕。

右〈遺教經〉，相傳云羲之書，偽也。蓋唐世寫經手所書，唐時佛書今在者，大抵書體皆類此，第其精麤不同爾。近有得唐人所書經題，其一云薛稷，一云僧行敦書者，皆與二人他所書不類，而與此頗同，即知寫經手所書也。然其字亦可愛，故錄之。蓋今士大夫筆畫能彷彿乎此者，鮮矣〔註89〕！

而在讚賞唐人書法的同時，歐氏對於唐代書法界最重視的「法」，也提出獨特之看法，他在〈唐美原夫子廟碑跋尾〉裡就有一段人膽精闢之論，他說：

右〈美原夫子廟碑〉，縣令王喦（字山甫）撰并書。碑不知在何縣。喦，天寶時人，字畫奇怪，初無筆法，而老逸不羈，時有可愛，故不忍棄之，蓋書流之狂士也！文字之學，傳自三代以來，其體隨時變易，轉相祖習，遂以名家，亦烏有法邪？至魏晉以後，漸分眞草，而羲獻父子爲一時所尚，後世言書者，非此二人皆不爲法，其藝誠爲精絕，然謂必爲法，則初何所據？所謂天下孰知夫正法哉？喦書固自放於怪逸矣！聊存之以備傳覽。治平元年八月十一日書〔註90〕。

又於〈王獻之法帖跋尾〉裡，歐陽脩也對於所謂的「法帖」提出了精闢的見解：

余嘗喜覽魏晉以來筆墨遺蹟而想前人之高致也。所謂法帖者，其事率皆弔哀、候病、敘睽離、通訊問，施於家人朋友之間，不過數行而已。蓋其初非用意，而逸筆餘興，淋漓揮灑，或妍或醜，百態橫生，披卷發

〔註87〕同註5，《集古錄跋尾》卷第六，頁6下。
〔註88〕同註5，《集古錄跋尾》卷第九，頁16下。
〔註89〕同註5，《集古錄跋尾》卷第十，頁3上～3下。
〔註90〕同註5，《集古錄跋尾》卷第六，頁19上。

函，爛然在目，使人驟見驚絕，徐而視之，其意態愈無窮盡，故使後世得之以為奇翫，而想見其人也。至於高文大冊，何嘗用此。而今人不然，至或棄百事，弊精疲力，以學書為事業，用此終老而窮年者，是真可笑也〔註91〕。

他提出魏晉時代士人書寫時的「初非用意」、「逸筆餘興」，對於謹守法度的書法界，實是引人深思的命題。

類似這種看法的，還有〈千文後虞世南書跋尾〉，他說：

千文後虞世南書。右虞世南所書，言不成文，乃信筆偶然爾，其字畫精妙，平生所書碑刻多矣，皆莫及也。豈矜持與不用意，便有優劣耶？熙寧辛亥續〔註92〕。

也是極力論說「不用意」及「信筆偶然」所達之境界，反倒較勝「矜持」刻意。

在《集古錄跋尾》裡，也不乏歐氏在臨習之餘所留下的體會，如以下幾則：

學書不必憊精疲神於筆硯，多閱古人遺蹟，求其用意，所得宜多〔註93〕。

羲獻世以書自名，而筆法相去遠甚，父子之間不同如此，然皆有足喜也〔註94〕。

吾有《集古錄》千卷，晚又得此法帖，歸老之計足矣！寓心於此，其樂可涯。嘉祐壬寅大雩攝事致齋閒題〔註95〕。

老年病目，不能讀書，又艱於執筆，惟此與《集古錄》可以把玩，而不欲屢閱者，留為歸潁銷日之樂也。蓋物維不足，然後其樂無窮，使其力至於勞，則有時而厭爾。然內樂猶有待於外物，則退之所謂著山林與城郭何異？宜為有道者所笑也。熙寧辛亥清心堂書〔註96〕。

凡此，皆可領略到歐陽脩在書法上努力與關心，實不在一般書法家之下。

（二）排斥佛老

歐陽脩在宋代文人當中，向來也以排佛斥老為世人所共知，於《集古錄跋尾》中，更因碑石多係佛教、道教所遺，其內容文字多涉佛老思想，遂激起歐陽脩心

〔註91〕同註5，《集古錄跋尾》卷第四，頁10下～11上。
〔註92〕同註5，《集古錄跋尾》卷第五，頁7下。
〔註93〕同註5，《集古錄跋尾》卷第十，頁5下。
〔註94〕同註5，《集古錄跋尾》卷第十，頁5下。
〔註95〕同註5，《集古錄跋尾》卷第十，頁5下。
〔註96〕同註5，《集古錄跋尾》卷第十，頁6上。

中無限感慨，於是在提筆書跋之時，對佛老之排斥自然溢於言表。綜觀全書，有關排佛斥老之跋，計有二十餘處之多，茲先以〈後漢公昉碑〉之爲例，來窺見歐氏之主張：

> 自聖人歿而異端起，戰國秦漢以來，奇辭怪說，紛然爭出，不可勝數。久而佛之徒來自西夷，老之徒起於中國。而二患交攻，爲吾儒者往往牽而從之。其卓然不惑者，僅能自守而已。欲排其說而黜之，常患乎力不足也〔註97〕。

歐陽脩站在儒家本位，對於佛、老之學，皆視爲奇辭怪說，認爲在兩者交攻之下，致令儒者迷失而跟從，儘管有卓然不惑者要排其邪說，也常感力不從心。下一則跋語更可感受歐陽脩內心之痛：

> 右〈等慈寺碑〉，顏師古撰。其寺在鄭州汜水，唐太宗破王世充、竇建德，乃於其戰處建寺，云爲陣亡士薦福。唐初用兵，破賊處多，大抵皆造寺。自古創業之君，其英豪智略，有非常人可及者矣！至其卓然信道而知義，則非積學誠明之士，不能到也。太宗英雄智識，不世之主，而牽惑習俗之弊，猶崇信浮圖，豈以其言浩博無窮而好盡物理爲可喜邪？蓋自古文姦言以惑聽者，雖聰明之主，或不能免也。惟其可喜，乃能惑人也。故余於本紀譏其牽於多愛者，謂此也。治平元年清明後一日書〔註98〕。

連「英雄智識」之唐太宗也「牽惑習俗之弊，猶崇信浮圖」，可能是佛教學說「其言浩博無窮而好盡物理」誘引士人鑽研其中而不能自拔。所以難怪歐氏會說出「聰明之主，或不能免」的痛語了。

　　還有一則跋語，歐陽脩藉題發揮，罵得更爲痛快，其文如下：

> 右〈司刑寺大腳跡并碑銘二〉，閻朝隱撰。附詩曰：「匪手攜之，言示之事」。蓋諭昏愚者不可以理曉，而決疑惑者難用空言，雖示之已驗之事，猶懼其不信也。此自古聖賢以爲難，語曰：「中人以下不可以喻上者」，聖人非棄之也，以其語之難也！佛爲中國大患，非止中人以下，聰明之智一有惑焉，有不能解者矣！方武氏之時，毒被天下，而刑獄慘烈，不可勝言。而彼佛者遂見光蹟於其間，果何爲哉？自古君臣事佛，未有如武氏之時盛也。視朝隱等碑銘，可見矣！然禍及生民，毒流王室，亦未有若斯之甚也。碑銘文辭不足錄，錄之者，所以有警也，俾覽者知無佛

〔註97〕同註5，《集古錄跋尾》卷第二，頁7下～8上。
〔註98〕同註5，《集古錄跋尾》卷第五，頁9上～9下。

之世，詩書雅頌之聲，斯民蒙福者；如彼有佛之盛，其金石文章與其人之被禍者如此，可以少思焉〔註99〕。

再看一則〈唐華陽頌跋尾〉，歐氏藉由一則碑文談起，將佛老二教之說，以「貪生怕死」四字來統括，將佛老批評得一無是處，其用語相當激烈，堪稱為歐氏排佛斥老之力作，茲錄之於下：

> 〈唐華陽頌〉。右華陽頌。唐玄宗詔附玄宗尊號曰聖文神武皇帝，可謂盛矣！而其自稱曰上清弟子者，何其陋哉！方其肆情奢淫以極富貴之樂，蓋窮天下之力，不足以贍其欲，使神仙道家之事為不無，亦非其所可冀，矧其實無可得哉！甚矣！佛老之為世惑也。佛之徒曰無生者，是畏死之論也；老之徒曰不死者，是貪生之說也。彼其所以貪畏之意篤，則棄萬事絕人理而為之，然而終於無所得者，何哉？死生，天地之常理，畏者不可以苟免，貪者不可以苟得也。惟積習之久者，成其邪妄之心。佛之徒，有臨死而不懼者，妄意乎無生之可樂，而以其所樂勝其所可畏也。老之徒有死者，則相與諱之曰：彼超去矣！彼解化矣！厚自誣而託之不可詰。或曰：彼術未至，故死爾。前者苟以遂其非，後者從而惑之，以為誠然也。佛老二者同出於貪，而所習則異，然由必棄萬事絕人理而為之，其貪於彼者厚，則捨於此者果，若玄宗者，方溺於此而又慕於彼，不勝其勞，是真可笑也〔註100〕。

除此之外，尚有幾則跋尾也是針對佛老而發，因本書有專論歐陽脩排佛斥老之篇章，此處暫且打住。

（三）補正史書

有關集古可以補正史書的功用，歐氏最常於《集古錄跋尾》裡提出，同時也是他沾沾自喜，引以為豪的項目，筆者在此書中找到近三十則討論歷史的跋語，其中多有精闢的推論，為節省篇幅，暫舉〈唐顏魯公題名跋尾〉以窺其大概，其餘部份則留待第五章再進行討論。

> 〈唐顏魯公題名〉。右〈靖居寺題名〉，唐顏真卿題。按唐書紀傳，真卿當代宗時為檢校刑部尚書，為宰相元載所惡，坐論祭器不修為誹謗，貶硤州員外別駕，撫州湖州刺史，載誅，復為刑部尚書。而此題名云永

〔註99〕同註5，《集古錄跋尾》卷第六，頁5上～5下。

〔註100〕同註5，《集古錄跋尾》卷第六，頁7下～8上。

泰三年，眞卿以罪佐吉州，與史不同。據眞卿湖州放生池碑陰所序，云
貶硤州旬餘，再貶吉州。蓋眞卿未嘗至硤，遂貶吉，而史氏但據初貶書
于紀傳耳。眞卿大曆三年始移撫州，當遊靖居時猶在吉也〔註101〕。

若據《唐書》列傳：「（眞卿）後攝祭太廟，以祭器不修言於朝，載坐以誹謗，貶
硤州別駕　、撫州湖州刺史。元載伏誅，拜刑部尚書。〔註102〕」可是此一題名卻
說「永泰三年，眞卿以罪佐吉州」，明顯與史不同；歐陽脩又據顏眞卿〈湖州放生
池碑陰序〉云：「貶硤州旬餘，再貶吉州。蓋眞卿未嘗至硤，遂貶吉」〔註103〕，
所以由此而論，顏眞卿應未貶放硤州才對。由此可見，碑石資料實能補正史書，
而對史學作出應有的貢獻。

（四）訓詁文字

　　歐陽脩在蒐集古碑刻的過程，面對眾多碑刻文字，不只是欣賞字蹟，他還逐
篇深入研讀內容，遇有值得關心的題材，便寫下他的看法。在跋語中，涉及到文
藝的部份亦有不少篇章，由於他是宋代文壇領袖，文學可說是他的本行，所以筆
者不敢輕忽，深恐有所遺漏，經仔細檢索《集古錄跋尾》全書，將之歸納分述於
下。

1.古人為文之法：

　　關於古碑文章之寫法，歐陽脩以他的文學修為，在看到〈漢泰山都尉孔君碑〉
時，他提出自己之看法：

　　　　右〈漢泰山都尉孔君碑〉。……其辭有云：躬忠恕以及人，兼禹湯
　　之罪己。宙，人臣，而引禹湯以為比，在今人於文為不類，蓋漢世近古，
　　簡質猶如此也〔註104〕。

認為撰作者在歌頌孔宙時，竟直接「引禹湯以為比」，這以宋代寫作文章的習慣看
來，實是覺得非常不妥的一件事，為此，他只好以「漢世近古，簡質猶如此也」
來解釋這一現象了。

　　其實像這種情形，在〈漢冀州從事張表碑跋尾〉，歐氏也說：

　　　　其辭有云：仕郡為督郵，鷹撮盧擊，是以狗喻人。又有畔桓利正之

〔註101〕同註5，《集古錄跋尾》卷第六，頁2上～2下。
〔註102〕（唐）劉昫，《舊唐書》，卷一二八（台北市：臺灣中華書局，1966年，《四部備要》），
　　　　頁7下。
〔註103〕同註5，《集古錄跋尾》卷第七，頁2下。
〔註104〕同註5，《集古錄跋尾》卷第二，頁10上～10下。

語，蓋漢人猶質，不嫌取類於鷹犬〔註105〕。
同樣也是以「漢人猶質」一語來解釋。

　　另外，歐氏亦在〈後漢祝睦後碑〉裡看到每句三言的銘文，他寫道：

　　　　右〈後漢祝睦後碑〉。其前碑不知所立人名氏，兩碑所載官閥壽考
　　　年月悉同，而此碑有立碑人名氏及睦世次。云故吏王堂等竊聞下有述上
　　　之功，臣有敘君之德。又曰：君兆自黎辛，祝融苗胄。鄭有祝躬，君其
　　　胤也。其餘文字亦完可讀，二銘皆以三言為文，而後銘尤完。云：「穆我
　　　君，邦之陽。資五就，闡道綱。（綱下減一字）表微，準樞衡。稽列宿，
　　　覽四方。德合乾，道應皇。領二郡，曜重光。化流洽，縕齒昌。性天約，
　　　元用長。頌聲作，謠令香。功烈著，遺椒芳。存靚榮，淪弗忘。」其後
　　　二句，磨滅難詳。故錄其成文以見其雅質，亦可佳也〔註106〕。

文末，他特別說是「錄其成文以見其雅質，亦可佳也」，可見歐陽脩亦是注意這種
為文的方式，而刻意在跋尾中詳細抄錄下來。

2.古字簡少通用：

　　歐陽脩在古碑裡還注意到古字常有通用的現象，如〈後漢北海相景君銘跋
尾〉，歐氏便說：

　　　　〈後漢北海相景君銘〉。……碑銘有云：「不永麋壽」余家集錄三代
　　　古器銘有云眉壽者，皆為麋。蓋古字簡少通用，至漢猶然也〔註107〕。

在〈漢冀州從事張表碑跋尾〉也有說到：

　　　　右〈漢冀州從事張表碑〉。……「畔桓」疑是「盤桓」，文字簡少，
　　　假借爾〔註108〕。

但是在〈漢熊君碑跋尾〉對於假借的情形，歐氏卻有不同的反應，他說：

　　　　右〈漢熊君碑〉。……其云治歐羊尚書，其字非訛闕，而以「陽」
　　　為「羊」，蓋古文字少，故須假借，至漢字已備而猶假用，何哉〔註109〕？

此時的歐陽脩認為「至漢字已備」應不必再以假借方式行文，顯然與前兩則所認
定的理由——「古字簡少通用」、「文字簡少，假借爾」——恰恰相反，是不是因
為此碑以「歐羊」代「歐陽」，適巧觸怒了以「歐陽」為姓的歐陽脩，而使得他不

〔註105〕同註5，《集古錄跋尾》卷第三，頁7上。
〔註106〕同註5，《集古錄跋尾》卷第三，頁6上～6下。
〔註107〕同註5，《集古錄跋尾》卷第二，頁19下～20上。
〔註108〕同註5，《集古錄跋尾》卷第三，頁7上。
〔註109〕同註5，《集古錄跋尾》卷第三，頁17上～17下。

願以「古文字少，故須假借」的理由來解釋此一現象，所以才會有如此不同的反應？筆者也不敢遽下定論。

另外還有一則與通用假借有關的是〈鄧乂碑〉，他在跋尾說：

> 右〈鄧乂碑〉。考其事蹟終始，即魏鄧艾碑也。艾嘗爲克州刺史。據碑云：晉初嘗發克州兵討叛羌，艾降巫者，傳言授以用兵之法，因以破羌。克人神之，遂爲艾立廟，建碑紀其事。艾於三國時爲名將，嘗有大功。其姓名聞於世甚顯，史與克人皆不應誤。而「艾」、「乂」二名不同如此，此君子所以慎於傳疑也！余謂古人「艾」、「乂」常通用，漢書曰：黎民艾安，與懲艾創艾，注皆讀爲「乂」，豈非鄧侯名艾音乂，而書碑者從省歟？後人讀史無音注，乃直以爲蒿艾之艾，而流俗轉失，久而訛繆，遂不復正，此理或然，覽者詳之〔註110〕。

歐陽脩展現他考證的功夫，對「鄧艾」被寫成「鄧乂」作了相當合理的推論，同時也讓後人知道「艾」、「乂」常通用的事實。

另外還有一則〈漢郭先生碑跋尾〉，歐陽脩注意到漢代用字習慣，他寫道：

> 右〈漢郭先生碑〉。……其以「而」爲「如」，及用「鄉」「嫴」字，與妻壽碑同，蓋漢人如此爾〔註111〕。

凡此皆是他在集古過程中的意外發現。

3.批評駢文

歐陽脩在宋代文壇向以古文運動之領導者自居，對魏晉以來漸爲流行的駢體文是他首要排除的對象，所以在寫《集古錄跋尾》之時，便自然地呈現此一觀點，如在〈陳張慧湛墓誌銘跋尾〉裡，他就說：

> 陳隋之間，字書之法極於精妙，而文章頹壞，至於鄙俚。豈其時俗弊薄，士遺其本而逐其末乎？予家集錄，所見頗多〔註112〕。

對於陳隋之間，文章之頹壞，歐陽脩的看法是「其時俗弊薄，士遺其本而逐其末」，關於這種論點，他又在〈太丕寺碑跋尾〉說：

> 南北文章，至於陳隋，其弊極矣！以唐太宗之致治，幾乎三王之盛，獨於文章，不能少變其體，豈其積習之勢，其來也遠，非久而眾勝之，則不可以驟革也。是以群賢奮力，墾闢芟除，至於元和，然後蕪穢蕩平，

〔註110〕同註5，《集古錄跋尾》卷第四，頁4下～5上。
〔註111〕同註5，《集古錄跋尾》卷第三，頁11上。
〔註112〕同註5，《集古錄跋尾》卷第四，頁14上～14下。

嘉禾秀草爭出，而葩華美實，爛然在目矣！此碑在隋，尤爲文字淺陋者，
疑其俚巷庸人所爲，然視其字畫，又非常俗所能，蓋當時流弊，以爲文
章止此爲佳矣〔註113〕！

另外，歐氏還在〈德州長壽寺舍利碑跋尾〉裡，也是一再感歎陳隋時代文章之弊
害，他寫道：

> 右〈德州長壽寺舍利碑〉，不著書撰人名氏。武德中建，而所述乃
> 隋事也。其事跡文辭皆無取，獨錄其書爾。余屢歎文章至陳隋，不勝其
> 弊，而怪唐家能臻致治之盛，而不能遽革文弊，以謂積習成俗，難於驟
> 變。及讀斯碑，有云：「浮雲共嶺松張蓋，明月與巖桂分叢。」乃知王勃
> 云：「落霞與孤鶩齊飛，秋水共長天一色。」當時士無賢愚，以爲警絕，
> 豈非其餘習乎〔註114〕？

歐陽脩「屢歎文章至陳隋，不勝其弊」，所以在〈唐衛國公李靖碑跋尾〉，歐氏就
說：「唐初承陳隋文章衰弊之時，作者務以浮巧爲工，故多失。〔註115〕」而值得
注意的是歐陽脩常常在《集古錄跋尾》裡對元結之作風不以爲然，例如在〈韋維
善政論跋尾〉，他就說元結「好爲新奇以自異，欲以怪而取名」〔註116〕。在〈窪
罇銘跋尾〉裡說：「次山喜名之士也，其所有爲，惟恐不異於人，所以自傳於後世
者，亦惟恐不奇而無以動人之耳目也。視其辭翰，可以知矣！〔註117〕」又在〈陽
華巖銘跋尾〉說：「元結，好奇之士也。其所居山水，必自名之，惟恐不奇。而其
文章用意亦然，而氣力不足，故少遺韻。〔註118〕」但卻在〈元次山銘跋尾〉中，
肯定元結。因爲元結身處在瀰漫著「以浮巧爲工〔註119〕」的時代裡，竟然能寫作
古文，實是難能可貴之事，在此則跋語，他如此寫著：

> 唐自太宗致治之盛，幾乎三代之隆，而惟文章獨不能革陳隋之弊，
> 而後有韓柳之徒出，蓋習俗難變而文章變體又難也。次山當開元天寶時，
> 獨作古文，其筆力雖少雄健，而意氣不俗，亦可謂特立之士哉〔註120〕！

可見在歐陽脩的眼中，雖然元結是一個好奇喜名之士，但元氏能在韓、柳之前，

〔註113〕同註5，《集古錄跋尾》卷第五，頁2上～2下。
〔註114〕同註5，《集古錄跋尾》卷第五，頁7下～8上。
〔註115〕同註5，《集古錄跋尾》卷第五，頁8下～9上。
〔註116〕同註5，《集古錄跋尾》卷第六，頁6下～7上。
〔註117〕同註5，《集古錄跋尾》卷第七，頁13上。
〔註118〕同註5，《集古錄跋尾》卷第七，頁13上～13下。
〔註119〕同註5，《集古錄跋尾》卷第五，頁8下～9上。
〔註120〕同註5，《集古錄跋尾》卷第七，頁12上。

率先寫作古文，也算是一件值得讚揚之事了。

（五）探究模刻

由於蒐集眾多碑刻與墨蹟，歐陽脩在賞玩之餘，他注意到碑石筆畫常因傳模而有失真的現象，在〈唐薛稷書跋尾〉說：

> 唐薛稷書。薛稷書刻石者，余家集錄頗多，與墨蹟互有不同。唐世顏柳諸家刻石者，字體時時不類，謂由模刻人有工拙。昨日見楊褒家所藏薛稷書，君謨以為不類，信矣〔註121〕！

又在〈唐龍興七祖堂頌跋尾〉說：

> 唐〈龍興七祖堂頌〉。右〈龍興七祖堂頌〉，陳章甫撰，胡霈然書。霈然筆法雖未至，而媚熟可喜。今上黨佛寺畫壁有霈然所書，多為流俗取去匣而藏之以為奇翫，余數數於人家見之，其墨蹟尤工，非石刻比也〔註122〕。

歐陽脩由自己親眼看過胡霈然的墨蹟後，體認到石刻文字遠遠不如真蹟之神采，尤其當刻工水準不高時，情況當會更加嚴重。所以他在〈唐杜濟神道碑跋尾〉就曾說：

> 書藝之至者如庖丁之刀，輪扁之斲，無不中也。顏魯公之書，刻於石者多矣，而有精有粗，雖他人皆莫可及。然在其一家，自有優劣。余意傳模鐫刻之有工拙也。而此碑字畫遒勁，豈傳刻不失其真者，皆若是歟？碑已殘缺，銓次不能成文，第錄其字法爾〔註123〕。

歐氏以顏真卿之書蹟為例論說，最有說服力，因為在歐陽脩的蒐藏中，就屬顏真卿的碑刻最多，而顏真卿之書法「刻於石者多矣，而有精有粗」，所以歐氏以此判定「傳模鐫刻之有工拙」。另外在〈唐干祿字樣模本跋尾〉，歐陽脩有一段精闢之論，他說：

> 唐〈干祿字樣模本〉。右干祿字樣模本，顏真卿書，楊漢公模。真卿所書，乃大曆九年，刻石至開成中，遽已訛缺。漢公以謂一二工人用為衣食之業，故摹多而速損者，非也！蓋公筆法為世楷模，而字書辨正偽繆，尤為學者所資。故當時盛傳於世，所以模多爾，豈止工人為衣食

〔註121〕同註5，《集古錄跋尾》卷第五，頁13下。
〔註122〕同註5，《集古錄跋尾》卷第七，頁1上～1下。
〔註123〕同註5，《集古錄跋尾》卷第七，頁6下～7上。

業邪？今世人所傳，乃漢公模本，而大曆眞本以不完，遂不復傳。若顏公眞蹟今世在者，得其零落之餘，藏之足以爲寶，豈問其完不完也？故余幷錄二本並藏之，亦欲俾覽者知模本之多失眞也〔註124〕。

對於顏眞卿所書之〈唐干祿字樣〉，爲何會有如此大之磨損，楊漢公認爲是因「工人用爲衣食之業，故摹多而速損者」，但歐陽脩則認爲是因顏眞卿的書法本來即爲世人臨習之楷模，又加上「字書辨正偏繆，尤爲學者所資」，所以才會有那麼多人模拓複製，當然此碑跋主要用意在讓世人知道：「模本之多失眞也」。

　　其實在《集古錄跋尾》中，歐陽脩還有幾則跋尾也是以此爲主題，像〈唐鄭澣陰符經序跋尾〉，他就說：「唐世碑碣，顏柳二家書最多，而筆法往往不同，雖其意趣或出於臨時，而模勒鐫刻亦有工拙。」〔註125〕；在〈唐山南西道驛路記跋尾〉，他說：「公權書往往以模刻失其眞」〔註126〕；在〈唐高重碑跋尾〉，他說：「唐世碑刻，顏柳二公書尤多，而字體筆畫往往不同，雖其意趣或出於臨時，而亦繫於模勒之工拙。〔註127〕」由此可見傳模問題之嚴重了。

三、集古對金石學界之影響

　　集古究竟始於何人？據黃進德《歐陽脩評傳》書中所記：

> 我國歷史上匯輯金石文字始自南朝梁代。《隋書》卷三十五〈經籍志四〉載：《碑集》二十九卷。《雜碑集》二十九卷。《雜碑集》二十二卷（有《碑集》十卷，謝莊撰；《釋氏碑文》三十卷，梁元帝撰，《雜碑》二十二卷，《碑文》十五卷，晉大匠陳勰撰；……亡）〔註128〕。

其後接著說：「其收集碑石拓本蓋意在賞玩，且久已失傳。而私輯錄金石文字用以糾繆補正，納入治史系統工程的，當以歐陽脩爲先。」

　　另，據蔡條《鐵圍山叢談》卷四所記：

> 虞、夏而降，制器尚象，著焉後世。繇漢武帝汾睢得寶鼎，因更其年元。而宣帝又於扶風亦得鼎，款識曰：「王命尹臣，官此枸邑。」及後和帝時，竇憲勒燕然還，有南單于者遺憲仲山甫古鼎，有銘，而憲遂上

〔註124〕同註5，《集古錄跋尾》卷第七，頁4下～5上。
〔註125〕同註5，《集古錄跋尾》卷第九，頁6下。
〔註126〕同註5，《集古錄跋尾》卷第九，頁7上～7下。
〔註127〕同註5，《集古錄跋尾》卷第九，頁8上～8下。
〔註128〕黃進德，《歐陽脩評傳》（江蘇省：南京大學出版社，1998年10月，《中國思想家評傳叢書》，第一版），頁389。

之。凡此數者，咸見諸史記所彰灼者。殆魏、晉、六朝、隋、唐，亦數
數言獲古鼎器。梁劉之遴好古愛奇，在荊州聚古器數十百種，又獻古器
四種於東宮，皆金錯字，然在上者初不大以爲事，獨國朝來寖乃珍重，
始則有劉原父侍讀爲之倡，而成於歐陽文忠公。(《鐵圍山叢談》卷四)
〔註129〕。

得知集古一事，在宋代之前，至少有梁朝劉之遴已曾聚古器數十百種，而在同代
士人當中，劉原父集錄金石也在歐陽脩之前。

　　很明顯的，歐陽脩並非集古之第一人，但有甚多史料，仍是以他爲首創者。
例如朱熹就說：「集錄金石，於古初無，蓋自歐陽文忠公始。〔註130〕」方以智亦
言：「金石之集，則歐、趙之功也。古無蒐金石爲書者。博南言：鄭調興古文在歐
陽前，而集古名錄則自歐陽公始。〔註131〕」毛晉亦說：「自漢訖隋、唐五季，未
有集錄金石文字者，蓋自六一居士始。〔註132〕」翁方綱也說：「集錄金石，始於
歐陽子」〔註133〕。足見歐陽脩集古給人印象特爲深刻，而常被視爲集古之鼻祖。

　　雖然集錄古碑刻未必始自歐陽脩，但若以眞正起引領作用，發生影響力的人
而言，歐陽脩應可當之無愧。而歐陽脩在集古錄跋尾裡也很自豪地說：「後漢樊常
侍碑……余少家漢東，天聖四年舉進士，赴尚書禮部，道出湖陽，見此碑立道左，
下馬讀之，徘徊碑下久之。後三十年，始得而入集錄。蓋初不見錄于世，自予集
古文，時人稍稍知爲可貴，自此古碑漸見收采也。〔註134〕」朱琰在〈江左石刻文
編序〉說：「古今來金石之文，足以參經，足以證史，篤學碩儒，咸知珍貴。然大
抵金少而石多，故碑刻尤重。自宋歐陽公始爲是業，曰《集古錄》。厥後趙明誠、
曾宏父輩遞有紀述。〔註135〕」毛晉〈六一題跋〉：「自漢訖隋、唐五季，未有集錄
金石文字者，蓋自六一居士始。後來趙德父、王順伯、黃長睿輩接踵博訪，樹幟
辨論」〔註136〕清人厲鶚《樊謝山房文集》說：「公之後有胡戩秀才者，效公集古，
作琬琰堂。……自宋迄今，爲圖，爲評，爲編，爲譜，爲史，爲志，爲錄，爲略，

〔註129〕《鐵圍山叢談》卷四（台北縣：藝文，1965年，百部叢書集成：第九函：29《知
　　　　不足齋叢書》初版），頁23下～24上。
〔註130〕（宋）朱熹，《朱文公文集》卷八十二（台北：商務，1980），頁2下。
〔註131〕（明）方以智，《通雅》卷三十一，〈器用〉（上海：古籍出版社，1988，一版），頁
　　　　963～964。
〔註132〕同註48，錄（明）毛晉〈汲古閣書跋〉，頁631。
〔註133〕同註48，下冊，錄（清）翁方綱《復初齋文集》卷六〈自題考訂金石圖後〉，頁1153。
〔註134〕同註5，《集古錄跋尾》卷第三，頁3上～3下。
〔註135〕同註48，下冊，頁1183。
〔註136〕同上，中冊，頁632。

爲目，爲記，粲然備矣。〔註137〕」

清人李遇孫《金石學錄》例目云：「蓋金石之學，至宋而盛。唐以前所說者，不過一鱗片甲耳。」又說：「金石至宋歐陽氏，而始集其成，文忠以還，長睿、德甫、景伯、順伯諸公，無不專門名家，研精考究。金元寥寥數人，至明之元敬、升庵、子函、允伯諸公出，又皆博覽旁搜，立言有據。自宋迄明，列爲一卷，已得百數十人，俱聞歐陽氏之風而興起者也。〔註138〕」

另，朱劍心《金石學》在序例有言：

> 其學（金石學）濫觴於漢，歷魏、晉、六朝、隋、唐而稍稍演進。惟其見於當時之著錄者，大抵一鱗片甲，猶未足以言學也。至宋劉原父、歐陽公起，搜集考證，著爲專書，而學以立。……，夫自北宋以來，金石名家，至千數百人，著作之多，且二千種，就其存於今者論之，尚數萬卷，略言其例，凡十又七：曰存目，曰跋尾，始於歐陽修之《集古錄》；曰錄文，始於洪适之《隸釋》〔註139〕。

也是一再提及歐陽脩在金石方面的開創，而於存目、跋尾兩項的創舉，更是值得一提。

由以上諸人所作的概括說明，則知歐陽脩集古對金石學界所發生的影響力，實非他人所可取代，其對後世產生的引領作用，亦非其他金石學家所能望其項背。

〔註137〕（清）厲鶚《樊榭山房全集》卷二（台北市：文海，1975年），頁4上。
〔註138〕（清）李遇孫《金石學錄》，〈例目〉（台北市：臺灣商務印書館，1985，《人人文庫》），頁1上。
〔註139〕朱劍心，〈金石學序例〉（台北：臺灣商務印書館，1965年，《萬有文庫薈要》），頁1。

第三章 由《集古錄跋尾》
看歐陽脩的書法世界

第一節　歐陽脩對書法的熱愛

　　歐陽脩集古的本意，據其自述，大抵皆是言及可正史之失，「與史傳相參驗證〔註1〕」等等神聖的學術使命，甚少標舉書法議題。但若深究其《集古錄跋尾》之內容，則不難發現，書中留下頗多評論書法的篇章，提供時人及後人不少寶貴的書法意見與史料，皆是書法學者們所不容忽略的研究課題。

　　大陸學者曹寶麟就說：

> 　　歐陽修的功績主要表現在理論方面。在宋朝建立以降的近百年間，真正對日益衰弱的書法現狀產生強烈的憂患意識，并不遺餘力地呼籲吶喊者，歐陽修可謂第一人。作為一個深謀遠慮的傑出政治家和身體力行的優秀文學家，他對書法表現出的改革願望，與他之於政治、文學同樣迫切。出於保存書法遺產的熱忱，他付出驚人的精力撰寫成具有開創意義的《集古錄》。

> 　　在歐陽修之前的宋人文集中，論及書法的內容寥若晨星，顯示出整個社會對書法超乎尋常的冷漠。只有歐陽修出現，我們才讀到較多關於書法方面的論述。儘管它們大多隨感而發，尚未具有書論的學術品味，但這種初級的鋪墊，正如大野拂曉的雄雞一唱，迎來的是一個生機勃發

〔註1〕（宋）歐陽脩，《歐陽文忠公集》五，《書簡》卷第五（上海：上海書店，1989年3月，《四部叢刊》初編），頁1下。

的黎明〔註2〕。

此段話內容就對歐氏在宋代書法上的努力，給予了極高的評價。

　　其實若詳究歐陽脩的文藝生涯裡，他用在臨習書法與談論書法的時間，可能並不在其它文藝活動之下，反倒是佔了生活極大的份量，在他的全集裡，有關書法的幾則短文、散記，皆忠實記錄了他的學書情形與心情，頗值得吾人注意。或許只是因為他的聲名是建立在詩文與史學之上，書名並未顯著，所以他在書法上所作的努力，常被世人所忽略。

　　而他所熱衷的集古活動，由諸多資料看來，應與他的書法嗜好有很大關聯。因為在他的《集古錄跋尾》裡，委實留下不少書法的議題；而他的集古活動，也都集中在與文字有關的碑刻。本文在討論他的《集古錄跋尾》與書法的諸多關聯之前，擬先就他的文集裡找出與書法有關之篇章，勾勒出一段歐陽脩的書法生活實貌。

　　據歐陽脩〈學書消日〉內容所言：

　　　　自少所喜事多矣，中年以來，漸以廢去。或厭而不為；或好之未厭，力有不能而止者。其愈久益深，而尤不厭者，書也。至於學字，為於不倦時，往往可以消日，乃知昔賢留意于此，不為無意也〔註3〕！

他提到自身邁入中年以後，嗜好已隨心境起了頗大的改變，以前所喜愛的多種活動，有些已感到厭足而不為，有些雖尚未有厭足之感，卻因體力的漸漸衰退而有力不從心的現象，不得不停輟下來，而唯有書法一藝，才是他的最愛。

　　這段出自一代大文豪筆下的敘述，著實令人吃驚。因為在一般人的心中，歐陽脩擅長寫詩、填詞，對於古文的創作，對於史學的用心，皆是當代之翹楚，而他竟然道出獨鍾書法的心聲，與世人對他的認知實有一段不小的差距。但遍尋歐陽脩全集，類似此段之敘述甚多，此段並不是唯一的孤例。

　　例如在〈學書靜中至樂說〉中，歐氏即說到：

　　　　有暇即學書，非以求藝之精，直勝勞心於他事爾。以此知不寓心於物者，真所謂至人也；寓於有益者，君子也；寓於伐性汨情而為害者，愚惑之人也。學書不能不勞，獨不害情性耳，要得靜中之樂者，惟此耳〔註4〕。

〔註2〕曹寶麟，《中國書法史・宋遼金卷》（江蘇：新華書店，1999 年 10 月一版一刷），頁 50～51。

〔註3〕同註1《歐陽文忠公集》四，《試筆》一卷，頁 2 下～3 上。

〔註4〕同註3，頁 2 下。

在〈夏日學書說〉裡，他也說：

> 夏日之長，飽食難過，不自知愧，但思所以寓心而銷晝暑者，惟據
> 按（案）作字，殊不爲勞。當其揮翰若飛，手不能止，雖驚雷疾霆雨電
> 交下，有不暇顧也。古人流愛，信有之矣！未至於工，尚已如此，使其
> 樂之不厭，未有不至於工者。使其遂至於工，可以樂而不厭，不必取悅
> 當時之人，垂名於後世，要於自適而已〔註5〕。

於〈學書工拙〉中，又提到：

> 每書字，嘗自嫌其不佳，而見者或稱其可取。嘗有初不自喜，隔數
> 日視之，頗若稍可愛者。然此初欲寓其心以銷日，何用較其工拙，而區
> 區於此，遂成一役之勞，豈非人心蔽於好勝耶〔註6〕？

由以上三則敘述看來，歐陽脩在生活當中，真是藉由臨習書法而達到排遣無聊、涵養性情的功用。而在書法的學習過程，雖非完全的稱心如意，卻也爲他帶來不少的哲學啓發。

再看他〈學眞草書〉一文，就知他在書法上的投入之深。

> 自此已後，隻日學草書，雙日學眞書。眞書兼行，草書兼楷，十年
> 不倦，當得書名。然虛名已得，而眞氣耗矣！萬事莫不皆然，有以寓其
> 意，不知身之爲勞也；有以樂其心，不知物之爲累也。然則自古無不累
> 心之物，而有爲物所樂之心〔註7〕。

臨習書法，他竟也安排日課——「隻日學草書，雙日學眞書」，可見他眞是有心在書法藝術上爭出一番成績，計畫以十年不輟的學習，以博得書名，然而他隨即調侃自己，怕果眞有那麼一天，其眞氣大概已因此而損傷。

可見臨習書法對歐陽脩來說，是多麼豐富的一種收穫，是多麼高乘的一種享受，所以難怪他要說「有以寓其意，不知身之爲勞也；有以樂其心，不知物之爲累也」。也因此體會到「自古無不累心之物，而有爲物所樂之心」！

正因爲□□學書，歐陽脩不免也感到紙張的耗費頗人，所以他有以下這一則妙語：

> 學書費紙，猶勝飲酒費錢。曩時嘗見王文康公戒其子弟云：「吾平
> 生不以全幅紙作封皮」。文康，太原人，世以晉人喜齎資談笑，信有是哉！
> 吾年向老，亦不欲多耗用物，誠未足以有益於人。然衰年志思不壯，於

〔註5〕同註3，頁2下～3上。
〔註6〕同註3，頁3下，
〔註7〕同註3，頁3上。

事少能快然，亦其理耳〔註8〕。

另外，還有一則記錄亦可見其癡態：

> 往時有風法華者，偶然至人家，見筆便書，初無倫理，久而禍福或
> 應，豈非好怪之士，為之遷就其事耶？余每見筆輒書，故江鄰幾比余為
> 風法華〔註9〕。

再者，在他的諸多書信裡，同樣也可以找到幾段話語，讓我們想見他對書法的熱情，如在與韓稚圭的書信：

> 特承寵示歸榮等五篇刻石，俾遂拭目，豈勝榮幸，唐世勳德鉅公為
> 不少，而雄文逸翰，兼美獨擅，孰能臻於斯也。某以朽病之餘，事事衰
> 退，然猶不量力，不覺勉強者，竊冀附託以為榮爾〔註10〕。

又如與梅聖俞書：

> 暑中，絕近文字不得，無以度日，時因作書簡，得一揮毫，尚可銷
> 憂爾。人還，姑此奉謝〔註11〕。

凡此，歐陽脩皆在文字中透露出他對書法的喜愛，也體會到他從中所得的快樂，以及學書一事對他的生命滋養，實在溢於言表。而在他與梅聖俞的另一封書信裡，就曾明白提及自身學書的心路轉折：

> 某亦厭書字，因思學書各有分限，殆天之稟賦，有人力不可彊者。
> 往年學弓箭，銳意三四年，不成遂止。後又見君謨言學書最樂，又銳意
> 為之，寫來寫去，卻轉不如舊日，似逆風行船者，盡氣力祗在舊處，不
> 能少進，力竭心倦，遂已身老矣！安能自苦如此耶？乃知古今好筆，真
> 可貴重也。今後祗看他人書，亦可為樂，不能生受得也〔註12〕。

於此，他坦承「學書各有分限，殆天之稟賦，有人力不可彊者」。又提到了書法的學習過程有如「逆風行船」，常是令人費盡氣力後，卻仍在舊處打轉而不能稍進，但也因此使他更加感受到書法的可貴，所以才會有「今後祗看他人書，亦可為樂」的體悟。

由以上諸多資料看來，歐陽脩對書法的追求，幾乎已有清楚的輪廓了，若參

〔註8〕同註3，頁3下。
〔註9〕同註3，頁5下。
〔註10〕同註1，《書簡》卷第一，頁16上。
〔註11〕同註1，《書簡》卷第六，頁18下。
〔註12〕同註1，《書簡》卷第六，頁15上。

照他在《集古錄目序》所言的「物常聚於所好，而常得於有力之彊」〔註13〕、「凡物好之而有力，則無不至也」〔註14〕、「好之已篤，則力雖未足，猶能致之」等語，再與他在〈學書消日〉所言的「或好之未厭，力有不能而止者。其愈久益深，而尤不厭者，書也〔註15〕」一段相對照，不僅文意有可通之處，其時間點亦頗接近，因爲〈學書消日〉說的「中年以來〔註16〕」與集古的時間——由慶曆五年（西元1045年，歐陽脩時年39歲），到嘉祐七年（西元1062年，歐陽脩時年56歲）——頗爲相當，則由此看來，除了歐陽脩沒有直言學書與碑帖的直接關係以外，他的集古與學書所存在的密切關係，其實已是呼之欲出，不言可喻了。

第二節　由《集古錄跋尾》管窺歐陽脩的學書片斷

一、初學書法與自我剖析

由於《集古錄跋尾》係研究金石的專書，於蒐集金石碑刻時，面對著豐富的歷代書蹟，在賞玩之餘，提起筆來抒寫自身對書法的體會，也是極可理解想見之事，於是在此書的諸多篇章裡，自然呈現出許多書法論述，可供後人參考研究。所以若要探索歐氏的書法，此書即爲不可多得的珍貴史料。

歐陽脩喜談書法的事實，已於前一節裡提及，而在歐陽脩的《集古錄跋尾》裡，更可在諸多跋語中，找到甚多相關題材，幫助後人了解到歐陽脩書法的全貌。

例如今人甚少能由現存史料得知某一位書法家小時的臨習範本，而我們卻可在《集古錄跋尾》書中，找到歐陽脩的兒時學書範本，於〈孔子廟堂碑跋尾〉裡，他如是寫著：

> 右〈孔子廟堂碑〉，虞世南撰并書。余爲童兒時，嘗得此碑以學書。當時刻畫完好，後二十餘年，復得斯本，則殘缺如此。因感物之終弊，雖金石之堅，不能以自久。於是始欲集錄前世之遺文而藏之，逮今蓋十又八年，而得千卷，可謂富哉！嘉祐八年九月二十九日書〔註17〕。

雖然此跋的重點在感嘆物之終弊，及集錄古碑之緣由，但也因其中的一句——「余

<hr>

〔註13〕同註1，《集古錄目序》，頁1上。
〔註14〕同註13。
〔註15〕同註3，《試筆》一卷，頁2下。
〔註16〕同註3，《試筆》一卷，頁2下。
〔註17〕同註1，《集古錄跋尾》卷第五，頁7上～7下。

為童兒時，嘗得此碑以學書」，意外獲悉歐氏童年學書的過程裡，即曾以唐代大書法家虞世南所書之〈孔子廟堂碑〉為學習對象，這對今人研究歐氏書法脈絡，亦是一條不可忽視的線索。而令人好奇的是，他的先祖歐陽詢在唐代書法界的名聲與影響力並不在虞世南之下，身為大書法家之後人，歐陽脩對歐體的法式是否有傳承的使命感？對歐體的愛好是否有超乎其他外人之上呢？本書的另一則〈唐歐陽率更臨帖〉跋語裡，有幾句話可幫助吾人窺探一二。他寫道：

> 右〈率更臨帖〉。吾家率更蘭臺世有清德，其筆法精妙，迺其餘事，豈止士人模楷，雖海外夷狄皆知為貴，而後裔所宜勉旃，庶幾不殞其美也〔註18〕。

在此則跋語裡，歐陽脩是頗以先祖歐陽詢的書法成就為榮，所以他在極力稱賞之後，講出一句「後裔所宜勉旃，庶幾不殞其美也」。推敲其意，發現歐陽脩似乎有意強調：書法一藝，對其先祖歐陽詢的諸多成就來說，只是一項餘事而已，並非其事業之重心所在。而且歐陽脩特別點出「世有清德」四字，好似要藉此告訴世人一個觀念——德性是藝術的必要條件。而歐陽脩在此只說要以先人的成就自勉，到底是要以家族的清德來自我期勉呢？抑或是直接要以歐陽詢的書法為學習範本呢？由其文意看來，著實很難猜出他的真正意涵。但是以存世的歐陽脩墨蹟看來，是與其先祖歐陽詢的書法風格不大相似的。

除此以外，吾人還可從《集古錄跋尾》書中，看到他對自身書法鑑定能力的陳述。他在〈後漢稿長蔡君頌碑跋尾〉裡說：

> 右〈漢稿長蔡君頌碑〉，在鎮府。故天章閣待制楊畋嘗為余言漢時隸書在者，此為最佳。畋自言平生惟學此字，余不甚識隸書，因畋言，遽遣人之常山，求得之，遂入於錄〔註19〕。

由集古錄跋尾的諸多篇章看來，歐陽脩對於漢代隸書碑刻之蒐集，可說是不遺餘力。此碑既然是楊畋所極力推薦，自是不容輕易放過，只是他在集錄此碑的同時，卻講了一句「余不甚識隸書」。這究竟是因他的內心對楊畋的意見頗不以為然，才以此句表示內心的存疑？抑或是他真的無法鑑別隸書之優劣，完全以他人意見為意見呢？如果說他「不甚識隸書」是真心的告白，那麼以下兩則跋尾裡，歐陽脩所展現出來的自信，又頗值得吾人深思探究。茲錄其文於下：

> 右〈漢元節碑〉，文字磨滅，不見其氏族。其可見者，纔數十字爾。

〔註18〕同註1，《集古錄跋尾》卷第五，頁11下。
〔註19〕同註1，《集古錄跋尾》卷第三，頁15下～16上。

云君諱立，字元節。其先出自伊尹，其餘不復成文。其銘云：「於穆從事」
疑其姓伊，而為從事也。碑無年月，而知為漢人者，以其隸體與他漢碑
同爾〔註20〕。

　　〈後漢殘碑〉。〈右漢殘碑〉，不知為何人，所存者纔三十二字，不
復成文。惟云高字幼□，知其名高。又云：「漢興」，復知為後漢時人。
而隸字在者甚完，體質淳勁，非漢人莫能為也，故錄之〔註21〕。

這兩則跋語裡，歐陽脩能判斷出元節碑為漢碑，他所持的理由是以此碑的隸書字
體與其它漢隸碑刻相類似，所以歐陽脩即大膽地直呼此碑為「漢元節碑」。另一則
〈後漢殘碑跋尾〉，歐陽脩已由碑石殘文得知此碑為漢時碑刻，但他也以碑文字體
「體質淳勁」之樣貌，更加確定為漢代文物。

　　由此看來，如果歐陽脩所云的「不甚識隸書」一語為真，可能是以他的書法
修為，還難以判定隸書書法的好壞，但在歐陽脩常期的集古活動之下，閱覽過無
數碑刻後，至少已能大致判定漢代隸體的時代風格。他曾在〈范文度模本蘭亭序
跋尾〉裡說：

　　　余嘗集錄前世遺文數千篇，因得悉覽諸賢筆蹟，比不識書，遂稍通
其學〔註22〕。

又在〈唐興唐寺石綗藏讚跋尾〉說：

　　　余初不識書，因集古著錄，所閱既多，遂稍識之，然則人其可不勉
彊於學也〔註23〕。

兩者所言，皆在說明他因博覽眾碑，而稍能通曉書法，對於自身書法能力的養成，
也有相當程度的自信了。

二、對蔡君謨書法的推崇及倚重

　　其實歐陽脩在《集古錄跋尾》所透露出來的書法鑑識能力，若再細究他的其
它文集，則不難發現，宋代人書法家蔡君謨對他所起的引領作用，是一大關鍵。
　　在他與梅聖俞的書信裡，就曾明白提及自身學書的心路轉折：

　　　某亦厭書字，因思學書各有分限，殆天之稟賦，有人力不可彊者。
往年學弓箭，銳意三四年，不成遂止。後又見君謨言學書最樂，又銳意

〔註20〕同註1，《集古錄跋尾》卷第三，頁19下。
〔註21〕同註20。
〔註22〕同註1，《集古錄跋尾》卷第四，頁9上。
〔註23〕同註1，《集古錄跋尾》卷第六，頁18上。

　　　　爲之，寫來寫去，卻轉不如舊日，似逆風行船者，盡氣力祇在舊處，不

　　　　能少進，力竭心倦，遂已身老矣！安能自苦如此耶？乃知古今好筆，真

　　　　可貴重也。今後祇看他人書，亦可爲樂，不能生受得也〔註24〕。

於此，他坦承「學書各有分限，殆天之稟賦，有人力不可彊者」。又提到了書法的
學習過程有如「逆風行船」，常是令人費盡氣力後，卻仍在舊處打轉而不能稍進，
但也因此使他更加感受到書法的可貴，所以才會有「今後祇看他人書，亦可爲樂」
的體悟。而在此段文字裡，歐陽脩也透露出一件訊息──大書法家蔡君謨對他學
習書法所起的引領作用，則是他學書進步的重要關鍵。

　　於〈蘇子美蔡君謨書〉裡，歐氏說到：

　　　　自蘇子美死後，遂覺筆法中絕，近年君謨獨步當世，然謙讓不肯主

　　盟〔註25〕。

在〈學書兩首〉中，歐氏說：

　　　　蘇子歸黃泉，筆法遂中絕，賴有蔡君謨，名聲馳晚節〔註26〕。

又於〈牡丹記跋尾〉寫著：

　　　　右蔡君謨之書，八分、散隸、正楷、行狎、大小草，眾體皆精〔註27〕。

另外，〈跋永城縣學記〉裡也說：

　　　　嚮時蘇子美兄弟以行草稱，自二子亡，而君謨書特出於世。君謨筆

　　有師法，真草惟意所爲，動造精絕，世人多藏以爲寶〔註28〕。

由上可知，歐陽脩對蔡君謨的肯定與推崇，不是偶一爲之的虛譽，而是打從心裡
的讚賞。

　　除卻蔡氏的書法造詣令歐氏欽佩以外，蔡氏與歐氏的交情甚篤，非常人所可
比擬，由〈牡丹記跋尾〉之內容即能看出：

　　　　其（蔡君謨）平生手書小簡、殘篇斷稿，時人得者甚多，惟不肯與

　　　　人書石，而獨喜書余文也。若陳文惠公神道碑銘、薛將軍碣眞州東園記、

　　　　杭州有美堂記、相州畫錦堂記、余家集古錄目序，皆公之所書，最後又

　　　　書此記，刻而自藏于其家，方走人於亳，以模本遺予，使者未復於閭，

　　　　而凶訃已至於亳矣！蓋其絕筆於斯文也。於戲！君謨之筆，既不可復得，

〔註24〕同註1，《書簡》卷第六，頁15上。

〔註25〕同註3，《試筆》一卷，頁4下～5上。

〔註26〕同註1，《歐陽文忠公集》二，《外集》卷第四，頁8下。

〔註27〕同註1，《歐陽文忠公集》三，《外集》卷第二十二，頁10下～11上。

〔註28〕同註27，《外集》卷第二十三，頁12下～13上。

　　而予亦老病不能文者，久矣！於是可不惜哉？故書以傳兩家子孫〔註29〕。
由一句「惟不肯與人書石，而獨喜書余文也」，即可見兩人之交情，而歐氏自豪之
情，亦不言可喻，因爲蔡君謨不僅爲他繕書，且是在心中喜悅的情形下爲他至少
書寫六種碑石（〈陳文惠公神道碑銘〉、〈薛將軍碣真州東園記〉、〈杭州有美堂記〉、
〈相州畫錦堂記〉、〈集古錄目序〉、〈牡丹記〉。），難怪歐陽脩對此要大書特書一
番了。

　　又在〈跋永城縣學記〉裡，歐陽脩也有一段記載可供參考佐證：

> 君謨筆有師法，真草惟意所爲，動造精絕，世人多藏以爲寶。而予
> 得之尤多，若荔枝譜、永城縣學記，筆畫尤精而有法者，故聊誌之，俾
> 世藏之，知余所好，而吾家之有此物也。廬陵歐陽某書嘉祐八年歲在癸
> 卯中元日〔註30〕。

一句「予得之尤多」，實不難想像歐氏之自得，當然兩人之交情亦由此見得。另外
還可由下則歐氏翰札知道蔡君謨曾餽贈歐氏一方紅絲石硯，「紅絲石硯者，君謨贈
余云：『此青州石也，得之唐彥猷云。須飲以水使足，乃可用，不然渴燥。〔註31〕』」
不僅如此，歐氏亦曾直說將向蔡求書：

> 予友蔡君謨善大書，頗怪偉，將乞其大字以題於楹（註）〔註32〕。

而歐氏也說「君謨不肯爲他人書，而獨爲某書此，朋友間自是一事，不可不記〔註
33〕。」更可見兩人交情之深厚。

　　另，上面曾提及蔡君謨喜爲歐氏繕書文章，所列出的幾件刻石中，有一件是
集古錄目序，關於此事，歐陽脩有〈與蔡君謨求書集古錄序書〉正可讓我們了解
其中實情，此書信云：

> 顧其文鄙意陋，不足以示人，既則（一作而）自視前所集錄，雖浮
> 屠老子詭妄之說，常貶絕於吾儒者，往往取之而不忍遽廢者，何哉？豈
> 非特以其字畫之工邪？然則字書之法雖爲學者之餘事，亦有助於金石之
> 傳也。若浮屠老子之說當棄而獲存者，乃直以字畫而傳，是其幸而得所
> 託爾，豈特有助而已哉！僕之文陋矣，顧不能以自傳，其或幸而得所託，
> 則未必不傳也。由是言之，爲僕不朽之託者，在君謨一揮毫之頃爾。竊

〔註29〕同註27，《外集》卷第二十二，頁10下～11上。
〔註30〕同註27，《外集》卷第二十三，頁12上～13上。
〔註31〕同註27，《外集》卷第二十二，頁2上。
〔註32〕同註26，《居士集》卷第三十九，頁7上。
〔註33〕同註1，《書簡》卷第九，頁11下。

惟君子樂善，欲成人之美者，或聞斯說，謂宜有不能卻也，故輒持其說
以進而不疑〔註34〕。

以歐陽脩排佛斥老之堅決，卻不忍將佛老遺跡（碑刻）捨棄，主要是因為他深深
受到書法字畫之工所吸引，所以歐陽脩由此注意到佛老以「字畫而傳」的事實，
而真切認識到書法在傳佈上的重要性，因此他要將作品傳世，當然是要找一位書
法名家來為他書寫了，就歐陽脩所處的時空而言，蔡君謨不論在名氣上或與歐氏
的交情上，無疑的，都應是最佳的人選。

關於此事，歐陽脩也在與王龍圖的書信中說：「集古錄序，鄙文無足采，第君
謨筆法精妙，近時石刻罕有也。〔註35〕」也在跋茶錄中說「君謨小字新出，而傳
者二：集古錄目序，橫逸飄發；而茶錄勁實端嚴。為體雖殊，而各極其妙。」〔註
36〕足見歐氏對蔡襄書法的讚賞與珍惜。而歐氏又於與馬著作的一封書信裡說：「病
目固不能書，然君謨不肯為他人書，而獨為某書此，朋友間自是一事，不可不記，
故勉自書。」〔註37〕南宋朱熹於〈跋歐陽文忠公帖〉中亦提及「歐陽文忠公與蔡
忠惠公手帖，前輩交情篤厚，語意真實，於此可見。〔註38〕」在在皆可證明兩人
之交情。

蔡君謨在歐陽脩心中既是如此重要，且與歐陽脩交情又如此篤實，則兩人常
在一起談論書法的情形必然不少，於《集古錄跋尾》數數則跋尾中，常可見歐陽
脩屢次提及蔡君謨之名，如在〈唐安公美政頌跋尾〉說：

然余常與蔡君謨論書，以謂書之盛，莫盛於唐；書之廢，莫廢於今〔註39〕。
「余常與蔡君謨論書」一句，即直接道出兩人經常一起討論書法的事實，而他們
所得到的這一結論，則不斷地出現在歐氏《集古錄跋尾》中。

〈後漢秦君碑首跋尾〉有存錄一則蔡君謨的題跋：「漢碑今存者少，此篆亦與
今文小異，勢力勁健可愛。〔註40〕」歐陽脩在後跋語寫著：

右〈漢熹平中碑〉。在南陽界中，字已摩滅不可識，獨其碑首字大，
僅存其筆畫，頗奇偉。蔡君謨甚愛之。此君謨過南都所題，乃皇祐三年

〔註34〕同註27，《外集》卷第十九，頁9下～10上。
〔註35〕同註1，《書簡》卷第五，頁17上。
〔註36〕同註27，《外集》卷第二十三，頁14下。
〔註37〕同註1，《書簡》卷第九，頁11下。
〔註38〕（宋）朱熹，《晦庵先生朱文公文集》卷八十四（台北：商務，1980），頁17上。
〔註39〕同註1，《集古錄跋尾》卷第五，頁15下。
〔註40〕同註1，《集古錄跋尾》卷第三，頁19上。

也，今一紀矣！嘉祐八年九月十七日書〔註41〕。

歐陽脩在寫這一跋尾，其實可以寫到「頗奇偉」即可就此打住的，但他卻要寫下「蔡君謨甚愛之」幾個字以後，才告一段落。其意可能是要藉重蔡君謨之名，來強調這一漢碑之可貴。

歐氏又於〈范文度模蘭亭跋尾〉云：

蔡君謨以書名當世，其稱范君者如此，不爲誤矣〔註42〕！

在此則，歐氏爲稱美范君之書法，直接引述蔡君謨之口以證，則蔡氏之書法地位在歐氏心中之高，眞是不言可喻。

再看〈〈啓法寺碑〉跋尾〉，歐陽脩在寫跋語之前，同樣也是先附上蔡君謨的題記：

隋丁道護〈啓法寺碑〉。此書兼後魏遺法，與楊家本微異。隋唐之交，善書者眾，皆出一法，道護所得最多。楊本，開皇六年，去此十七年，書當益老，亦稍縱也。甲辰治平初月十日。莆陽蔡襄記〔註43〕。

之後，歐氏才寫著：「右啓法寺碑，丁道護書。蔡君謨，博學君子也，於書尤稱精鑒，余所藏書，未有不更其品目者。其謂道護所書如此。〔註44〕」其實在此則跋語裡，也只是以蔡氏之見解爲見解而已，歐陽脩並未發表任何看法。吾人雖不易看出他對此碑是否有其它領略，但卻很明顯地看到他對蔡氏的依賴與推崇。

另於《集古錄跋尾》有兩則跋語也是以蔡君謨之意見爲依歸，再錄於下：

唐薛稷書。薛稷書刻石者，余家集錄頗多，與墨蹟互有不同。唐世顏柳諸家刻石者，字體時時不類，謂由模刻人有工拙。昨日見楊褒家所藏薛稷書，君謨以爲不類，信矣〔註45〕！

余集古所錄李邕書頗多，最後得此碑於蔡君謨。君謨善論書，爲余言邕之所書，此爲最佳也〔註46〕。

由此可見，當歐陽脩面對著諸多古碑名蹟時，最常陪著他一起評論讚賞，而又扮演著引導角色的人，應該就是蔡君謨這位書法人家了。

而歐氏不僅借重於蔡氏之言，有時且與蔡君謨站在同一地位同聲發出感嘆，

〔註41〕同註1，《集古錄跋尾》卷第三，頁19上。
〔註42〕同註1，《集古錄跋尾》卷第四，頁9下。
〔註43〕同註1，《集古錄跋尾》卷第五，頁5上。
〔註44〕同註1，《集古錄跋尾》卷第五，頁5上～5下。
〔註45〕同註1，《集古錄跋尾》卷第五，頁13下。
〔註46〕同註1，《集古錄跋尾》卷第六，頁8上～8下。

於《集古錄跋尾》書中，就有這樣的例子，茲錄於下：

> 余嘗謂唐世人人工書，故其名堙沒者，不可勝數，每與君謨嘆息于斯也〔註47〕。

> 蓋開皇仁壽以來，碑碣字書多妙，而往往不著名氏，惟丁道護所書，常自著之。然碑石在者尤少，余每與蔡君謨惜之〔註48〕。

由這兩則跋語中的「每與君謨嘆息于斯也」、「余每與蔡君謨惜之」看來，其口吻很明顯是要告訴讀者，他在書法的鑑賞評論上，儼然已與大書法家平起平坐了，所以才會一起發出嘆息。

當然歐陽脩在蔡君謨的引領下，又於「集錄古文，閱書既多」之後，他的書法整體能力已有大幅度的提昇，他在〈跋茶錄〉所說：「予非知書者，以接君謨之論久，故亦粗識其一二焉。〔註49〕」應是中肯之言。

然歐陽脩經由長期浸淫書法字學之後，在書法功力進步之後，所涵蘊累積的識見，難免會在《集古錄跋尾》裡自然散發出高度的鑑賞能力，而不再似一個「稍通其學」的人論斷書法的口吻，有時且以行家語氣為之，所以品味他自言的「稍通其學」，其實在他的內心底層，只是一種客套的講法罷了。姑以〈唐開元金籙齋頌跋尾〉為例以說明。其文如下：

> 右〈開元金籙齋頌〉，雖不著書人姓氏，而字為古文，實為包書也。唐世華山碑刻為古文者，皆包所書。包以古文見稱，當時甚盛。蓋古文世俗罕通，徒見其字畫多奇而不知其筆法非工也。余以集錄所見三代以來古字猶多，遂識之爾〔註50〕。

此則碑刻不著書人姓氏，歐陽脩即斷定繕書者是衛包，因為以他閱歷之廣，知道「唐世華山碑刻為古文者，皆包所書」。雖然衛包在當時以古文見稱，但以歐陽脩這一位專門集錄古碑的人看來，衛包之所以擅名當時，實是因世俗之人罕見古文所致。歐陽脩雖常自謙不識書，但見過的三代古字委實不在少數，所以累積了豐富經驗以後，他可以在「字畫多奇」的表象之下，不受迷惑，而一眼看出衛包的「筆法非工」。由此可知他自言的「稍通其學」，實是一句謙詞而已。

再看一則〈唐玄靜先生碑〉跋語，也是他展現書法能力的大膽論述。其文如下：

〔註47〕同註1，《集古錄跋尾》卷第九，頁16下。
〔註48〕同註1，《集古錄跋尾》卷第五，頁5上。
〔註49〕同註27，《外集》卷第二十三，頁14下～15上。
〔註50〕同註1，《集古錄跋尾》卷第七，頁1上。

　　　　右〈玄靜先生碑〉，柳識撰，張從申書，李陽冰篆額。唐世工書之
　　士多，故以書知名者難，自非有以過人者，不能也。然張從申以書得名
　　於當時者何也？從申每所書碑，李陽冰多爲之篆額，時人必稱爲二絕，
　　其爲世所重如此。余以集錄古文，閱書既多，故雖不能書，而稍識字法，
　　從申所書，棄者多矣！而時錄其一二者，以名取之也。夫非眾人之所稱，
　　任獨見以自信，君子於是愼之，故特錄之，必待知者〔註51〕。

唐代書法能手，可謂高手如雲，幾乎人人能書，在當時要能以書知名於世，「自非
有以過人者，不能也」。然而張從申之書法表現能在當世得名，歐陽脩卻深不以爲
然，若要找出合理解釋，依他推測，大概是因「從申每所書碑，李陽冰多爲之篆
額，時人必稱爲二絕」，說穿了，就是有篆書名家李陽冰爲張從申篆額而提高身價。
姑且不論歐氏之論是否中肯持平，但看他所說的堅定語氣，實是他極度自信下所
自然吐出之言。此時的他，雖仍是謙稱「不能書」，卻接著說「稍識字法」，此句
看似客氣的說法，其實已很不客氣的展現他的識見。

　　而既然如此，爲何要收錄張從申書法作品呢？歐陽脩不忘特別聲明，是因爲
張從申的名聲太著，令他不得不謹愼處理張氏所留書蹟，所以他說：「而時錄其一
二者，以名取之也。夫非眾人之所稱，任獨見以自信，君子於是愼之，故特錄之，
必待知者。」

　　對於張從申的書法，雖然不以爲佳，仍要收錄幾件，以待知者，以免有遺珠
之憾。像這種情形，在另一則〈唐鄭澣陰符經序跋尾〉裡有更凸出的表現。茲錄
於下：

　　　　右〈陰符經序〉，鄭澣撰，柳公權書。唐世碑碣，顏柳二家書最多，
　　而筆法往往不同，雖其意趣或出於臨時，而模勒鐫刻亦有工拙。公權書
　　〈高重碑〉，余特愛，模者不失其眞，而鋒鋩皆在。至〈陰符經序〉，則
　　蔡君謨以爲柳書之最精者，云善藏筆鋒，與余之說正相反。然君謨書擅
　　當世，其論必精，故爲誌之〔註52〕。

鑑賞書法，歐陽脩向來以蔡君謨馬首是瞻，在評論書法時，也時時以蔡君謨的見
解爲準則。歐陽脩曾言：「予非知書者，以接君謨之論久，故亦粗識其一二焉。〔註
53〕」（跋茶錄）因爲以歐陽脩對當代書法界的認識，無疑的，蔡君謨應是當時的
書壇盟主，所以似乎只要是出之於蔡君謨的見解，歐陽脩常常是不會有其它意見

〔註51〕同註1，《集古錄跋尾》卷第七，頁18上～18下。
〔註52〕同註1，《集古錄跋尾》卷第九，頁6下～7上。
〔註53〕同註27，《外集》卷第二十三，頁14下～15上。

的。但是詳考歐陽脩的所有文集，好像又不完全如此。

在〈李晟筆說〉一文中，他提到蔡君謨的書法，卻有如下的批評：

> 蔡君謨性喜書，多學是以難精。古人各自為書，用法同而為字異，
> 然後能名於後世。若夫求悅俗以取媚，茲豈復有天真耶？唐所謂歐虞褚
> 陸，至於顏柳，皆自名家，蓋各因其性，則為之亦不為難矣！嘉祐四年
> 夏，納涼於庭中，學書盈紙以付發〔註54〕。

以歐氏如此讚美蔡君謨書法的人，竟也說他「多學是以難精」，可見歐陽脩並非全
然以蔡氏為尊。對於柳公權的〈陰符經序〉評價，蔡君謨以為柳書之最精者，歐
陽脩卻有不同看法。

因為歐陽脩認為在模刻的過程，往往因刻工技巧的精粗不同，而於筆畫之形
貌有所誤差，甚且損及原蹟精神，所以當蒐集到的柳公權〈高重碑〉，因「模者不
失其真，而鋒鋩皆在」時，歐陽脩即有「特愛」之語。而對於不見筆鋒的〈陰符
經序〉，歐氏不便直說是模工之失，只是委婉引述蔡君謨之語——「以為柳書之
最精者，云善藏筆鋒」，雖與歐氏之說正相反，然因「君謨書擅當世，其論必精」
所以歐陽脩還是將之記了下來。於此，歐陽脩大膽的提出他與蔡君謨不同的看法，
且將蔡氏的論見同時呈現，其用意好似要讀者自行評斷孰優孰劣，雖然歐氏特別
道出「君謨書擅當世，其論必精」，但仔細想來，似有與書法大家較量的意味。吾
人看後不難發現歐陽脩的書法鑑賞能力，經由廣泛蒐集博覽之後，已從依附書法
名家之下的生手，慢慢獨立走出屬於自己的一條道路。集古之功，不可謂不大。

第三節　由《集古錄跋尾》探討歐陽脩對書法之評論

黃庭堅曾批評歐陽脩說：「公（歐陽脩）書不極工，然喜論古今書。〔註55〕」
歐陽脩的書法是否真如黃庭堅所評的「不極工」，還有待商榷，但黃氏說他「喜論
古今書」，卻是不爭的事實。就其現存的文集看來，歐陽脩的確留下不少評論書法
的資料，尤其在《集古錄跋尾》裡，因是針對碑石所題，自然對歷代碑石書法寫
下不少論述。細審他在《集古錄跋尾》裡的評論，基本上可區分成以下幾項：

〔註54〕同註3，《筆說》一卷，頁6上～6下。

〔註55〕楊家駱編，《宋人題跋》上（台北市：世界書局，1992年，《中國學術名著；636》
　　　　《藝術叢編：第二十二冊》）。

一、對漢代以前字蹟之態度

　　以歐氏所處時代推算，距漢朝約有一千年之遙，更不用說秦代以前了，以他收藏碑刻之豐，也常以缺乏西漢碑銘為不足，要不是好友劉原甫的幫忙，幫他找到了前漢幾件器銘（林華宮行鐙、蓮勺宮銅博山爐……），歐陽脩真要以此為憾了。且看他〈前漢二器銘跋尾〉的一段感慨：

　　　　余所集錄古文，自周穆王以來莫不有之，而獨無前漢時字，求之久而不獲，每以為恨。嘉祐中，友人劉原甫出為永興守，長安，秦漢故都，多古物奇器埋沒於荒基敗冢，往往為耕夫牧豎得之，遂復傳於人間。而原甫又雅喜藏古器，由此所獲頗多，而以余方集古文，故每以其銘刻為遺，既獲此二銘，其後又得谷口銅甬銘，乃甘露中造，由是始有前漢時字，以足余之所闕而大償其素願焉。余所集錄既博，而為日滋久，求之亦勞，得於人者頗多，而最後成余志者，原甫也。故特誌之〔註56〕。

關於此，歐陽脩又有一段跋語：「余所集錄千卷前漢時文字惟此與〈林華行鐙蓮鑪盤銘〉爾〔註57〕」（註），說的也是這一件事情，而由他一再強調，可見此事對他的集古來說，實有重大意義。所以，陸友仁《研北雜志》即云：

　　　　歐陽公集錄古文，自穆王以來，莫不有之，而獨無前漢時字，求之久而不得。其後劉原父敞得前漢數物，以銘刻遺之，由是大償素願。蓋其難得如此〔註58〕。

而值得注意的是，歐陽脩在秦以前的金石文字，甚少針對其書法藝術留下評語，而由書法家蔡君謨所寫下的跋語，其重點卻不在書法，先錄其文於下：

　　　　嘗觀〈石鼓文〉，愛其古質物象形勢，有遺思焉。及得原甫鼎器銘，又知古之篆字，或多或省，或移之左右上下，惟其意之所欲。然亦有工拙，秦漢以來，裁歸一體，故古文所見者止此，惜哉！治平甲辰正月，莆陽蔡襄〔註59〕。

仕此，大書法家蔡君謨只是稍微提到「愛其古質物象形勢，有遺思焉」等句，又講到古字字形不甚穩定，最後再以「惜哉」一語收結，對於石鼓文之書法也並未多談。再看看歐陽脩其它有關漢隸的跋語，當更可明瞭他對古文字的偏重所在。

〔註56〕同註1，《集古錄目序》，頁19上～19下。
〔註57〕同註1，《集古錄目序》，頁20上。
〔註58〕（元）陸友仁，《研北雜志》一，卷上（北京市：中華書局，1991年，第一版），頁96。
〔註59〕同註1，《集古錄目序》，頁7上～7下。

茲列於下：

> 不知爲何人祠廟，第以漢隸難得錄之爾〔註60〕。
>
> 後漢謁者景君碑。……蓋漢隸今尤難得，其磨滅之餘可惜爾〔註61〕。

由這兩段跋尾，可歸納出一個共同點，即是皆強調「漢隸難得」等字眼，除此未再有其它論述。而他在〈後漢稿長蔡君頌碑跋尾〉有一段話提到他收錄的心路歷程，頗堪吾人玩味，他說：

> 〈後漢稿長蔡君頌碑〉，右〈漢稿長蔡君頌碑〉，在鎮府。故天章閣
> 待制楊畋嘗爲余言漢時隸書在者，此爲最佳。畋自言平生惟學此字，余
> 不甚識隸書，因畋言，遽遣人之常山，求得之，遂入於錄〔註62〕。

歐陽脩之所以收錄此碑，主要是因楊畋的推薦讚譽，歐陽脩本身未必認同，所以他才客氣地說出「余不甚識隸書」，但吾人也可由此感受到他對隸書的優劣，可能還無法建立起一個確實的標準，否則他大可藉此發揮他的論見，暢談一番。

但是經由他的長期蒐集，在他心中也對漢隸形成了一種概念，以下兩則漢隸跋尾，歐陽脩就展現了他對漢隸的自信，他說：

> 〈後漢殘碑陰〉。右〈漢殘碑陰〉，前後磨滅，不知爲何人碑。其知
> 爲漢碑者，蓋其隸字非漢人莫能爲也〔註63〕。
>
> 右〈漢殘碑〉，不知爲何人，所存者纔三十二字，不復成文，惟云：
> 高字幼□，知其名高。又云：漢興，復知爲後漢時人，而隸字在者甚完，
> 體質淳勁，非漢人莫能爲也，故錄之〔註64〕。

在前一則裡，他直言：「其知爲漢碑者，蓋其隸字非漢人不能爲也」。於後則跋語，他說：「體質淳勁，非漢人莫能爲也」，不僅能直斷爲漢朝人所書，還講出他心中對漢隸的體會是「體質淳勁」等字。

另有一則〈後漢楊震碑陰題名跋尾〉他也道出：「漢隸世所難得，幸而在者，多殘滅不完，獨此碑刻畫完具，而隸法尤精妙，甚可喜也」〔註65〕，雖有說出評語，只是不知他所說的「隸法尤精妙」，是怎樣的精妙法。

綜上所述，可知歐陽脩對於先秦兩漢的金石遺刻，似乎未從書法美學角度去

〔註60〕同註1，《集古錄跋尾》卷第三，頁5上。
〔註61〕同註1，《集古錄跋尾》卷第二，頁20上。
〔註62〕同註1，《集古錄跋尾》卷第三，頁15下～16上。
〔註63〕同註1，《集古錄跋尾》卷第二，頁18上。
〔註64〕同註1，《集古錄跋尾》卷第三，頁19下～20上。
〔註65〕同註1，《集古錄跋尾》卷第二，頁14下。

欣賞，其實這正反映了宋代金石學的普遍現象，近人崔樹強在〈宋、清兩代金石學對書法的影響及其背景分析〉裡就說：

> 宋代金石學家中能篆書者不多，更鮮見作品傳世〔註66〕。

又說：

> 宋代金石家有能書之名者不多，他們也大體不脫時風窠臼；他們主要將金石作爲經史之佐，並不太關注金石文字的書法價值，此亦宋代金石研究之所以未能對宋代書法發生重要影響的原因之一〔註67〕。

有了這一認識，吾人對於歐陽脩未將重點放在書法的見解，應可充分理解，究竟時代風尚的影響力是不容忽視的。

二、對魏晉南北朝書蹟之看法

（一）魏　晉

　　歐陽脩於《集古錄跋尾》中，對魏晉南北朝書蹟的跋語寫法，與先秦兩漢之金石文字，有著顯著差異，就以對王獻之法帖的跋語爲例，他的見解就極具深度，他說：

> 余嘗喜覽魏晉以來筆墨遺蹟而想前人之高致也。所謂法帖者，其事率皆弔哀候病敘睽離通訊問，施於家人朋友之間，不過數行而已。蓋其初非用意，而逸筆餘興，淋漓揮灑，或妍或醜，百態橫生，披卷發函，爛然在目，使人驟見驚絕，徐而視之，其意態愈無窮盡，故使後世得之以爲奇翫，而想見其人也。至於高文大冊，何嘗用此。而今人不然，至或棄百事，弊精疲力，以學書爲事業，用此終老而窮年者，是眞可笑也〔註68〕。

在此，他對於所謂的「法帖」提出個人看法，認爲這些字蹟大多是「弔哀候病敘睽離通訊問，施於家人朋友之間」，本來就不是刻意要成爲書法界臨習的範本，但卻因「初非用意，而逸筆餘興，淋漓揮灑」，而呈現「或妍或醜，百態橫生」的樣態，「使人驟見驚絕，徐而視之，其意態愈無窮盡，故使後世得之以爲奇翫，而想見其人也」。現代書法界常以「尚意」二字來統括宋代「蘇黃米蔡」四大家以後的

〔註66〕崔樹強，〈宋、清兩代金石學對書法的影響及其背景分析〉，《書法研究》（2002 年第三期），頁 74。
〔註67〕同註 66。
〔註68〕同註 1，《集古錄跋尾》卷第四，頁 10 下～11 上。

書法特色，其實早在四大家之前，歐陽脩已注意到此，今人葉培貴在〈《集古錄目跋尾》的書法史學〉中說到：

> 這是一種新的眼光，著眼點首先不是作品的意態、水平的高低、前後的傳承，而是作者書寫時的心態。顯然，歐公從中看到的是後來東坡先生反覆標舉的那種創作態度。即此一點，已經和唐人的取徑不同，顯示了書史研究的評價系統的新取向。……宋代尚意書風的觀念，已經呼之欲出了。如果說，東坡先生的理論是尚意書論的代表的話，則歐公的理論，堪稱先導〔註69〕。

顯然歐陽脩的此一創見，在書法研究風氣鼎盛的今日，已普遍受到今人高度重視。

而關於此一跋語的「至於高文大冊，何嘗用此」一段，歐陽脩則進一步提出：當書寫用途不同，則其意態不同。這在歐陽脩之前，亦甚少有人提及，可見他真有獨到之處。此外，跋語的最後一段「而今人不然，至或棄百事，弊精疲力，以學書為事業，用此終老而窮年者，是真可笑也。」也在他的另一則評懷素的跋語裡，出現類似的論調〔註70〕，可以想見歐陽脩對於一些專以學書為事業，而至「棄百事，弊精疲力」的人，是頗不讚同的。因為在歐陽脩的心裡，學書的意趣並不在此。

再看另一則跋語，歐陽脩對於筆法，他是這麼說：

> 羲獻世以書自名，而筆法相去遠甚，父子之間不同如此，然皆有足喜也〔註71〕。

在此，歐陽脩特別提出一個觀念：儘管王羲之王獻之在書法上是父子相承，而且皆為影響後世的大書法家，但在筆法上，卻是大相逕庭，而各具特色。可見學習書法，大可不必拘泥筆法，只要能得其大要，就能名家。其實這也可視為是他注重意趣的另一種說法。

（二）南北朝

歐陽脩對南北朝的書法提出怎樣的看法呢？因為南朝朝廷禁碑，所以南朝所留下的碑刻數量並不多，在《集古錄跋尾》中，只能找到二則有關乎書法之評論，他在〈宋文帝神道碑跋尾〉說：

〔註69〕葉培貴，〈《集古錄目跋尾》的書法史學〉，《書法研究》，（2000年，第2期（總第94輯）），頁70。
〔註70〕同註1，《集古錄跋尾》卷第八，頁2上。
〔註71〕同註1，《集古錄跋尾》卷第十，頁5下。

　　　蓋自漢以來碑文，務載世德，宋氏子孫，未必能超然獨見，復古簡
　　質。又南朝士人氣尚卑弱，字書工者，率以纖勁清媚爲佳，未有偉然巨
　　筆如此者。〔註72〕」
雖然此跋語是讚美其書法，但卻道出他對南朝書法的看法是：「南朝士人氣尚卑
弱，字書工者，率以纖勁清媚爲佳」，這正與另一則〈雜法帖六跋尾〉所言：「南
朝諸帝筆法雖不同，大率意思不遠，眇然都不復有豪氣，但清婉若可佳耳」〔註73〕
之意涵相當，只是字面上稍有不同而已。
　　　至於論到北朝書法，歐陽脩的評論就迥然不同。以下有七則關於北朝書法的
跋語，茲羅列於下：
　　　右〈神龜造碑像記〉。魏神龜三年立。余所集錄，自隋以前碑誌，
　　皆未嘗輒棄者，以其（時）有所取於其間也。然患其文辭鄙淺，又多言
　　浮屠，然獨其字畫往往工妙，惟後魏北齊差劣，而又字法多異，不知其
　　何從而得之，遂與諸家相戾，亦意其夷狄昧於學問而所傳訛繆爾。然錄
　　之以資廣覽也。此碑字畫，時時遒勁，尤可佳也〔註74〕。
　　　右〈魏九級塔像銘〉。……，碑文淺陋，蓋鄙俚之人所爲，惟其字
　　畫多異，往往奇怪，故錄之以備廣覽〔註75〕。
　　　〈北齊常山義七級碑〉。右不著書撰人氏，文爲聲偶，頗奇怪，而
　　字畫亦佳，往往有古法〔註76〕。
　　　右〈永樂十六角題名〉。不著年月，列名人甚多，皆無顯者，莫可
　　考究，不知爲何時碑。其字畫頗怪而不精，似是東魏北齊人所書〔註77〕。
　　　右〈魯孔子廟碑〉。後魏北齊時書多若此，筆畫不甚佳，然亦不俗，
　　而往往相類，疑其一時所尚，當自有法，又其點畫多異，故錄之以備廣
　　覽〔註78〕。
　　　右〈齊造石浮圖記〉，云河清二年歲在癸未。河清，北齊高湛年號
　　也。碑文鄙俚而鐫刻訛繆，時時字有完者，筆畫清婉可喜，故錄之〔註79〕。

〔註72〕同註1，《集古錄跋尾》卷第四，頁12上～12下。
〔註73〕同註1，《集古錄跋尾》卷第十，頁5上～5下。
〔註74〕同註1，《集古錄跋尾》卷第四，頁17下～18上。
〔註75〕同註1，《集古錄跋尾》卷第四，頁19上～19下。
〔註76〕同註1，《集古錄跋尾》卷第四，頁19下。
〔註77〕同註1，《集古錄跋尾》卷第四，頁21上。
〔註78〕同註76。
〔註79〕同註1，《集古錄跋尾》卷第四，頁21下。

　　右〈齊鎮國大銘像碑〉。銘像文辭固無所取，所以錄之者，欲知愚
民當夷狄亂華之際，事佛尤篤耳。其字畫頗異，雖爲訛繆，亦其傳習時
有與今不同者，其錄之，亦以此也〔註80〕。

　　右〈周大像碑〉。宇文氏之事跡，無足采者，惟其字畫不俗，亦有
取焉。翫物以忘憂者，惟怪奇變態，眞僞相雜，使覽者自擇，則可以忘
倦焉。故余於集古所錄者，博矣！嘉祐八年六月二日書〔註81〕。

北朝書法自唐代以來，似乎少有書家提及，一般書論家所注重的，是南朝的帖學，
而歐氏的集古，卻收錄了不少北朝碑刻，他自言「自隋以前碑誌，皆未嘗輒棄者，
以其（時）有所取於其間也。〔註82〕」（〈神龜造碑像記〉）因爲在眾多的碑刻裡，
除卻「後魏北齊差劣，而又字法多異」以外，他發現這些碑刻「其字畫往往工妙」、
「時時遒勁」，雖然常有「碑文淺陋」之病，「惟其字畫多異，往往奇怪，故錄之
以備廣覽」。而他對後魏（或東魏）北齊的書法評價雖然較差，但卻於〈魯孔子廟
碑跋尾〉說：「後魏北齊時書多若此，筆畫不甚佳，然亦不俗，而往往相類，疑其
一時所尚，當自有法，又其點畫多異，故錄之以備廣覽」〔註83〕。可見只要「不
俗」，歐陽脩仍是珍視異常，所以他對北朝的書法的態度大概可用以下一段統括：

　　惟其字畫不俗，亦有取焉。翫物以忘憂者，惟怪奇變態，眞僞相雜，
使覽者自擇，則可以忘倦焉〔註84〕。

對於歐陽脩指出的南北朝書法現象，葉培貴在〈《集古錄目跋尾》的書法史學〉中
說：

　　總論南朝書法的特點，以「氣尚卑弱」、「纖勁清媚」、「清婉可佳」、
「眇然都不復豪氣」來概括，言簡意賅，切中肯綮，對南朝時代整體書
風的把握極爲準確，遠超唐代書法史家；……專論後魏北齊書，指出其
書往往有「有古法」、「字法多異」、「差劣」、「怪而不精」、「字畫不甚佳，
然亦不俗」、「時時遒勁」等特徵，北朝後期的這一書法現象，唐代書史
研究者從未表示過關心，而現在則已成爲書史研究的一個專題，歐公是
這個專題的提出者和第一位研究者。把這兩個論題綜合起來看，可以說，
歐公實際上已經昭示了南北書風的差異性及其各自的特徵，只是尚未像

〔註80〕同註1，《集古錄跋尾》卷第四，頁13上～13下。
〔註81〕同註1，《集古錄跋尾》卷第四，頁22上。
〔註82〕同註1，《集古錄跋尾》卷第四，頁17下～18上。
〔註83〕同註1，《集古錄跋尾》卷第四，頁21上。
〔註84〕同註1，《集古錄跋尾》卷第四，頁22上。

清人一樣明確地出之以論題的形式罷了。總體來看，歐公對魏晉南北朝書法發展的總特點，已形成了比較有概括性的意見，而且是相當符合歷史實際的意見，其中的一些提法，到今天也仍有啟發意義。與唐人以名家為綱的研究結論相比，歐公的某些看法更能揭示魏晉南北朝時代的整體書法風貌〔註85〕。

三、對隋代書法的評價

隋代書法，在中國書法史上，一直未被重視，例如《書斷》一書就不列隋朝書家，《述書賦》也只列四人而已，又如《書林藻鑑》所列之書法名家人數也不算多，其原因大抵是隋代國祚過短，書蹟留傳數量不多，不易引起注意，而常被一般人忽略，但在《集古錄跋尾》裡，歐陽脩對隋代書法，卻有幾則重要的評論，如在〈蒙州〈普光寺碑〉跋尾〉就讚美道：「碑無書撰人名氏，而筆畫遒美，玩之亡倦」〔註86〕，且接著說：

> 蓋開皇仁壽以來，碑碣字書多妙，而往往不著名氏，惟丁道護所書，常自著之。然碑石在者尤少，余每與蔡君謨惜之。自大業已後，率更與虞世南書始盛，既接於唐，遂大顯矣〔註87〕！

在此，他除了稱讚隋代書法表現之外，還特別提到一位書家──丁道護──之名，歐陽脩指出，在歐陽詢、虞世南出現之前，丁道護可說是隋朝書法高度成就的代表者。另，《集古錄跋尾》附有一則蔡君謨的〈啟法寺碑〉跋語，他寫道：

> 隋丁道護〈啟法寺碑〉。此書兼後魏遺法，與楊家本微異。隋唐之交，善書者眾，皆出一法，道護所得最多。楊本，開皇六年，去此十七年，書當益老，亦稍縱也〔註88〕。

在此則跋語之後，歐陽脩緊接著寫道：

> 右〈啟法寺碑〉，丁道護書。蔡君謨，博學君子也，於書尤稱精鑒，余所藏書，未有不更其品目者。其謂道護所書如此。隋之晚年，書學尤盛，吾家率更與虞世南，皆當時人也，後顯於唐，遂為絕筆。余所集錄開皇仁壽大業時碑頗多，其筆畫率皆精勁，而往往不著名氏，每執卷惘然，為之歎息，惟道護能自著之，然碑刻在者尤少，余家集錄千卷，止

〔註85〕同註69，頁71～72。
〔註86〕同註1，《集古錄跋尾》卷第五，頁4下～5上。
〔註87〕同註1，《集古錄跋尾》卷第五，頁5上。
〔註88〕同註1，《集古錄跋尾》卷第五，頁5上。

有此爾。有太學官楊褒者，喜收書畫，獨得其所書〈興國寺碑〉，是梁正明中人所藏。君謨所謂楊家本者是也。欲求其本而不知碑所在？然不難得，則不足爲佳物。古人亦云：「百不爲多，一不爲少」者，正謂此也〔註89〕。

不難看出，歐陽脩已在文中肯定蔡君謨之意見，並一再強調「隋之晚年，書學尤盛」，而自己「所集錄開皇仁壽大業時碑頗多，其筆畫率皆精勁」等等，對隋代書法推崇已極，而丁道護之書名，也因此大顯，葉培貴在〈《集古錄目跋尾》的書法史學〉中即說：

> 丁道護由此遂顯於世，後來趙孟堅甚至認爲〈啓法寺碑〉是歐虞所自出，陸恭認爲〈啓法寺碑〉「洗六朝之餘習，開歐褚之先聲」。所謂歐虞所自出、開歐褚之先聲云云，未免有溢美之嫌，但如果說以丁道護爲代表的書風，與歐虞褚亦即唐初書法有淵源關係，則應當是符合歷史實際的。歐公、君謨標舉丁氏，極有助於人們認識陳、隋、唐初書法流轉的軌跡〔註90〕。

另外，《集古錄跋尾》裡還有幾跋語也是稱美隋代書法的，一併羅列於下：

> 〈隋鉗耳君清德頌〉。右不著書撰人名氏，……，字畫有非歐虞之學不能至也〔註91〕。

> 右〈陳張慧湛墓誌銘〉，不著書撰人名氏。陳隋之間字書之法極於精妙，而文章頹壞至於鄙俚，豈其時俗弊薄，士遺其本而逐其末乎？予家集錄所見頗多，自開皇仁壽而後，至唐高宗已前，碑碣所刻，往往不減歐虞，而多不著名氏，如鉗耳君清德頌；或有名而其人不顯，如丁道護之類，不可勝數也。慧湛，陳人，至唐太宗時，始改葬爾。其銘刻字畫遒勁有法，翫之忘倦。惜乎！不知爲何人書也。治平元年四月晦日書〔註92〕。

> 〈隋龍藏寺碑〉，右齊開府長兼行參軍九門張公禮撰，不著書人名氏。字畫遒勁，有歐虞之體〔註93〕。

〔註89〕同註1，《集古錄跋尾》卷第五，頁5上～5下。

〔註90〕同註69，頁72。

〔註91〕同註1，《集古錄跋尾》卷第五，頁6上。

〔註92〕同註1，《集古錄跋尾》卷第四，頁14上～14下。

〔註93〕同註1，《集古錄跋尾》卷第五，頁1下。

　　右〈陳茂碑〉，不著書撰人名氏，而字畫精勁可喜〔註94〕。

　　〈隋李康清德頌〉，不著書撰人名氏，文爲聲偶，而字畫奇古可愛〔註95〕。

　　〈隋盧山西林道場碑〉，……字法老勁〔註96〕。

由這幾則跋語看來，歐陽脩對隋代書法的整體評價是極爲肯定的。

四、對唐代書法的評價

　　唐朝是中國書法極爲昌盛的時代。著名的大書法家有歐陽詢、虞世南、褚遂良、薛稷、薛曜、李邕、張旭、李陽冰、顏眞卿、懷素、柳公權……，人才濟濟，代不乏人，而其中歐陽詢、虞世南、褚遂良、李邕、張旭、李陽冰、顏眞卿、懷素、柳公權等人之作，在唐代以後，已成爲書家習字典範，對後世影響深遠。而歐陽脩在《集古錄跋尾》裡，更是不時發出讚嘆之聲。

（一）善書者眾

　　歐氏曾言：「唐世工書之士多，故以書知名者難，自非有以過人者，不能也。〔註97〕」（〈唐玄靜先生碑跋尾〉），除上述著名書家以外，唐代其實有頗多善書者被後人所遺忘，在《集古錄》書中，歐陽脩即提及多位書家之成就非後人所能及。

1.宋　才：

　　右〈郎頴碑〉，李百藥撰，宋才書。字畫甚偉〔註98〕。

2.王　嵒：

　　　　右〈美原夫子廟碑〉，縣令王嵒（字山甫）撰并書。碑不知在何縣。嵒，天寶時人，字畫奇怪，初無筆法，而老逸不羈，時有可愛，故不忍棄之，蓋書流之狂士也〔註99〕！

3.薛純陀：

　　　　右〈辨法師碑〉，李儼撰，薛純陀書。純陀，唐人宗時人，其書有筆法，其遒勁精悍，不減吾家蘭臺，意其當時必爲知名之士，而今世人無知者。然其所書，亦不傳於後世。余家集錄可謂博矣，所得純陀書，

〔註94〕同註1，《集古錄跋尾》卷第五，頁4上。
〔註95〕同註1，《集古錄跋尾》卷第五，頁3上。
〔註96〕同註1，《集古錄跋尾》卷第五，頁6下。
〔註97〕同註1，《集古錄跋尾》卷第七，頁18上。
〔註98〕同註1，《集古錄跋尾》卷第五，頁10下。
〔註99〕同註1，《集古錄跋尾》卷第六，頁19上。

秖此而已，如其所書必不止此而已也。蓋其不幸堙沉泯滅，非余偶錄得之，則遂不見于世矣！迺知士有負絕學高世之名，而不幸不傳於後者，可勝數哉！可勝歎哉〔註100〕！

4.武盡禮

〈唐武盡禮寧照寺鐘銘〉。右武盡禮筆法精勁，當時宜自名家，而唐人未有稱之見於文字者，豈其工書如盡禮者，往往皆是，特今人罕及爾。余每得唐人書，未嘗不嘆息今人之廢學也〔註101〕。

5.李　慈

〈唐西嶽大洞張尊師碑〉。右西嶽大洞張尊師碑，王延齡撰，李慈書。尊師名敬忠，其事跡余無所取，所錄者，以慈書爾。慈之書體兼虞褚而遒麗可喜，然不知爲何人？以其書當時未必不見稱於世。蓋唐人善書者多，遂不得獨擅，既又無他可稱，遂至泯然於後世。以余集錄之博，慈所書碑祇得此爾，尤爲可惜也〔註102〕！

6.房璘妻高氏：

〈唐安公美政頌〉。右安公美政頌，房璘妻高氏書。安公者，名庭堅，其事蹟非奇，而文辭亦匪佳作，惟其筆畫遒麗，不類婦人所書。余所集錄亦已博矣！而婦人之筆著於金石者，高氏一人而已。然余常與蔡君謨論書，以謂書之盛，莫盛於唐；書之廢，莫廢於今。余之所錄，如于頔高駢，下至陳游瓌等書皆有。蓋武夫悍將暨楷書手輩，字皆可愛。今文儒之盛，其書屈指可數者，無三四人，非皆不能，蓋忽不爲爾！唐人書見於今而不知於當時者，如張師丘繆師愈之類，蓋不可勝數也。非余錄之，則將遂泯然於後世矣！余於集古，不爲無益也夫〔註103〕！

7.王遹：

右〈虞城李令去思頌〉，李白撰文，王遹篆。唐世以書自名者多，而小篆之學不集本作十數家。自陽冰獨擅，後無繼者。其前惟有碧落碑，而不見名氏。遹，開元天寶時人，在陽冰前，而相去不遠，集本有亦工八分四字然當時不甚知名，雖字畫不爲工，而一時未有及者。所書篆字，

〔註100〕同註1，《集古錄跋尾》卷第五，頁12下～13上。
〔註101〕同註1，《集古錄跋尾》卷第六，頁6下。
〔註102〕同註1，《集古錄跋尾》卷第六，頁11上～11下。
〔註103〕同註1，《集古錄跋尾》卷第五，頁15下～16上。

惟有此爾，世亦罕傳，余以集本無此字集錄，求集本無此字之勤且博，
廑得此爾。今世以小篆名家，如邵不疑、楊南仲、章友直，問之，皆云
未嘗見也〔註104〕。

8.郭謙光：

　　　　右〈唐崔敬嗣碑〉，胡皓撰，郭謙光書。崔氏爲唐名族，而敬嗣不
顯。皓爲昭文館學士，然亦無聞，三字集本作觀其事實文辭皆不足多采，
而余錄之者，以謙光書也。其字畫筆法，不減韓蔡李史四家，而名獨不
著，此余屢以爲歎也〔註105〕。

9.貝靈該、繆師愈：

　　　　余嘗謂唐世人人工書，故其名堙沒者，不可勝數，每與君謨嘆息于
斯也。如貝靈該、繆師愈今人尚不知其姓名，況其書乎？余以集錄之博，
僅各得其一爾〔註106〕。

10.姚向：

　　　　右姚向書，筆力精勁，雖唐人工於書者多，而及此者亦少，惜其不
傳於世，而今人莫有知者，惟余以集錄之博，得此而已〔註107〕。

11.寫經手：

　　　　右〈遺教經〉，相傳云義之書，僞也。蓋唐世寫經手所書，唐時佛
書今在者，大抵書體皆類此，第其精麤不同爾。近有得唐人所書經題，
其一云薛稷，一云僧行敦書者，皆與二人他所書不類，而與此頗同，即
知寫經手所書也。然其字亦可愛，故錄之。蓋今士大夫筆畫能彷彿乎此
者，鮮矣〔註108〕！

12.李靈省：

　　　　右〈陽公舊隱碣〉，胡証撰。黎洵書，李靈省篆額。唐世篆法，自
李陽冰後，寂然未有顯於當此而能自名家者。靈省所書陽公碣，筆畫甚
可佳，既不顯聞於時，亦不見於他處，以余家所藏之博，而見於錄者，
惟此，雖未爲絕筆，亦可惜哉！嗚呼，士有負其能而不爲人所知者，可

〔註104〕同註1，《集古錄跋尾》卷第八，頁16下。
〔註105〕同註1，《集古錄跋尾》卷第九，頁16上。
〔註106〕同註1，《集古錄跋尾》卷第九，頁16下。
〔註107〕同註1，《集古錄跋尾》卷第九，頁16下。
〔註108〕同註1，《集古錄跋尾》卷第十，頁3上～3下。

勝道哉〔註109〕？

看完以上數則跋語，吾人可從中得到幾點概念：

1.唐世書家輩出，水準整齊，程度甚高。

2.除卻謹守法度的表現手法以外，唐人亦不乏怪偉之作。如王嵒、宋才等人即是。

3.唐世寫經手雖名不見經傳，其整體水平極高，非宋代士大夫所能及。

最後，筆者再引歐陽脩〈辨石鐘山記跋尾〉的一段話作結，他說：

> 蓋自唐以前，賢傑之士，莫不工於字書，其殘篇斷稿，為世所寶，傳於今者，何可勝數。彼其事業超然高爽，不當留精於此小藝，豈其習俗承流，家為常事？抑學者猶有師法，而後世婾薄，漸趨苟簡，久而遂至於廢絕歟〔註110〕？

依歐陽脩的看法，唐代因書法風氣極盛，連武夫悍將，字皆可愛。他們事業超然高爽，照理不當留意於此等小藝，可能是時代風氣所致，書法之臨習幾乎已成為全民運動，當作為家常之事，而學者注重師承法度，絕不似後世之苟且。

（二）對顏真卿特別推崇

由上述可知，唐代是一個書家如林，名家輩出的朝代。在這樣的時代裡，要在眾多書家之中嶄露頭角，是極不容易的事情。歐陽脩就於〈唐西嶽大洞張尊師碑跋尾〉說：「蓋唐人善書者多，遂不得獨擅，既又無他可稱，遂至泯然於後世。」可見要享有盛名，還必須有「可稱」之處，否則是很難取得一定名望的。

綜觀《集古錄跋尾》全書，在諸多跋尾裡，可以明顯地感覺出歐陽脩對顏真卿的書法特別推崇，因為以顏真卿的功業與人格，其本身即具有「可稱」之處。而顏真卿書法地位之高，以今日的書法眼光來看，當然是無庸置疑的，但若以顏真卿所處的時代及宋朝之初期而言，顏氏恐怕還未取得如此崇高之地位，葉培貴在〈《集古錄目跋尾》的書法史學〉就提到：

> 顏真卿書史地位的崛起是中國書法史上的一大事件，而整個事件的核心過程在宋代。歐公《集古錄目跋尾》，又是這個事件的倡興之作和關鍵著作〔註111〕。

〔註109〕同註1，《集古錄跋尾》卷第八，頁17上。

〔註110〕同註1，《集古錄跋尾》卷第九，頁4下～5下。

〔註111〕同註69，頁74～75。

　　然到底是否真如葉培貴所言，筆者不敢妄下斷語，但可以肯定的是，歐陽脩在《集古錄跋尾》對顏真卿的極力推崇，應該是有助於顏氏書法地位的建立與鞏固的。例如在〈唐顏真卿麻姑壇記跋尾〉，他就說：「顏公忠義之節，皎如日月，其爲人尊嚴剛勁，象其筆畫〔註112〕」；在〈唐湖州石記跋尾〉說：「公忠義之節，明若日月，而堅若金石，自可以光後世，傳無窮，不待其書然後不朽。〔註113〕」在〈唐干祿字樣模本跋尾〉，他說：「蓋公筆法爲世楷模，而字書辨正偏繆，尤爲學者所資，故當時盛傳於世，所以模多爾〔註114〕」。對顏真卿的讚賞，可謂溢於言表。而在〈唐杜濟神道碑跋尾〉，歐氏的一段跋語頗值得注意，他說：

　　　　右杜濟神道碑，顏真卿撰并書。書藝之至者如庖丁之刀，輪扁之斲，
　　　　無不中也。顏魯公之書，刻於石者多矣，而有精有粗，雖他人皆莫可及。
　　　　然在其一家，自有優劣。余意傳模鐫刻之有工拙也。而此碑字畫道勁，
　　　　豈傳刻不失其真者，皆若是歟？碑已殘缺，銓次不能成文，第錄其字法
　　　　爾〔註115〕。

顏真卿傳世碑刻頗多，但水準相差甚大，歐陽脩在此就是針對這一情形而說，可是在歐氏看來，儘管顏魯公之書，刻於石者有精粗之別，但還是遠遠超過其他書家。顏真卿的書法，在歐氏的眼中，實非他人所能望其項背的。

　　正因爲如此，有幾件未曙名顏真卿所書之碑刻、墨蹟，歐陽脩皆寧願相信是出於顏真卿之手，例如〈唐杜濟墓銘〉：

　　　　右〈杜濟墓銘〉，但云顏真卿撰，而不云書，然其筆法非魯公不能
　　　　爲也。蓋世頗以爲非顏氏書，更俟識者辨之〔註116〕。

又如〈唐湖州石記〉：

　　　　右湖州石記，文字殘缺，其存者僅可識讀，考其所記，不可詳也，
　　　　惟其筆畫奇偉，非顏魯公不能書也〔註117〕。

再如〈唐人臨帖〉：

　　　　右唐人所臨諸家法帖一卷，其前數帖類真卿所書，蓋其筆畫精勁，
　　　　他人未易臻此〔註118〕。

〔註112〕同註1，《集古錄跋尾》卷第七，頁3上。
〔註113〕同註1，《集古錄跋尾》卷第七，頁10上。
〔註114〕同註1，《集古錄跋尾》卷第七，頁5上。
〔註115〕同註113，頁6下～7上。
〔註116〕同註113，頁7上。
〔註117〕同註113，頁10下。
〔註118〕同註1，《集古錄跋尾》卷第十，頁3下。

歐陽脩所持的理由不外乎是:「其筆法非魯公不能爲也」、「其筆畫奇偉,非顏魯公不能書也」、「蓋其筆畫精勁,他人未易臻此」等語。由此吾人還可進一步了解到歐陽脩對顏眞卿書法的肯定推崇,並非只是由於顏氏人品之高,顏氏本身表現在書法上的「筆畫奇偉」、「筆畫精勁」,則是不可忽視的要件。而這是不是意味著歐陽脩非常強調書品與人品的必然關係?還是因爲歐陽脩認爲顏眞卿在兩者之表現上皆能臻於完美,其書法成就非因人品而建立?

（三）對於唐代書家的謹守法度頗不以爲然

歐陽脩對唐人的書法成就有極爲複雜的感受,一方面他屢次讚揚唐人整體書法水平極高,但一方面又對於唐代書家的謹守法度頗不以爲然,因爲歐氏個人追求的,是晉人書寫的自然神韻與意趣,所以在書法上提倡尙意書風,而否定書法之定法。他在〈唐美原夫子廟碑〉的一段跋文說:

> 文字之學,傳自三代以來,其體隨時變易,轉相祖習,遂以名家,亦烏有法邪?至魏晉以後,漸分眞草,而羲獻父子爲一時所尙,後世言書者,非此二人皆不爲法,其藝誠爲精絕,然謂必爲法,則初何所據?所謂天下孰知夫正法哉?噐書固自放於怪逸矣!聊存之以備傳覽[註119]。

> 〈千文後虞世南書〉,右虞世南所書,言不成文,乃信筆偶然爾,其字畫精妙,平生所書碑刻多矣,皆莫及也,豈矜持與不用意便有優劣耶[註120]?

歐陽脩點出「文字之學,傳自三代以來,其體隨時變易,轉相祖習,遂以名家,亦烏有法邪?」雖然後世以王羲之、王獻之父子書法爲典範,也不必一定全據此以爲法,因爲歐氏深切體認到,二王書法雖「爲精絕」,「然謂必爲法,則初何所據?」他不認爲全世學書者,就非要以此爲法不可,且若固執一法而缺少個人意趣,則恐將失去該有的多樣性,而不易進入藝術的殿堂。所以他對於千字文後虞世南的信筆揮灑,雖然言不成文,卻直讚爲虞世南書蹟之冠,原因無它,乃在於「不用意」勝過「矜持」之故。

歷來書論家談及宋代尙意書風,雖以蘇軾、黃庭堅等人爲代表,但首開此一

[註119] 同註1,《集古錄跋尾》卷第六,頁19上。
[註120] 同註1,《集古錄跋尾》卷第五,頁7下。

風氣的，歐陽脩應是當仁不讓的第一人選〔註121〕。

五、對宋代書法的批評

（一）書法沒落

　　對於歷代書法，歐陽脩在《集古錄跋尾》中提出了不少看法，面對自身所處的時空，他更是多所關心，常常將感慨形諸於筆墨之中，尤其是在《集古錄跋尾》裡，一直慨嘆著宋代書法的沒落，相較於唐代書法之盛，內心感觸甚多。有關這種論調，他在書中的〈跋永城縣學記〉一文中即有詳細論述：

> 唐世執筆之士，工書者十八九。蓋自魏晉以來，風流相承，家傳少
> 習，故易爲能也。下逮懿僖昭哀衰亡，宜不暇矣！接乎五代，四海分裂，
> 士大夫生長干戈，於積屍白刃之間，時時猶有以揮翰馳名於當世者，豈
> 又唐之餘習乎？如王文秉之小篆，李鄂、郭忠恕之楷法，楊凝式之行草，
> 至於羅紹威、錢俶，皆武夫驕將之子，酖樂於狗馬聲色者，其於字畫，
> 亦有以過人。及宋一天下，於今百年，儒學稱盛矣！唯以翰墨之妙，中
> 間寂寥者久之，豈其忽而不爲乎？將俗尚苟簡，廢而不振乎？抑亦難能
> 而罕至也，蓋久而得三人焉。嚮時蘇子美兄弟以行草稱，自二子亡，而
> 君謨書特出於世〔註122〕。

歐陽脩認爲宋代立國一百年來，雖然「儒學稱盛」，但在書法的表現上，則遠不如唐代之盛。關於個中原因，依他的觀察，唐代書法是承續魏晉風流，書家大多是家學淵源，從小即開始臨習，因此容易到達「執筆之士，工書者十八九」的境界。儘管唐末衰亡，戰亂頻仍，直至五代，在「四海分裂」的情況下，「士大夫生長干戈，於積屍白刃之間，時時猶有以揮翰馳名於當世者」，以歐氏看來，紛亂的五代雖然還時時有人以書法馳名當世，如王文秉的小篆，郭忠恕之楷法，楊凝式之行草，至於羅紹威、錢俶兩人，皆「武夫驕將之子，酖樂於狗馬聲色者，其於字畫，亦有以過人。〔註123〕」這大概即是唐代書風的餘習吧？而宋代一百年來書法不振，可能是已遠離唐代餘習過久，無法像五代一樣仍有書法能手延續唐代盛況，以致「中間寂寥者久之」，對於此一現象，歐氏提出他的看法：「豈其忽而不爲乎？將

〔註121〕參見王德軍〈宋人尚意書風的形成〉，《天水師範學院學報》（2000.12 第 20 卷第 4 期），頁 33。
〔註122〕同註27，《外集》卷第二十三，頁 12 上～12 下。
〔註123〕同註122，頁 12 下。

俗尚苟簡，廢而不振乎？抑亦難能而罕至也？」質言之，歐氏認為宋代士人已普遍輕忽書法，以致書學久而不振。

其實在歐氏的《集古錄跋尾》，像這樣的論調還頗為不少，如於〈范文度模本蘭亭序跋尾〉，他寫道：

> 自唐末兵戈之亂，儒學文章，掃地而盡。聖宋興，百餘年間，雄文碩學之士，相繼不絕，文章之盛，遂追三代之隆，獨字書之法，寂寞不振，未能比蹤唐室，余每以為恨〔註124〕。

歐陽脩認為自唐末戰亂，對文化的確造成極大破壞，但經由宋代百年來的休養生息，在儒學文章之上，已然有極佳表現，獨獨於書法，卻「寂寞不振」，而遠遠落於唐代之後，難怪他要以此為恨了。歐陽脩在此並未探究其原因，但在〈辨石鐘山記跋尾〉中的一大段敘述裡，他已談及個中原委，他說：

> 蓋自唐以前，賢傑之士，莫不工於字書，其殘篇斷稿，為世所寶，傳於今者，何可勝數。彼其事業超然高爽，不當留精於此小藝，豈其習俗承流，家為常事？抑學者猶有師法，而後世媮薄，漸趨苟簡，久而遂至於廢絕歟？今士大夫務以遠自高，忽書為不足學，往往僅能執筆，而間有以書自名者，世亦不甚知為貴也。至於荒林敗塚，時得埋沒之餘，皆前世碌碌無名子，然其筆畫有法，往往今人不及，茲甚可歎也〔註125〕！

又於〈寧照寺鐘銘跋尾〉說：

> 武盡禮筆法精勁，當時宜自名家，而唐人未有稱之見於文字者，豈其工書如盡禮者，往往皆是，特今人罕及爾。余每得唐人書，未嘗不嘆息今人之廢學也〔註126〕。

類似的跋語還有以下幾則：

> 〈唐安公美政頌〉。右〈安公美政頌〉，房璘妻高氏書。安公者，名庭堅，其事蹟非奇，而文辭亦匪佳作，惟其筆畫遒麗，不類婦人所書。余所集錄亦已博矣！而婦人之筆著於金石者，高氏一人而已。然余常與蔡君謨論書，以謂書之盛，莫盛於唐；書之廢，莫廢於今。……蓋武夫悍將暨楷書手輩，字皆可愛。今文儒之盛，其書屈指可數者，無三四人，非皆不能，蓋忽不為爾〔註127〕！

〔註124〕同註1，《集古錄跋尾》卷第四，頁10上。
〔註125〕同註1，《集古錄跋尾》卷第九，頁5上。
〔註126〕同註1，《集古錄跋尾》卷第六，頁6下。
〔註127〕同註1，《集古錄跋尾》卷第六，頁15下～16上。

〈唐植柏頌〉。唐世八分，四家而已，韓擇木、史惟則之書，見於世者頗多，蔡有鄰甚難得，而李潮僅有，亦皆後人莫及也，不惟筆法難工，亦近時學者罕復專精如前輩也〔註128〕。

右〈遺教經〉，相傳云羲之書，僞也。蓋唐世寫經手所書，唐時佛書今在者，大抵書體皆類此，第其精麤不同爾。近有得唐人所書經題，其一云薛稷，一云僧行敦書者，皆與二人他所書不類，而與此頗同，即知寫經手所書也。然其字亦可愛，故錄之。蓋今士大夫筆畫能彷彿乎此者，鮮矣〔註129〕！

右〈楊凝式題名〉，并李西臺詩附。自唐亡道喪，四海困於兵戈，及聖宋興天下，復歸于治，蓋百有五十餘年，而五代之際，有楊少師；建隆以集本作已後，稱李西臺。二人者，筆法不同，而書名皆爲一時之絕，故並錄于此〔註130〕。

〈郭忠恕小字說文字源〉。世人但知小篆，而不知其楷法尤精。然其楷字亦不見刻石者，蓋惟有此耳。故尤可惜也！五代干戈之際，學校廢，是謂君子道消之時，然猶有如忠恕者。國家爲國百年，天下無事，儒學盛矣！獨於字書忽廢，幾於中絕。今求如忠恕小楷，不可得也。故余每與君謨歎息於此也〔註131〕。

右〈紫陽石磬銘〉。余獨錄於此，而不附他書者，文秉之書罕見於今也。小篆自李陽冰後，未見工者。文秉，江南人，其字畫之精，遠過徐鉉，而中朝之士不知文秉，但稱徐常侍者，鉉以文章有重名於當時，故也。歲在辛酉，晉天福六年，李昇之昇元五年也。五代干戈之際，士之藝有至於斯者，太平之世，學者可不勉哉〔註132〕。

由以上資料看來，歐陽脩不斷強調宋代書法表現，實遠不如前代之盛，之所以不如唐朝、五代，主要原因是社會上普遍輕忽書法。而以宋代文風之盛，卻如此輕忽書法，歐陽脩對此深感痛心，他就曾說「今士大夫不學書，故罕事筆硯」〔註133〕，也在〈蘇子美論書〉裡提及宋代人學書的情況已大不如古，他說：

〔註128〕同註1，《集古錄跋尾》卷第六，頁18下。
〔註129〕同註1，《集古錄跋尾》卷第十，頁3上～3下。
〔註130〕同註1，《集古錄跋尾》卷第十，頁10下～11上。
〔註131〕同註1，《集古錄跋尾》卷第十，頁12下。
〔註132〕同註1，《集古錄跋尾》卷第十，頁12上。
〔註133〕同註27，《外集》卷第二十二，頁3上。

古之人不虛勞其心力，故其學精而無不至。蓋方其幼也，未有所爲時，專其力於學書，及其漸長，則其所學，漸近於用。今人不然，多學書於晚年，所以與古不同也〔註134〕。

這就道出一件事實——宋代人士常是「學書於晚年」，不像唐朝以前的士人自小即專力學書，所以宋人書法成就當然會「與古不同」了，若說明白一點，歐陽脩所謂的「與古不同」眞實是說宋人書法遠不如古人，尤其是唐人。而爲什麼宋人不在少年階段努力學習書法呢？歐氏並未進一步探討，但至少他已注意到這個社會現象，可提供後人研究宋代書法時參考，其價值不可謂不高。

（二）對宋代士人書法之要求

由《集古錄跋尾》裡，歐陽脩不斷地感嘆可知，歐陽脩對宋代士人不講究書法一事，是頗爲痛心在意的，當他看到友人書法不佳時，甚且不惜得罪好友，捎書以規勸。曾經因爲友人石介的書法不佳，他就寫了一封書信（〈與石推官第一書〉）提出批評，其文頗長，茲節錄其文如下：

近於京師頻得足下所爲文，讀甚善，其好古閔世之意，皆公操自得於古人，不待脩之贊也。然有自許太高，詆時太過，其論若未深究其源者，此事有本末，不可卒然，須相見乃能盡。然有一事，今詳而說此，計公操可朝聞而暮改者，誠疑先陳之君既家，有足下手作書一通，及有二像記石本，始見之駭然不可識，徐而視，定辨其點畫，乃可漸通。吁，何怪之甚也！既而持以問人曰：「是不能乎書者邪？」曰：「非不能也！」「書之法當爾邪？」曰：「非也！」「古有之乎？」曰：「無。」「今有之乎？」亦曰：「無也！」「然則何謂而若是？」曰：「特欲與世異而已！」脩聞君子之於學，是而已，不聞爲異也。好學若如揚雄亦曰如此，然古之人或有稱獨行而高世者，考其行亦不過乎君子，但與世之庸人不合爾。行非異世，蓋人不及而反棄之，舉世斥以爲異者歟？及其過聖人，猶欲就之於中庸，況今書前不師乎古，後不足以爲來者法，雖天下皆好之，猶不可爲，況天下皆非之，乃獨爲之，何也？是果好異以取高歟？然嚮謂公操能使人譽者，豈其履中道秉常德而然歟？抑亦昂然自異以驚世人而得之歟？古之教童子者，立必正聽不傾，常視之毋誑勤謹乎？其始，惟恐其見異而惑也，今足下端然居乎學舍以教人爲師，而反率然以自異，

〔註134〕同註3，《試筆》一卷，頁4下。

顧學者何所法哉？不幸學者皆從而效之，足下又果爲獨異乎？今不急
止，則懼他日有責後生之好怪者，推其事罪以奉歸，此脩所以爲憂而敢
告也，惟幸察之，不宣。同年弟歐陽某頓首。拜上〔註135〕。

書信中對於石介的書法，歐陽脩的描述是「始見之駭然不可識，徐而視，定辨其
點畫，乃可漸通」。如果這一段敘述未有誇張之成分，那麼，我們實不難想像石介
書蹟是多麼怪異而無法，也難怪他會有「吁，何怪之甚也」之驚嘆。而歐陽脩於
書信後段進一步對石介說「況今書前不師乎古，後不足以爲來者法，雖天下皆好
之，猶不可爲，況天下皆非之，乃獨爲之，何也？」可見以歐氏看來，書法一藝，
正可反映出一個人之行爲舉止，必須取法前賢，不可任意作怪以求標新立異。所
以在書信最後，歐陽脩是以一句「今足下端然居乎學舍以教人爲師，而反率然以
自異，顧學者何所法哉？」來期勉石介，而石介接獲這封責善的書信以後，也寫
了一封書信來爲自己書法辯白，其文甚長，茲節錄有關書法之段落如下：

　　書中又言僕書字怪且異，古亦無，今亦無，爲天下非之。此誠僕之
病也。自幼學書，迨於弱冠，至于壯，積二十年矣。歲月非不久也，功
非不專也，心非不勤且至也，獨於書詑無所成，此亦不能強其能也。豈
非身有所不具乎？僕常深病之，實爲無奈何。少時鄉里應舉，禮須見在
仕者，未嘗能自寫一刺，必倩能者。及爲吏，歲時當以書記通問大官，
亦皆倩於人。有無人可倩時，則廢其禮，或時急要文字，必奔走鄰里，
祈請於人。此爲之不能也，今永叔責我誠是。然永叔謂我「特異於人以
取高耳」，似不知我也。夫好爲詭異奇怪以驚世人者，誠亦有之，皆輕浮
者所爲也，則非行道正人、篤行君子之所爲。介深病世俗之務爲浮薄，
不敦本實，以喪名節，以亂風俗，思有請於吾聖天子、吾賢宰相，願取
天下輕險、怪放、逸奇之民，投諸四裔，絕其本源，以長君子名教，以
厚天下風俗，今反肯自爲之乎？僕誠亦有自異於眾者，則非永叔之所謂
也。……且夫書乃六藝之一耳，善如鍾、王，妙如虞、柳，在人君左右
供奉圖寫而已，近乎執伎以事上者。與夫皋陶前而伯禹後，周公左而召
公右，謨明弼諧，坐而論道者，不亦遠哉！古之聖人大儒，有周公，有
孔子，有孟軻，有荀卿，有揚雄，有文中子，有吏部；古之忠弼良臣，
有皋夔，有伊尹，有蕭、張，有房、魏，皆不聞善於書。數千百年間，
獨鍾、王、虞、柳輩以書垂名。今視鍾、王、虞、柳，其道其德孰與荀、

_____

〔註135〕同註26，《外集》卷第十六，頁8上～9下。

孟諸儒、皋夔眾臣勝哉！夫治世者道，書以傳聖人之道者已。能傳聖人之道足矣，奚必古有法乎？今有師乎？永叔何孜孜於此乎？又謂介端然於學舍，以教人為師友，率然筆札自異，學者無所法。噫！國家興學校，置學官，止以教人字乎？將不以聖人之道教人乎？將不以忠孝之道教人乎？將不以仁、義、禮、智、信教人乎？永叔但責我不能書，我敢辭乎？責我以此，恐非我所急急然者。介日坐堂上，則以二帝三王之《書》，周公之《禮》，周之《詩》，伏義、文王、孔子之《易》及孔子之《春秋》，與諸生相講論。堯、舜、禹、湯、文、武、周公、孔子之道，不嘗離於口也；三才、九疇、五常之教，不嘗違諸身也。教諸生為人臣則以忠，教諸生為人子則以孝，教諸生為人弟則以恭，教諸生為人兄則以友，教諸生與人交則以信。勉勉焉率諸生於道，納諸生於善，毆諸生以成人。諸生不學乎堯、舜、禹、湯、文、武、周公、孔子之道，不服乎三才、九疇、五常之教，不思乎忠於君、孝於親、恭於其兄、友於其弟、信於朋友，而拳拳然但吾之書法是習，豈有是哉！僕之書實不能也，因永叔言，僕更學之。永叔待我淺，不知我深，故略辨之云。餘俟君子之教。不宣。介白〔註136〕。

在書信中，石介首先是坦承自己書法怪異不佳，但卻將原因歸諸於自己在書藝上的天份不足，並非刻意求怪。因為他學習書法確是下了一番功夫，若由幼小至壯年，算一算也有二十年之多，所以他說「歲月非不久也，功非不專也，心非不勤且至也」，可是在書法的表現上仍是「無所成」，這恐怕是天賦之不足，非後天之努力所可竟功，因此，他也坦承因字蹟不佳，在諸多需要書寫而不可避免的情況下，常需請書法能手幫忙代書，但以他的觀念來說，這並非是多麼嚴重的缺失。因為在他看來，寫字，充其量只是一種技藝，非關聖人之道，一個人寫不出一手漂亮的好字，並不妨害他成為聖賢，他列舉古史上「之聖人大儒，有周公，有孔子，有孟軻，有荀卿，有揚雄，有文中子，有吏部；古之忠弼良臣，有皋夔，有伊尹，有蕭、張，有房、魏，皆不聞善於書」。而著名書家如鍾繇、王羲之、虞世南、柳公權等人，頂多是在人君左右供奉圖寫而已，若與皋陶、大禹、周公、召公等人之道德功業相比，則是遠遠不如。所以石介較不在意自己書法不精，在書信中即勇於接受責難，但對於歐陽脩指摘他「率然以自異，顧學者何所法」一語，

〔註136〕 （宋）石介，《徂徠石先生文集》（北京：中華書局，1984 年 7 月一版一刷），頁175～177。

則是大不以爲然，因爲石介自認每日以經書與諸生相講論，以堯、舜、禹、湯、文、武、周公、孔子之道，傳授給學生，並以三才、九疇、五常等德性做爲身教之內容，雖然自己字蹟怪異一些，並非即是「特異於人以取高」，也應不致影響他所施行的聖人之教。由這封書信的內容看來，石介對於自己的書蹟被友人批評爲無法，不知他內心作何感想，因爲這在一般讀書人來說，遭人指摘書法不佳，無寧是莫大的侮辱，但他辯解是自己缺乏天份所致，並自暴自己由於不善書法，常需請人代書之糗事，來強調自己所言之不虛，其用意大概是爲防堵歐陽脩對他的進一步指責──「率然以自異，顧學者何所法」。因爲這種由書蹟怪異就擴大解釋爲道統行爲上的特立獨行，對石介個人來說，是難以承受的打擊，對他賴以生存且向來引以爲榮的道統維護者身份，簡直是一種全盤的否定。所以他寧可自認書法不佳，也不願被說成是離經叛道。而由石介這種取捨，我們應可得知，書法在石介的心目中只是一種技藝而已，其對書法的漠視輕忽，可見一斑。

　　歐陽脩看到石介的回信後，又捎上一封書信。在這封信裡，歐陽脩仍然堅信石介的書法是「不欲同俗，而力爲之」的無法，即是故意要特立獨行，而非石介所辯稱的「身有所不具」（自承缺乏書法天份），寫不出好看的字來。因爲一旦認同石介的辯解，那麼自己先前對他書法的指責就會顯得有失厚道，且難以再進一步責備石介的特立獨行，而既然石介輕忽書法的重要性，認爲書法只是一種技藝，無關宏旨，字蹟不好並不會對道統造成多大影響。以歐陽脩的觀念，當然不能苟同，但爲了駁斥石介這種看法，只好先順此理路談起，所以他在信裡即說：「足下謂世之善書者能鍾王虞柳，不過一藝，己之所學，乃堯舜周孔之道，不必善書」。而對這些專以書法聞名的書法家，歐陽脩在此也提出他的看法是：「夫所謂鍾王虞柳之書者，非獨足下薄之，僕固亦薄之矣。世之有好學其書而悅之者，與嗜飲茗、閱畫圖無異，但其性之一僻爾，豈君子之所務乎」可是對於一位士人，雖然不以書法自名，但提筆寫字，「則不可無法，古之始有文字也，務乎記事，而因物取類爲其象，故周禮六藝有六書之學，其點畫曲直皆有其說」。所以歐陽脩接著說：

今足下以其直者爲斜，以其方者爲圓，而曰我第行堯舜周孔之道，此甚不可也！譬如設饌於案，加帽於首，正襟而坐，然後食者，此世人常爾。若其納足於帽，反衣而衣，坐乎案上，以飯實酒巵而食，曰我行堯舜周孔之道者，以此之於世，可乎？不可也！則書雖末事，而當從常法，不可以爲怪，亦猶是矣！然足下了不省僕之意，凡僕之所陳者，非

論書之善不，但患乎近怪自異以惑後生也〔註137〕！

雖然歐陽脩最後說：「非論書之善不，但患乎近怪自異以惑後生也」。其實細審他的書信內容，是起於書法的法則與表現等問題，儘管討論到後來問題衍生到道統之上，歐陽脩對書法一藝似乎是隨著石介的辯白已改採忽視的態度，對專以書法名家之人不予極高評價，但仍堅持一個讀書人不可偏廢書法之書寫原則。

至於石介接獲這封書信以後，是否有回信辯白，還是就此打住不再作任何回應，已不得而知，但有關這一公案，後代文人偶有提及，例如在《南窗紀談》裡，就寫道：

> 《歐陽文集》載《與石公操推官書》，言嘗見其二石刻書字之怪，譏其欲為異以自高。公操即守道，今《徂徠集》中猶見其答書，大略皆讕辭自解，至謂書乃六藝之一，雖善如鍾、王、虞、柳，不過一藝而已；吾之所學，堯、舜、周、孔之道，不必善書也。歐公復之曰：「《周禮》六藝有六書之學，其點畫曲直皆有其說。今以其直者為斜，方者為圓，而曰：『我第行堯、舜、周、孔之道。』此甚不可也。譬如設饌於案，加帽於首，正襟而坐，然後食者，此世人之常爾。若其納足於帽，反衣而衣，坐於案上，以飯實酒卮而食，曰：『「我行堯、舜、周、孔之道。」可乎不可乎？』」此言誠中其病。守道字畫，世不復見。既嘗被之金石，必非率爾而為者。即答書之辭觀之，其強項不服下，又設為高論以文過拒人之態，猶可想見也〔註138〕。

此文作者即是站在歐陽脩的立場，力斥石介之辯為「讕辭自解」、「強項不服下，又設為高論以文過拒人」。

又浦起龍《古文眉詮》六一文評語說：

> 此（《與石推官第二書》）因石公不自認手書之怪，未便直斥，故委蛇其說曰「未審」而詳辯之。辯書正是辯怪也。書之技，無預于學術；而怪之弊，寖淫為俗尚。小中見大之言〔註139〕。

文中所說的「書之技，無預于學術；而怪之弊，寖淫為俗尚。小中見大之言」。也是認同歐陽脩之見。

質言之，歐、石兩人爭論的關鍵還是在於書法的認知差異過大，因為以歐陽

〔註137〕同註26，《外集》卷第十六，頁10下～11上。

〔註138〕洪本健編，《歐陽修資料彙編》上冊（北京：中華書局，1995年5月，《古典文學研究資料彙編》，第一版），頁185。

〔註139〕同註138，中冊，頁853。

脩的想法，書法雖只是技藝，但做為一種文化載體，其點畫必須有一規範，在書寫之際，不得以怪異取寵，其對道統的影響，有一定的作用；但看在石介的眼裡，則是認為書法之怪異無關道統之傳承，大可不必過度延伸。

藉此，我們更可以深刻感受到歐陽脩對宋代文士書法的要求，實是極為痛切。雖然石介對書法的漠視，可能只是特殊個案，但由石介信中所言「少時鄉里應舉，禮須見在仕者，未嘗能自寫一刺，必倩能者。及為吏，歲時當以書記通問大官，亦皆倩於人」看來，應可幫助吾人理解到：宋代士人的書法能力已無法像唐代文人一樣可以應付日常生活所需，難怪歐陽脩要對當代書法表現不斷地發出感慨，也難怪他會在《集古錄跋尾》裡對宋代整體書法提出多次批評。

綜觀歐陽脩諸多書法的見解，吾人可以整理出幾個要點：

1. 在他看來，先秦至兩漢的碑石文字之所以值得蒐集，只是因為它們古質、難得，並未將之當作書法名品看待。

2. 對於魏晉時代所留下的翰札，歐陽脩著重在它的自然意趣，並不像唐人將之視為顛撲不破的法式。

3. 南北朝時代所遺留的眾多碑刻，歐陽脩已注意到南北間的差異，他認為南朝士人氣尚卑弱，北朝書法雖未必佳妙，但卻往往有古法，亦有不俗的表現。

4. 在隋朝書法方面，他特別推崇丁道護的書法成就，對於眾多隋代碑刻，也普遍給予相當高的評價。

5. 唐代書法的高度成就，歐陽脩屢屢稱頌，由資料顯示，他的學書路徑也是取法唐人法度，對於顏真卿的書法價值，更是抬高到無與倫比的地位。但要注意的是，他方面肯定唐人之法，卻又對唐人書法過度重法，提出他的省思，因為他體認到書法的生命並不是建立在筆畫的純熟而已，書法的可貴之處在於書寫者本身在人品上的高度修為，書法作品的形成狀態愈是自然的流露，愈見其可愛。所以他看待魏晉時代所留下的翰札，只重視它的意趣；對於唐代懷素一味重視筆下功夫的臨習方式，歐陽脩頗不以為然。

6. 相較於唐代書法之興盛，宋代前期書法的不振，一直是歐陽脩心中大感不滿之處，他不僅屢次為此大聲疾呼，又能點出宋代書法衰弱之因是士人普遍的忽視，而之所以會有此種現象，據他的觀察，是宋代士人大多學書於晚年，不似唐人自幼習書，其效果當然不彰。且又在學習的同時，多方嘗試，不專於一法，是以難有傑出表現。

第四節　歐陽脩的書法成就及書法意趣

一、歐陽脩的書法成就

　　歐陽脩的文學史學成就，早已受到世人推崇與肯定，但其在書法上的努力，雖有人讚賞稱道，終不列入名家之林，而他也不以書自許，對自身的書法能力，曾極為客氣地說道：「雖不能書，而稍識字法」〔註140〕，又言「余初不識書，因集古著錄，所聞既多，遂稍識之」〔註141〕。可見他的書法能力主要是因集錄古碑刻，經常觀看古人書蹟之後，所帶來的進步。據他自述學書歷程，也是到了晚年才真正下工夫臨習書法，因此，他給人的印象，就是一位有名的文學家與史學家形象，而書法家的形象並不明顯。

　　可是歐陽脩在《集古錄跋尾》及其它文集裡，又常常論及書法，雖然有時客氣地說「余不識書」等等謙詞，但客氣歸客氣，他的喜論書法，比起幾位宋代書法名家來說，還真是不遑多讓呢！

　　究竟歐陽脩的書法功力如何？宋代士人對他的評價也頗不一致。就以宋代四大書法家來說，蔡襄與歐陽脩交往密切，且常以指引歐氏書法的導師自居，從來沒有看過他在評論（或讚美）歐陽脩的書法字蹟。而米芾是一個喜論書法的行家，也未曾針對歐陽脩的書藝寫下幾行論述，會不會是因為在他的心中，歐陽脩並不是什麼書法名家，所以不去評論？還是曾有論及，只是因為某種不可抗力以致沒能留下任何隻字片語也說不定，在此就無法憑空隨意揣測。而另兩位大書法家——蘇軾與黃庭堅，對歐陽脩的書法評價，則是有頗大的差距，大體說來，蘇軾是持肯定態度，黃庭堅則是否定了歐氏在書法上的成就。

　　關於蘇軾對歐陽脩書蹟所作的評論，以目前能蒐集到的資料有以下幾則：

　　　　文忠公書，自是學者所共儀刑，庶幾如見其人者，正使不工，猶當傳寶，況其精勤敏妙自成一家乎〔註142〕！

　　　　歐陽文忠公用尖筆乾墨作方闊字，神采秀發，膏潤無窮。後人觀之，如見其清眸豐頰，進趨曄如也〔註143〕。

　　　　歐陽公書，筆勢險勁，字體新麗，自成一家，然公墨跡自當為世所

〔註140〕同註1，《集古錄跋尾》卷第七，頁18上～18下。
〔註141〕同註1，《集古錄跋尾》卷第六，頁18上。
〔註142〕馬宗霍，《書林藻鑑》，卷第九（台北市：台灣商務印書館，1984年5月），頁201下。
〔註143〕同註55，東坡題跋卷四，頁116。

寶，不特筆畫之工也〔註144〕。

　　此數十紙，皆文忠公衝口而出，縱手而成，初不加意也。其文采字畫，皆有自然絕人之姿，信天下之奇蹟也〔註145〕。

　　公嘗語人口：「筆硯，我輩假以寓其趣。凡有所寓，當隨其所命意，紬繹展轉而見於筆下，不獨學書，因而可以增益其所未到處。久之，斯可樂也。」蓋公之自樂者如此。故每見於翰墨者皆抑揚頓挫，可以為學者師法，信可謂矢口而成言，肆筆而成書也〔註146〕。

　　以上諸則跋語雖是在不同的時空，面對不同作品，各別寫下的跋語，但細索這幾則獨立的評論，可以發現蘇軾讚美歐氏書蹟的用語除了「精勤敏妙自成一家」、「神采秀發，膏潤無窮」、「筆勢險勁，字體新麗，自成一家」、「文采字畫，皆有自然絕人之姿」等句以外，常會附帶幾筆「如見其人」、「如見其清眸豐頰，進趨曄如也」一類的話，而且語帶玄機地說「正使不工，猶當傳寶」、「然公墨跡自當為世所寶，不特筆畫之工也」。

　　仔細想來，蘇軾以書如其人，來讚美歐陽脩的書法，當然是對他書藝的一大肯定，因為以歐陽脩人品之高，早為世人欽仰，將其書法與人品同列，應是極度讚賞。但他的此種評論方式——不直接評論書法，而將書法依附於人品之下，總是留給人們想像空間。尤其是，歐陽脩與蘇軾本有師生關係，當蘇軾評論恩師書蹟時，是否能完全擺脫人情的束縛，而作客觀持平之論，也頗值得商榷。所以要如何看待蘇軾對歐陽脩的評論，也是一個不易解決的課題。

　　相較於蘇軾的推崇，黃庭堅對歐陽脩書法的批評則是不留情面，直接指出缺失，他說：

　　文忠公頗於筆中用力，乃是古人法，但未雍容耳〔註147〕。

　　歐陽文忠公書不極工，然喜論古今書，故晚年亦少進。其文章議論，一世所宗，書又不惡，自足傳百世也〔註148〕。

說歐陽脩「頗於筆中用力，乃是古人法」是肯定他的努力，但黃庭堅緊接著一句「未雍容耳」，即毫不客氣地說出他的批評，以黃氏注重書寫意趣的人來說，「雍容」一詞應是書法中頗為重要的元素與境界，墨跡裡少了雍容，那應該是頗為嚴

〔註144〕同註55，頁122。
〔註145〕同註55，頁123。
〔註146〕同註55，頁280。
〔註147〕同註146。
〔註148〕同註146。

重的缺失，難怪他會直接說歐陽脩「書不極工」，儘管他也看到歐氏「喜論古今書」的收獲——使他的書法跟著進步，但頂多也只是達到「不惡」的境地。而在黃庭堅看來，歐氏書法足傳百世的最大原因仍是「文章議論」為「一世所宗」所造成，並非因為書法本身。

類似黃庭堅這種批評的，在宋代以後還可以找出幾人，對歐陽脩的書法提出了尖銳的議論。例如明代吳寬就在〈題歐陽文忠公遺墨〉說：

> 此歐陽公修《唐書》紀、表時二小帖也。黔陽令陳君堅遠持以示予。
> 片紙數字，於史事無大關係，而後世獨加愛護，終不落蛛絲煤尾中，非物也，人也〔註149〕。

由此可見，吳寬對於後世獨加愛護歐陽文忠公遺墨的解讀是：「非物也，人也」。說得明白一點，就是認為歐陽脩的書蹟之所以能留下來，不被後世忽視遺棄，主要原因是歐氏的人品學養所致，跟遺墨內容無關。而到底與書法有無關聯呢？吳寬雖未明說，但若仔細推敲玩味此段文意，將不難發現，他根本是不把歐氏墨跡當書法作品看待的，否則他怎麼會說「非物也，人也」呢？

另外一個批評歐陽脩書法最不留情的，就非王世貞莫屬了。這可在王氏的〈集古錄跋〉裡看出端倪，他說：

> 右歐陽文忠《集古錄跋》石刻三卷，中有楊博士南仲、劉敞原父釋各一通。劉復有跋一通，尺牘如之。蔡襄君謨跋二通，與裴煜如晦尺牘各一通。公復自與君謨尺牘一通。餘皆公手書跋。公文章妙天下，而於考究，小不能無憾，其持論亦有近迂者。居恒謂辨古文奇字，全得楊南仲、章友直力，而又盛推原父博學，無所不通，原父卻謂人：「好一歐九，惜不讀書耳。」得非以是哉？余見公墨蹟凡三所，與此結法同，而不能如其神采，當又全得石工力也〔註150〕。

在這段文字裡，王世貞說「公文章妙天下，而於考究，小不能無憾，其持論亦有近迂者。」已道出他對歐陽脩學問的不滿，而又在底下說歐陽脩之墨蹟「不能如其（石刻本）神采，當又全得石工力也」，更是將歐氏書蹟之神采，完全歸因於石工之力，意謂若無石工之加工，則歐陽脩之墨跡將無可觀之處，如此的一種批評，對於一位愛好習書的學者而言，實是極大的羞辱。

再看王世貞另一則批評歐陽脩的話，則是更為直接了。他說：

〔註149〕《匏翁家藏集》卷五十（台北市：商務，民國79，四部叢刊，初版），頁8下。
〔註150〕同註138，中冊，頁588。

永叔不識佛理，強鬭佛；不識書，強評書；不識詩，自標譽能詩〔註151〕。

對於王氏文中所說的「永叔不識佛理，強鬭佛」及「不識詩，自標譽能詩」兩項，因不屬本文探究內容，暫且擱下不談。但他批評歐陽脩「不識書，強評書」，竟直接將歐陽脩看成是不識書法的門外漢，而歐陽脩評論書法的行為，看在王世貞的眼裡，那真是外行充內行的行徑了。

另外，王世貞還有一則批評歐陽脩與王安石的，同樣也值得參考，他說：「永叔、介甫俱文勝詞，詞勝詩，詩勝書。〔註152〕」可見在他心中，歐陽脩與王安石的共通之處是文章優於詞，詞優於詩，詩優於書法。王安石之文藝表現如何，不是本文所要探究的重點，暫且略過不說，但由王世貞此語，其實也再次地說明了他對歐陽脩書法的否定。

對歐陽脩之書法提出批評的，除了以上幾位以外，還有一位陳仲醇，他也直言「六一居士極好書，然書不能工〔註153〕」這比起黃庭堅所言的「文忠公頗於筆中用力」、「歐陽文忠公書不極工，然喜論古今書」等語，似又更為苛刻，而且仔細想來，這種評論——先強調某人喜好此道，卻又不善此道——對於被批評的人而言，實是莫大的羞辱！

綜觀以上這些士人對歐氏書法的批評，是較為直接嚴苛的，另有幾位士人的評語則不若如此激烈明白，例如張守〈跋歐陽文忠公帖〉云：

> 六一先生學識、文章、節概、事業，皆與日月爭光。使尺牘不工，
> 人固藏之以為榮，而顏筋柳骨自不在古人後，獨不以名世者，蓋不足為
> 公道也。世之操觚弄翰，夸墨池筆冢，以取名一時者，其可同年而語耶
> 〔註154〕？

細審此段跋語，張守先是稱美歐陽脩的「學識、文章、節概、事業，皆與日月爭光」，再提出「使尺牘不工，人固藏之以為榮」的一句假設，其用意似在強調歐氏之學識、文章、節概、事業等等之表現，皆在書法之上。雖然張守又隨即寫上「顏筋柳骨自不在古人後」的讚美，卻又道出歐陽脩「獨不以（書法）名世」的事實。

當然張守可將書法一藝看作是文人的餘事，而以歐陽脩的道德文章聲名太著掩去書名為由，來為歐陽脩「獨不以（書法）名世」作辯解，並藉機指摘一般書

〔註151〕同註138，中冊，頁591。

〔註152〕同註138，中冊，頁592 。

〔註153〕同註142，頁201下～202上。

〔註154〕（宋）張守，《毘陵集》卷十一（台北：藝文，1965年，《百部叢書集成：第六十八函：27》，《聚珍版叢書》初版），頁13上。

－79－

家刻意以書法求名之非。但其實在不知不覺中，張守已將歐陽脩的書法成就作了明確的定位。

再看李綱〈跋歐公書〉亦言：

> 歐陽文忠公書，清勁自成一家。公嘗言，學書如逆風行舟，用盡氣力，不離本處。蓋不以書自許。士夫寶藏其蹟，非以明節可貴故邪〔註155〕？

李綱說歐氏之書「清勁自成一家」是強調他的特別，又以「公嘗言，學書如逆風行舟，用盡氣力，不離本處」來說明歐陽脩學書之吃力，而一句「不以書自許」又似在暗示歐氏自認書法非其所長，至於「士夫寶藏其蹟，非以明節可貴故邪？」一語好似也在說明歐陽脩的書法之所以為士人所寶，是因歐陽脩「明節可貴」，而非書法本身之故。

當然也有對歐陽脩書法成就給予完全肯定者，如謝邁〈靜寄齋觀文忠公墨蹟〉一文：

> 董何呼我顛倒裳，杖藜階西過王郎。郎君好事初舉觴，平頭奴子舁兩囊。
> 開視文書浩搶攘，其間糠粃煩播颺。忽驚墨妙筵有光，問誰所書曰歐陽。
> 而我盥手方取將，覽之三過神色揚。反嗟從來見未嘗，字體遒媚筆意剛。
> 公為文章軋子長，立朝義氣凜秋霜。借如春蚓縈行行，亦當珍之什襲藏。
> 況公字畫乃如此，銀鉤金繩粲繭紙。公嘗臨池墨池水，尚言如船逆風使。
> 後來誰評新麗體，出公一頭子蘇子〔註156〕。

就都站在讚美歐陽脩的立場述說，如「忽驚墨妙筵有光，問誰所書曰歐陽」、「而我盥手方取將，覽之三過神色揚」、「反嗟從來見未嘗，字體遒媚筆意剛」、「況公字畫乃如此，銀鉤金繩粲繭紙」等句，皆是極盡歌頌之能事。

另，蘇籀也稱讚歐陽脩的書法說：「歐陽碑版，今世第一。〔註157〕」如此的稱頌，簡直已將歐陽脩當作書法大家看待了。

再來看另一位士人周必大對歐氏的看法，他在〈家塾所刻六一先生墨跡跋十首〉裡說：

> 世傳文忠公《試筆》自《說硯》而下，凡數十紙，有元祐四年九月東坡蘇公跋。此最後數紙也。初藏劉氏，後歸王晉卿，今復還歐陽氏餘不知何之矣。公薨於熙寧五年，距元豐屬耳，其遺墨已為諸公珍愛如此，

〔註155〕同註138，頁193。
〔註156〕同註138，頁152。
〔註157〕同註138，頁227。

況百世之下乎〔註158〕！

以一句「其遺墨已為諸公珍愛如此，況百世之下乎！」來呈現歐陽脩書蹟被後世珍愛的事實。另又有一則〈跋歐蘇及諸貴公帖〉他也說：

> 尺牘傳世者三，德、爵、藝也，而兼之實難。若歐、蘇二先生所謂毫髮無遺恨者，自當行於百世〔註159〕。

同樣是極度肯定歐陽脩的書法。值得注意的是，周必大在此昭示出一個書法作品傳世的法則，必須是「德」、「爵」、「藝」三者兼俱，而歐陽脩的種種成就，以周氏看來，實已兼俱「德」、「爵」、「藝」三大要點。

朱熹於〈跋歐陽文忠公帖〉也說：

> 歐陽公作字，如其為文，外若優游，忠實剛勁，惟觀其深者得之〔註160〕。

朱熹以歐陽脩為文之「外若優游」實為「忠實剛勁」之優點來比擬歐氏之書法，其實是極高的讚美，而「惟觀其深者得之」一句，則似是在為歐氏辯解，因為若非觀其深者，豈能知悉歐氏書法之精深呢？

另，樓鑰〈跋歐陽公與張直講帖〉云：

> 歐陽公筆札自成一家，故所見無偽帖〔註161〕。

胡翰在〈歐陽文忠公急就章跋〉中也提到：

> 文忠公在史館日，朝廷大制作皆出其筆，而餘力顧有及於小學家之流。……公之手澤，散在人間，往往獲見於兵火之餘，皆行書片紙，未有若此之凝重茂美，終卷無一字苟者，自當與其文共傳，為世所寶也〔註162〕。

樓鑰以歐氏「筆札自成一家」，胡翰以歐氏之字蹟「自當與其文共傳，為世所寶也」等語言之，則更是肯定歐陽脩的書法成就。

再看楊士奇〈跋瀧岡阡表〉云：

> 《瀧岡阡表》，余得之子啓學士。碑不載何人書，意是歐公自書，結體甚佳〔註163〕。

因碑上並不載明是何人所書，不能肯定即為歐陽脩自書，但楊士奇卻因為此碑「結

〔註158〕同註138，頁293。
〔註159〕同註138，頁296。
〔註160〕同註138，頁330。
〔註161〕（宋）樓鑰，《攻媿集》卷七五（台北：商務，1979年11月，台一版，《四部叢刊正編》），頁3下。
〔註162〕同註137，中冊，頁479。
〔註163〕同註138，中冊，頁498。

體甚佳」，所以相信「是歐公自書」。可以想見在楊士奇的眼中，歐陽脩的書法成就是極高的。

同樣的，李東陽〈書歐陽公手帖後二絕〉詩中所說：

> 醉翁長恨作書難，道是撐船上急灘。畢竟晚年多自得，儘留風韻與人看。宋代家書自不孤，當時只許蔡君謨。若將晉法論真印，此老風流世亦無〔註164〕。

已將歐陽脩學書經歷及成就做了大致的總結，尤其是「畢竟晚年多自得，儘留風韻與人看」兩句，對歐氏晚年書法之精進給予相當高的評價。

另外，費宏〈題王水部所藏歐陽文忠公遺墨後〉一文，對歐陽脩的書法，也是極為稱道，他說：

> 歐公以古文方駕昌黎，所謂能自樹立，不與世浮沈者也。字畫，世以為童學耳，而公晚更留意，即雨雪片時之暇，几案幅楮之佳，亦不忍虛度浪費。……觀水部王君天申所藏數帖，其用筆結體，往往出規入矩，則世俗之苟簡，豈不誠可嘆哉！公嘗曰：「書之傳者兼取其人也，其人賢，其傳乃久。」則公之所自處，固又有在矣〔註165〕。

費宏特別提到歐陽脩晚年留意於書學的事實，來讚揚歐氏卓越的見識，又點出歐氏所提的書法審美標準是兼取人品的，而歐氏本身的書法，亦是因為人品高潔而得以傳之久遠，所以費氏在讚賞之餘，又再一次讓吾人感受到一件事實——歐陽脩之書法成就是跟他的人品有著相當程度的關連的。

近人胡源〈論歐陽修的書法藝術〉分析歐陽脩的書法提到：

> 歐書中的短撇、長撇和懸針之畫均尖而長，起筆也往往露尖，產生神采外露，險勁俏麗的效果。再則，從墨跡中可以看出乾墨較多，字雖不大，點畫不粗壯，卻顯得蒼勁有力，持重老成，有醇厚意致。字體結構方而闊，既端莊凝重，又疏朗清新，唐人楷法較濃，結字嚴謹而不刻板，工整而尚靈動。用筆橫輕豎重，提按頓挫分明，澀而不滯，爽而不滑，正如歐陽修與蔡襄論書時所說「學書如溯急流，用盡氣力，不離故處。」他自己正是這樣用筆，逆勢澀進，筆勢沉著。顯示出他廣博學問和厚實的書寫功力，大巧若拙，不炫奇鬥巧，雖不以書名，但其書法超拔流俗，別有一番情趣〔註166〕。

〔註164〕同註138，中冊，頁519。
〔註165〕同註138，中冊，頁521。
〔註166〕胡源，〈論歐陽修的書法藝術〉，《贛南師範學報》（1988年第一期），頁88～89。

這一段分析，較古人談得仔細，他從歐氏書法的用墨、用筆、結構等項逐一賞析，的確比以往的書家評論來得實際，且對歐陽脩的書法功力是極為讚賞肯定。而更重要的是他將歐書「唐人楷法較濃」、「用筆橫輕豎重」等特徵點出，是很中肯的批評。不過胡源分析到最後仍是提到歐陽脩「不以書名」的事實，究竟還是不將歐陽脩列入大書法家之林，而歐氏「書法超拔流俗」，也只能說是「別有一番情趣」了。

二、與書法臨習相關的意趣

在《集古錄跋尾》中，有一則〈周大像碑跋尾〉是這麼寫的：

> 宇文氏之事跡，無足采者，惟其字畫不俗，亦有取焉。翫物以忘憂者，惟怪奇變態，真偽相雜，使覽者自擇，則可以忘倦焉。故余於集古所錄者，博矣〔註167〕！

歐陽脩光是面對著碑刻拓本，就因拓本中的「字畫不俗」、「怪奇變態」而忘倦忘憂，可見歐氏在集古之時，即得到一種生活意趣。而他也在〈唐明禪師碑跋尾〉寫上「秋暑困甚，覽之醒然」〔註168〕八字，強調原本困頓的心神可因觀賞拓碑書蹟而頓覺醒然。另外，又於〈唐韓愈盤古詩序跋尾〉中透露類似心情：

> 右〈送李愿歸盤谷序〉，韓愈撰。盤古在孟州濟源縣，正元中，縣令刻石于其側。令，姓崔，其名決。今已磨滅，其後書云：「昌黎韓愈，知名士也。」當時退之官尚未顯，其道未為當世所宗師。故但云知名士也。然當時送愿者為不少，而獨刻此序，蓋其文章已重於時也。以余家集本校之，或小不同，疑刻石誤。集本世已大行，刻石乃當時物，存之以為佳翫爾。其小失，不足較也〔註169〕。

歐陽脩雖然以自家收藏集本校對之後，因文字稍有不同而懷疑刻石有誤，但由於刻石是古物，所以還是保存下來當作賞玩之用，對於刻錯之處，就不值得費心去計較了。類似這種想法，在〈唐人臨帖跋尾〉裡也可見得，茲錄於下：

> 右〈唐人所臨諸家法帖〉一卷，其前數帖類真卿所書，蓋其筆畫精勁，他人未易臻此。按唐書言褚無量嘗請以當時所藏奇書名畫，命宰相以下跋尾，而玄宗不許。此乃有宋璟等列名于後，又頗多訛繆，豈後人

〔註167〕同註1，《集古錄跋尾》卷第四，頁22上。
〔註168〕同註1，《集古錄跋尾》卷第七，頁1下。
〔註169〕同註1，《集古錄跋尾》卷第八，頁9下～10上。

妄增加之也？然要為可翫，何必窮較其真偽。今流俗所傳，鍾王遺跡多不同，然時時各有所得。故雖小小轉寫失真，不害為佳物。由是悉取前後所得諸家法帖，分入集錄，蓋以資博覽云〔註170〕。

又，近時有尚書郎潘師旦者，竊取官法帖中數十帖，別自刻石以遺人。而傳寫字多轉失，然亦時有可佳者。因又擇其可錄者，分為十餘卷，以入集目，聊為一時之翫爾。其小字尤精，故錄於此〔註171〕。

當我們細細體會他所記下的玩賞碑石樂趣之後，再對照他說的「吾有集古錄千卷，晚又得此法帖，歸老之計足矣！寓心於此，其樂可涯。〔註172〕」應能體會其一二。而底下的一段話，是歐陽脩對集古賞之樂所作的詳細自白：

老年病目，不能讀書，又艱於執筆，惟此與集古錄可以把玩，而不欲屢閱者，留為歸潁銷日之樂也。蓋物維不足，然後其樂無窮，使其力至於勞，則有時而厭爾。然內樂猶有待於外物，則退之所謂著山林與城郭何異？宜為有道者所笑也。熙寧辛亥清心堂書〔註173〕。

本則可看成是歐陽脩六十五歲（過世前一年）時，將他晚年身體疲病之時，藉由把玩集古錄度過餘生的一段生活記錄。讀者在看完之後，當不難體會歐陽脩的晚年，在書法學習、賞玩之中所得的意趣。

以上是歐陽脩直接寫在《集古錄跋尾》中的賞玩石碑拓本之樂。而事實上，若再翻查歐氏的文集，還可找到數篇詩文，忠實記錄歐陽脩在書法用具（紙、筆、硯）上的考究過程，這些翰札裡呈現出來的種種樂趣，正可以和《集古錄跋尾》互相印證。

首先看他對紙的考究。他於〈和劉原父澄心紙〉說：

君不見曼卿子美真奇才，久已零落埋黃埃，子美生窮死愈貴，殘章斷稿如瓊瑰。曼卿醉題紅粉壁，壁粉已剝昏煙煤，河傾崑崙勢曲折，雪壓太華高崔嵬。自從二子相繼沒，山川氣象皆低摧。君家雖有澄心紙，有敢下筆知誰哉〔註174〕？

在嘉祐二年所寫的〈與劉侍讀原父〉：

某啟：前承示以蜀素，俾寫孝經一章，書之，墨不能染，尋將家所

〔註170〕同註1，《集古錄跋尾》卷第十，頁3下～4下。

〔註171〕同註1，《集古錄跋尾》卷第十，頁4下。

〔註172〕同註1，《集古錄跋尾》卷第十，頁5下。

〔註173〕同註1，《集古錄跋尾》卷第十，頁6上。

〔註174〕同註1，《歐陽文忠公集》一，《居士集》卷第五，頁10下。

有者試之，亦然。遽命工匠治之，終不堪用，豈其未得其法耶？幸令善
工精治之，使受墨可書，當爲汗以惡書也〔註175〕。

另一篇〈與劉侍讀原父〉寫說：

烏絲欄依前書，不染墨，今納還，當以澄心紙試書一章塞命也〔註176〕。

在〈跋三絕帖〉裡說：

南唐澄心堂紙，爲世所珍，今人家不復有。曼卿詩與筆，稱雄於一
時，今亦未有繼者，謂之三絕，不爲過矣！余家藏此，蓋三十餘年〔註
177〕。

另，在〈筆說卷 峽州河中紙說〉裡，歐氏寫說：

夷陵紙不甚精，然最奈久。余爲縣令時，有孫文德者，本三司人吏
也，嘗勸余多藏峽紙，云其在省中見天下帳籍，惟峽州不朽損，信爲然
也。今河中府紙惟供公家及館閣寫官書爾〔註178〕。

這就是歐氏參酌同道的意見及自身的實證之後，所得到的用紙心得，他在書法上
的努力練習，於此可得到證明。

再來看歐陽脩對毛筆的考究功夫，歐陽脩在寫給梅聖俞〈惠宣州筆戲書〉說：

聖俞宣城人，能使紫毫筆。宣人諸葛高，世業守不失。緊心縛長毫，
三副頗精密。硬軟適人于，百管不差一。京師諸筆工，牌榜自稱述。纍
纍相國東，比若衣縫蝨。或柔多虛尖，或硬不可屈。但能裝管榿，有表
曾無實。價高仍費錢，用不過數日。豈如宣城毫，耐久仍可乞〔註179〕。

梅聖俞收到書信後，回給歐陽脩的書信寫著：〈次韻永叔試諸葛高筆戲書〉

公負天下才，用心如用筆。端勁隨意行，曾無一畫失。因看落紙字，
大小得疎密。筆公諸葛高，海內稱第一。頻年直我來，我媿不堪七。安
能是墨研，欲効前人述。懶性真嵇康，閒坐喜捫蝨。是以持獻公，不使
物受屈。果然公愛之，奇蹤寫名實。豈惟播今時，當亦傳異日。嗟哉試
筆詩，藏不容人乞〔註180〕。

之後，歐氏又於文章中提到：

〔註175〕同註1，《書簡》卷第五，頁1下～2上。
〔註176〕同註1，《書簡》卷第五，頁2上。
〔註177〕同註27，《外集》卷第二十三，頁17下。
〔註178〕同註27，筆說一卷，頁6下。
〔註179〕同註26，《外集》卷第四，頁8上。
〔註180〕（宋）梅堯臣，《宛陵先生集卷》一，卷第二十一（上海：上海書店，1989年3月，
　　　　《四部叢刊》初編），頁1下～2上。

宣筆初不可用，往時聖俞屢以為惠，尋復為人乞去，今得此，甚可
用，遂深藏之〔註181〕。

關於試筆的意趣，歐陽脩還有一首詩寫得最為明白直接，他說：

試筆消長日，耽書遣百憂。餘生得如此，萬事復何求〔註182〕？

而於紙、筆以外，對於硯台，歐陽脩文集裡所記更多，如在〈試筆一卷　南唐硯〉
裡，歐氏特別提到一方自用硯台的來歷，他說：

某此一硯，用之二十年矣，當南唐有國時，於歙州置硯務，選工之
善者，命以九品之服，月有俸廩之給，號硯務官，歲為官造硯有數。其
硯四方而平淺者，南唐官硯也，其石尤精，製作亦不類今工之侈窳。此
硯得自今王舍人原叔，原叔家不識為佳硯也，兒子輩棄置之，予始得之，
亦不知為南唐硯物也，有江南人年老者，見之悽然曰：「此故國物也。」
因具道其所以然，遂始寶惜之。其貶夷陵也，折其一角〔註183〕。

據歐氏所寫內容，可知他在硯台的鑑定功夫不俗，而這段有關歙硯的描述，是現
今研究歙硯的珍貴史料，值得吾人重視。另有一則關於端硯的探討，歐陽脩提出
他的看法如下：

端石出端溪，色理瑩潤，本以子石為上。子石者，在大石中生，蓋
精石也。而流俗傳訛，遂以紫石為上。又以貯水不耗為佳，有鸜鵒眼為
貴。眼，石病也。然惟此巖石則有之。端石非徒重於流俗，官司歲以為
貢，亦在他硯上，然十無一二發墨者，但充玩好而已。歙石出於龍尾溪，
其石堅勁，大抵多發墨，故前世多用之。以金星為貴，其石理微麤，以
手摩之，索索有鋒鋩者尤佳。余少時又得金坑礦石，尤堅而發墨，然世
亦罕有。端溪以北巖為上；龍尾以深溪為上。較其優劣，龍尾遠出端溪
上，而端溪以後出見貴爾〔註184〕。

在此則裡，歐陽脩不僅對端硯有深入的認識，還有一項特別的見解，他指出端石
被一般人所喜愛的石眼其實是個「石病」。而在他的實踐經驗裡，端硯並非世人所
盛傳的那般完好，他認為端硯中「十無一二發墨者，但充玩好而已」，實用性反倒
是不如歙硯了。

其實若進一步翻閱歐氏文集，會發現他對硯石的研究頗為廣泛深入，在文集

〔註181〕同註3，《試筆》一卷，頁1下。
〔註182〕同註26，《外集》卷第七，頁9下。
〔註183〕同註3，《試筆》一卷，頁1上。
〔註184〕同註27，《外集》卷第二十二，頁1上～1下。

中所提出的硯石名目，除了歙硯、端硯以外，還有絳州角石、歸州大沱石、青州紫金石、紅絲石硯、青州濰州石末研、相州古瓦硯等六種之多〔註185〕，其中有一則談論相州古瓦硯的文章，頗值得注意，因爲他的用意不止於硯本身。他寫道：

> 相州古瓦誠佳，然少眞者。蓋眞瓦朽腐不可用，世俗尚其名爾。今人乃以澄泥如古瓦狀作瓦，埋土中，久而斲以爲硯。然不必眞瓦，自是凡瓦皆發墨優於石爾。今見官府典吏以破盆甕片，研墨作文書尤快也。虢州澄泥，唐人品硯以爲第一，而今人罕用矣！文房四譜有造瓦硯法，人罕知其妙，嚮時有著作佐郎劉羲叟者，嘗如其法造之，絕佳。硯作未多，士大夫家未甚有，而羲叟物故，獨余嘗得其二，一以贈劉原父，一余置中書閣中，尤以爲寶也。今士大夫不學書，故罕事筆硯，硯之見於時者，惟此爾〔註186〕！

在介紹完硯石之後，他還意有所指地道出「今上大夫不學書，故罕事筆硯，硯之見於時者，惟此爾」。可見在硯的學問上，尚可見出一時社會之書法興衰。他有一首〈古瓦硯詩〉是歌詠古瓦硯的，其命意也是藉此傳達他的思想：

> 磚瓦賤微物，得廁筆墨間；於物用有宜，不計醜與妍。金非不爲寶？玉豈不爲堅？用之以發墨，不及瓦礫頑；乃知物雖賤，當用價難攀。豈惟瓦礫爾，用人從古難〔註187〕。

歐陽脩以磚瓦此等賤微之物竟能廁身筆墨之間，進而體會到只要眞正有益於世，是不必去計較外在形態的，因爲歐陽脩在意的是實用而非虛名，或許此詩亦可用來闡發說明歐陽脩的處世之道。

由以上諸多資料看來，歐陽脩對紙、筆、硯等文房用具的研究是用力頗深的；與好友之間的話題，也是經常圍繞在文房用具之中，而從中所獲致的風雅樂趣，幾已成爲他生活裡不可或缺的要素。他在〈學書爲樂〉裡說：

> 蘇子美嘗言：「明窗淨几，筆硯紙墨皆極精良，亦自是人生一樂。」然能得此樂者甚稀，其不爲外物移其好者，又特稀也！余晚知此趣，恨字體不工，不能到古人佳處，若以爲樂，則自足有餘〔註188〕。

歐氏特引述書法家蘇舜欽所講的「明窗淨几，筆硯紙墨皆極精良，亦自是人生一樂。」來道出屬於他自己的學書之樂。因爲能在「明窗淨几，筆硯紙墨皆極精良」

〔註185〕同註27，《外集》卷第二十二，頁1下～3上。
〔註186〕同註184，頁2下～3上。
〔註187〕同註26，《外集》卷第二，頁10下。
〔註188〕同註3，《試筆》一卷，頁2下。

之良好條件下寫字，對一位學習書法的人來說，實是一種生活的享受，尤其是一旦能拋開自身書法的工拙考量，完全浸淫在當下的學習情趣當中，則其樂趣絕對是自足而有餘的。

而歐陽脩能如此享受學書情趣，在紙、筆、硯等文房用具寄予高度的關注，其實仔細想來，這等意趣之得，是有其特殊背景的。因為歐氏在書藝上的追求，本來是懷有強烈企圖心的，他頗想要藉著一番練習而求得書家聲名，他在〈學書二首〉寫道：「蘇子歸黃泉，筆法遂中絕，賴有蔡君謨，名聲馳晚節。醉翁不量力，每欲追其轍。〔註189〕」從文句透露出來的意思其實很明白，是想要在蘇、蔡兩位書法家之後，而有所表現。所以他又說到自己曾經是「學書不覺夜，但怪西窗暗。〔註190〕」但無奈的是，不管他在書法上是多麼努力，不管他對當代書法是如何大聲疾呼，人們還是未能完全肯定他在書法上的建樹與地位。因此他轉而向書寫及賞玩的意趣上著力，恐是有些許不得不然的無奈。

近人王德軍評論書法，就曾說：

> 宋代尚意書風的形成，歐陽修是一個極為重要的人物。……關於書法，他有一段很著名的話：「蘇子美嘗言：「明窗淨几，筆硯紙墨皆極精良，亦自是人生一樂。」然能得此樂者甚稀，其不為外物移其好者，又特稀也！余晚知此趣，恨字體不工，不能到古人佳處，若以為樂，則自足有餘。」（《試筆》）這段話可以看作宋代書法思想變革的最初信息。唐代儘管有「顛張醉素」等不計功利的書法家，也有「唯觀神采」的理論大師，但還沒有這樣徹底地把書法看作是純心把玩的人生樂事的「墨戲」觀念。即使是「字體不工，不能到古人佳處」也無妨。他以書法為「消日」之樂，不計工拙。正如他散文中表現出的樂於山水的思想一樣，他把書法也同樣作為文人的一種雅玩〔註191〕。

但觀看歐陽脩的書法表現，與我們所熟知的尚意書家蘇軾、黃庭堅、米芾等人作品相較，就會發現不論在風格上或用筆上，兩者皆有極大的差異。因為歐氏在書法的表現上仍是謹守唐人的法度，尤其是吸收顏真卿的楷法，不似蘇、黃、米等人有意擺脫唐人法度之外。他所強調的是偏重在學習、賞玩的意趣，與蘇軾、黃庭堅、米芾等人所展現出來的書法面貌是截然不同的。王德軍如此認定，應是著

〔註189〕同註26，《外集》卷第四，頁8下。

〔註190〕同註188，頁9上。

〔註191〕王德軍，〈宋人尚意書風的形成〉，《天水師範學院學報》（2000年12月，第20卷，第4期），頁33。

重在一開始的引領之風而言。

　　不過歐陽脩的這種學書意趣，倒值得吾人留意，近人文師華就說：

　　　　歐公這種「學書爲樂」的觀點與他優游遣玩的人生態度密切相關。
　　　　受儒家「志於道、據於德、依於仁、游於藝」的人生哲學的影響，歐公
　　　　具有正視現實、勇於進取的入世精神，但無休止的宦海風波和人事傾軋，
　　　　又使他從貶官滁州開始，就萌生了優游林泉的意趣，而且磨煉出一種「遣
　　　　玩」的意興。所謂「遣」，是把內心的悲哀、痛苦排除掉，遣送掉；所謂
　　　　「玩」，是以賞愛、把玩的心情來欣賞眼前的美好事物。歐公懂得在苦難
　　　　中用種種美好的事物來排遣內心憂愁哀傷，在賞玩中求得一種樂趣。其
　　　　《歸田錄序》云：「歸田錄者，朝廷之餘事……錄之以備閑居之覽也。」
　　　　「蓋方其壯也，獨無所爲。今既老且病矣。是終負人主之恩，而徒久費
　　　　大農之錢，爲太倉之鼠也。爲子計者，謂宜乞身於朝，退避榮寵，而優
　　　　游田畝，盡其天年。歐公晚號「六一居士」，更集中地表現了「遣玩」的
　　　　意興：「或問余曰：何謂六一居士？余曰：吾家有書一萬卷，集古錄一千
　　　　卷，棋一局，琴一張，常置酒一壺。問者曰：此五一也，奈何？余曰：
　　　　以吾一翁老於五物之間，豈非六一乎？」歐公這種遣玩的意興，不僅表
　　　　現在詩、詞、文中，而且滲透到書法之中。……歐公「遣玩」的意興，
　　　　不是膚淺的追歡逐樂，而是透過人生的悲慨所追求的高雅的樂趣，是追
　　　　求自然適意的士大夫人生哲學的表現〔註192〕。

文師華此論，顯然是注意到歐陽脩的優游書藝，可能是經歷宦海風波的一種內心
痛苦的方式，而細審歐氏從早期的積極進取轉變到中後期的注重生活情調，文氏
這種推測，是頗有可能的。

　　儘管歐陽脩的書法功力未能博得士人全面肯定，但他在書法臨習及賞玩碑帖
之時，從中體會到的意趣，無寧是極爲豐富的。

〔註192〕文師華，〈論歐陽修的書法美學觀〉，《江西社會科學》（1998 年，第 10 期），頁 53
　　　～54。

第四章 由《集古錄跋尾》
看歐陽脩的排佛面向

第一節 集古的心理矛盾與藉題發揮

　　歐陽脩對佛老之排斥，在宋代是頗爲有名的。尤其是對佛教之撻伐，更是傾其所能，不遺餘力，比起唐代韓愈之排佛，實不遑多讓。

　　對於此，宋代王闢之即曾云：「歐陽文忠公不喜釋氏，士有談佛書者，必正色視之。」〔註1〕葉夢得亦云：「歐陽文忠公平生詆佛老。〔註2〕」而歐陽脩自己也有詩述及排佛之詩，如〈酬淨照大師說〉云「佛說吾不學，勞師忽款關。我方仁義急，君且水雲閒。」〔註3〕；〈酬學詩僧惟晤〉云「子佛與吾儒，異轍難同輪。子何獨吾慕，自忘夷其身。韓子亦嘗謂，收斂加冠巾。〔註4〕」皆可見出歐陽脩對佛老之排斥。

　　而由於力斥佛老的堅決，使他在集錄古碑文字時，便會遇到一個棘手尷尬的事情──當他面對佛、道兩教的豐富碑刻字蹟，究竟要如何處理？因爲佛、道兩教對書法的重視，實不在一般士人之下。

〔註1〕（宋）王闢之，《澠水燕談錄》，卷十（台北縣板橋市：藝文，1965年，《百部叢書集成第二十二函：29》，《知不足齋叢書》初版），頁3上。

〔註2〕（宋）葉夢得，《避暑錄話》卷上（北京：中華，1991年，北京一版，《叢書集成初編》聚珍），頁6。

〔註3〕（宋）歐陽脩，《歐陽文忠公集》二，《外集》卷第七（上海：上海書店，1989年3月，《四部叢刊》初編集），頁3下。

〔註4〕同註3，《歐陽文忠公集》一，《居士集》卷第四，頁2下。

以佛教而言，本來就極重視書法。一般佛徒認為書法藝術是佛事裡的一項，所以寫經、抄經，不僅專業的寫經生時常為之，連我們熟知的大書法家如張旭、鍾紹京、柳公權等人也都有書錄佛經的記載。而遍佈於各大佛寺、名山崖壁，也都留下豐富大量的石刻題記，供後人欣賞瞻仰，其中更不乏書法名家所寫就的名品。

再以道教而論，龔鵬程的〈書法與道教〉提到：

> 由於道教是以文字信仰為基幹的宗教，在所有宗教中，只有它與書法藝術有著本質上的類同性。它重視經典，要人誦唸經文；它的術法以上章、書符為主，也使奉道者對書寫文字不敢隨便。這些雖未必即是書法藝術發展的直接因素，卻是漢魏南北朝書藝發展非常重要的輔助條件。除此以外，便是鼓勵抄經。《太微仙君功過格》認為：「自己注撰救眾經法一宗為三十功，讚道之文一篇為一功」「以文章詩詞誠勸於眾，一篇為一功」，《雲笈七籤》卷三八十善勸戒則說：「勸助治寫經書，令人世世聰明，博聞妙頤，恆值聖世，見諸經教，能誦章句」。抄經，注經、讚頌各道經之義理與經德，都是積善有功德的事，而抄經當然也不會馬虎，書藝之進步，自亦將得益於此〔註5〕。

雖然龔鵬程文中強調「道教根本沒想到要發展書藝，也未曾想利用書法，⋯⋯但其效果，卻對書藝之發展甚有幫助。」而如同佛教一樣，道教所留下的抄經、碑刻，也是遍佈於名山道觀，從南北朝以至唐代，名書法家所書寫的名品亦所在皆是。

所以歐陽脩寫作《集古錄跋尾》，既名為集古，即是在蒐集古碑刻，而中國古碑刻，在魏晉之後，常常是佛教道教之遺物，舉凡佛寺塔銘、摩崖造像、道觀碑記，莫不留下豐富精美的書法名品，若因排佛斥老的原因，就將之摒除在外，則其集古內容大概所剩無幾，以歐陽脩強烈的好古慾求，勢必又難以捨棄。對於這種困擾，他在〈與蔡君謨求書集古錄序書〉即說：

> 既則自視前所集錄，雖浮屠老子詭妄之說，常貶絕於吾儒者，往往取之而不忍遽廢者，何哉？豈非特以其字畫之工邪？然則字書之法雖為學者之餘事，亦有助於金石之傳也。若浮屠老子之說當棄而獲存者，乃直以字畫而傳，是其幸而得所託爾，豈特有助而已哉〔註6〕！

〔註5〕龔鵬程，《書藝叢談》（宜蘭：佛光人文社會學院，2001年6月），頁136。
〔註6〕同註3，《歐陽文忠公集》三，《外集》卷第十九，頁9下～10上。

歐氏基於好古，恨不得將所有古物蒐羅殆盡；但痛惡佛老，又不得不斥責佛老之非。然而由現存的《集古錄跋尾》發現，他採取的作法是既蒐集佛老碑刻，又不忘大加撻伐佛老之非。如此一來，不僅順遂了好古之癖好，也貫徹了排斥佛老之志向，可謂是兩全其美，而一舉兩得了！

　　以下即是筆者整理歐陽脩《集古錄跋尾》在排佛斥老的前提下，對佛老碑刻所作的處置方式：

一、因字而見錄

　　當他在寫作有關佛老碑石跋尾時，便常常寄託這股思想以明志，因此有「因字而見錄」之舉。他在〈唐鄭預注多心經跋尾〉即明確指出：

> 夠釋氏之書，因字而見錄者，多矣！余每著其所以錄之意，覽者可以察也〔註7〕！

又於〈唐徐浩玄隱塔銘跋尾〉感嘆說道：

> 嗚呼！物有幸不幸者，視其所託與所遭如何爾。詩書遭秦，不免煨爐，而浮圖老子以託於字畫之善，遂見珍藏。余於集錄，屢誌此言，蓋慮後世以余為惑於邪說者也〔註8〕。

而細審《集古錄跋尾》全書，常見此類筆法。例如書錄〈太平寺碑〉時，就說：

> 此碑在隋，尤為文字淺陋者，疑其俚巷庸人所為，然視其字畫，又非常俗所能，蓋當時流弊，以為文章止此為佳矣！文辭既爾無取，而浮圖固吾儕所貶，所以錄於此者，第不忍棄其書爾〔註9〕。

於書錄〈齊鎮國大銘像碑〉時，即說道：

> 銘像文辭固無所取，所以錄之者，欲知愚民當夷狄亂華之際，事佛尤篤耳。其字畫頗異，雖為訛繆，亦其傳習時有與今不同者，其錄之，亦以此也〔註10〕。

收錄〈梁智藏法帥碑〉時，則說：

> 余於集古錄而不忍遽棄者，以其字畫粗可佳，捨其所短，取其所長，斯可矣〔註11〕。

〔註 7〕同註3，《歐陽文忠公集》五，《集古錄跋尾》卷第六，頁19下。
〔註 8〕同註7，《集古錄跋尾》卷第七，頁1下。
〔註 9〕同註7，《集古錄跋尾》卷第五，頁2下。
〔註10〕同註7，《集古錄跋尾》卷第四，頁13上～13下。
〔註11〕同註7，《集古錄跋尾》卷第四，頁14上。

於集錄〈神龜造碑像記〉時，則強調：

> 余所集錄，自隋以前碑誌，皆未嘗輒棄者，以其（時）有所取於其
> 間也。然患其文辭鄙淺，又多言浮屠，然獨其字畫往往工妙，惟後魏北
> 齊差劣，而又字法多異，不知其何從而得之，遂與諸家相戾，亦意其夷
> 狄昧於學問而所傳訛繆爾。然錄之以資廣覽也。此碑字畫，時時遒勁，
> 尤可佳也〔註12〕。

對於〈魏九級塔像銘〉，則說其：

> 碑文淺陋，蓋鄙俚之人所為，惟其字畫多異，往往奇怪，故錄之以
> 備廣覽。〔註13〕」

於〈齊造石浮圖記〉就直指其「碑文鄙俚而鐫刻訛繆」，是因「時時字有完者，筆
畫清婉可喜，故錄之。〔註14〕」

又在〈德州長壽寺舍利碑〉之跋尾寫上「其事跡文辭皆無取，獨錄其書爾。〔註15〕」

當他書錄〈唐西嶽大洞張尊師碑〉跋尾時亦說「其事跡余無所取，所錄者，
以慈書爾。〔註16〕」

於〈唐圭峰禪師碑跋尾〉也說「其文辭事跡無足採，而其字法，世所重也，
故錄之。〔註17〕」

在〈老子廟碑跋尾〉同樣是說「余所取者，特其字畫近古，故錄之。〔註18〕」

以上諸例，歐陽脩在批評佛老（主要是針對佛教）時，大抵只是以「文字淺
陋」、「文辭固無所取」、「患其文辭鄙淺，又多言浮屠」、「碑文淺陋」、「碑文鄙俚
而鐫刻訛繆」、「其事跡文辭皆無取」等語，道出心中對佛老的鄙視與厭惡，再以
「視其字畫，又非常俗所能」、「字畫頗異」、「字畫粗可佳」、「字畫往往工妙」、「字
畫時時遒勁」、「字畫多異」、「筆畫清婉可喜」等語，大略說明自己收錄碑刻之理
由是「捨其所短，取其所長」「以資廣覽」而已，雖無太多申論，而其排斥佛老之
意即已表露無遺。

〔註12〕同註7，《集古錄跋尾》卷第四，頁 17 下～18 上。
〔註13〕同註7，《集古錄跋尾》卷第四，頁 19 下。
〔註14〕同註7，《集古錄跋尾》卷第四，頁 21 下。
〔註15〕同註7，《集古錄跋尾》卷第五，頁 7 下。
〔註16〕同註7，《集古錄跋尾》卷第六，頁 11 下。
〔註17〕同註7，《集古錄跋尾》卷第九，頁 11 上。
〔註18〕同註7，《集古錄跋尾》卷第五，頁 1 上。

二、因題而起興

　　但歐陽脩寫作跋尾時，也常就撰碑作者或碑文內容抒發排佛之見解，其寫法幾乎是離開碑刻本身，而大談佛老之非。嚴格來說，這些文章已不是金石學之本務。

　　他的〈司刑寺大腳跡并碑銘〉跋尾，就是典型的因題起興。其文如下：

> 閻朝隱撰。附詩曰：「匪手攜之，言示之事」。蓋諭昏愚者不可以理曉，而決疑惑者難用空言，雖示之已驗之事，猶懼其不信也。此自古聖賢以爲難，語曰：「中人以下不可以喻上者」，聖人非棄之也，以其語之難也！佛爲中國大患，非止中人以下，聰明之智一有惑焉，有不能解者矣！方武氏之時，毒被天下，而刑獄慘烈，不可勝言。而彼佛者遂見光蹟於其間，果何爲哉？自古君臣事佛，未有如武氏之時盛也。視朝隱等碑銘，可見矣！然禍及生民，毒流王室，亦未有若斯之甚也。碑銘文辭不足錄，錄之者，所以有警也，俾覽者知無佛之世，詩書雅頌之聲，斯民蒙福者：如彼有佛之盛，其金石文章與其人之被禍者如此，可以少思焉[註19]。

歐陽脩以武則天事佛之盛，而「毒被天下」，「刑獄慘烈」，「禍及生民，毒流王室」，來印證事佛之非，並直截指出「佛爲中國大患，非止中人以下，聰明之智一有惑焉，有不能解者矣！」，文辭極爲激切，大概因碑銘撰者竟然引用詩經「匪手攜之，言示之事」字句來撰寫佛碑，以歐陽脩一貫維護儒家聖賢道統之人看來，無異是一種嚴重的褻瀆，因此觸怒了他，而有斯言。於此則中，歐陽脩未針對佛理作出任何辨析，只是以一件極端特例來攻擊佛教信仰，藉機宣洩個人之感慨，並展現其衛道之苦心。

　　同樣的，歐陽脩對於〈唐御史臺精舍記〉一碑，也就針對撰者崔湜信佛甚篤而又行事之卑劣一事，提出了嚴厲批判。其文如下：

> 右御史臺精舍記，崔湜撰，梁昇卿書。讀其文則湜於佛可爲篤信者矣！唐書列傳云：「桓彥範等當國，畏武三思，使湜陰伺其姦。而三思恩寵日盛，湜反以彥範等計告之，遂勸三思速殺彥範等，以絕人望。因薦其外兄周利正以害彥範等。又云湜貶襄州刺史，以譙王事當死，賴劉幽求張說救護得免，後爲宰相，陷幽求嶺表，諷周利正殺之，不果，又與太平公主逐張說，其餘傾斜險惡，不可勝紀。世言佛之徒能以禍福怖小

　　人，使不爲惡，又爲虛語矣！以斯記之言驗湜所爲可知也，故錄之于此
〔註20〕。

於此段論述，歐陽脩引用唐書列傳，列舉了崔湜諸多罪狀來與他的篤信佛教作一強烈對比，以此證明佛教並不能「以禍福怖小人，使不爲惡」，反倒使人更加爲惡而不知節制，這不就說明了佛教信仰之迷妄嗎？而歐氏又有一則《唐于頔神道碑跋尾》正巧可與此則內容相互呼應，茲錄其文於下：

　　右于頔神道碑，盧景亮撰。其文辭雖不甚雅，而書事能不沒其實。頔之爲人，如其所書，蓋篤於信道者也。碑云司馬遷儒之外五家，班固儒之外八流，其語雖拙，蓋言其學不駁雜也。然則非徒貶去釋老而已，自儒術之外，餘皆不學爾。碑又云其弟可封，好釋氏，頔每非之。頔，于頔父也。然可封之後不大顯，而頔之後甚盛。以此見釋氏之教，信嚮者未必獲福，毀貶者未必有禍也。碑言頔篤於孝悌，守節安貧，不可動以勢利，其所履如此，足以興其後世矣〔註21〕！

由頔之毀貶佛教，「篤於孝悌，守節安貧，不可動以勢利」而後代甚盛；再與頔之弟可封好佛，其後不大顯兩相對照，歐陽脩歸納出一項結論，即是「釋氏之教，信嚮者未必獲福，毀貶者未必有禍也。」所以此話一出，儘管信佛者可以找出其它理由來與歐氏反駁，但終究無法否認這一事實。歐陽脩以此一事例反佛，其力量不可謂不強。

　　再看看另一則〈〈唐華陽頌〉〉跋尾內容，歐陽脩於斥佛有更詳細的論述。其文如下：

　　唐玄宗詔附玄宗尊號曰聖文神武皇帝，可謂盛矣！而其自稱曰上清弟子者，何其陋哉！方其肆情奢淫以極富貴之樂，蓋窮天下之力，不足以贍其欲，使神仙道家之事爲不無，亦非其所可冀，矧其實無可得哉！甚矣！佛老之爲世惑也。佛之徒曰無生者，是畏死之論也；老之徒曰不死者，是貪生之說也。彼其所以貪畏之意篤，則棄萬事絕人理而爲之，然而終於無所得者，何哉？死生，天地之常理，畏者不可以苟免，貪者不可以苟得也。惟積習之久者，成其邪妄之心。佛之徒，有臨死而不懼者，妄意乎無生之可樂，而以其所樂勝其所可畏也。老之徒有死者，則相與諱之曰：彼超去矣！彼解化矣！厚自誣而託之不可詰。或曰：彼術

〔註20〕同註7，《集古錄跋尾》卷第六，頁10下～11上。
〔註21〕同註7，《集古錄跋尾》卷第八，頁17上～17下。

—96—

未至，故死爾。前者苟以遂其非，後者從而惑之，以爲誠然也。佛老二者同出於貪，而所習則異，然由必棄萬事絕人理而爲之，其貪於彼者厚，則捨於此者果，若玄宗者，方溺於此而又慕於彼，不勝其勞，是眞可笑也〔註22〕。

歐陽脩以「唐玄宗詔附玄宗尊號曰聖文神武皇帝」，而「其自稱曰上清弟子者，何其陋哉！」一事起興，若就題而論，其重點本來應是論說道教之非，但他卻藉此將論題擴充到佛教信仰，可見他念念不忘，耿耿於懷的課題，仍是佛教信仰。所以他在文中的一句感嘆：「甚矣！佛老之爲世惑也」，其下筆力道特重，感染力亦最強。歐氏認爲佛徒所謂的「無生」，其實是「畏死」；道教所說的「不死」，其實是「貪生」。所以佛老的「畏死」、「貪生」，說穿了還是「同出於貪」而已，難怪他會直指玄宗之舉「不勝其勞，是眞可笑也」。

在此則跋語，歐陽脩有精闢詳盡的論說，分析了佛老的玄妙理論，使人閱後，極易認同他的觀點，而以信仰佛老爲迷妄。尤其他所說的「死生，天地之常理，畏者不可以苟免，貪者不可以苟得也。」更是充分展現一位儒者對生命之體悟與積極入世之決心，衡諸歷史上有數之排佛文人，能如其用心之堅的亦不多見，與唐代韓愈排佛相較，眞不讓韓愈專美於前了。

但對於此一論說，羅大經在《鶴林玉露》卻有个同的看法，他說：

老、莊之意，以身爲贅，以生爲苦，以死爲樂也。今神仙方士，乃欲長生不死，正與老、莊之說背而馳矣。佛家所謂「生滅滅已，寂滅爲樂」，乃老、莊之本意也。故老、莊與佛，元不爲二。歐陽公云：「道家乃貪生之論，佛家乃畏死之論。」此蓋未嘗深考二家之要旨者也。老、莊何嘗貪生？瞿曇何嘗畏死？貪生畏死之說，僅足以排方士而已。韓文公、歐陽公皆不曾深看佛書，故但能攻其皮毛〔註23〕。

羅大經認爲歐陽脩是未能深考佛道二家之學說，才會有此偏見。所以在他看來，韓愈與歐陽脩「皆不曾深看佛書，故但能攻其皮毛」而已。

另外歐氏還有〈唐萬回神跡記碑〉、〈唐開元聖像碑〉兩則跋尾亦與唐玄宗信奉道教有關，同樣地，歐陽脩也是藉機發表議論，他說：

其事固已怪矣！玄宗英偉之主，彥伯當時名臣也，而君臣相與尊寵

〔註22〕同註7，《集古錄跋尾》卷第六，頁7下～8上。

〔註23〕洪本健編，《歐陽修資料彙編》上冊（北京：中華書局，1995年5月，《古典文學研究資料彙編》，第一版），頁388～389。

稱述之如此，欲使愚庸之人不信不惑，其可得乎〔註24〕？

　　唐開元之治盛矣！至於天寶而溢焉。方其盛時，人主意氣之驕超然，遂欲追仙於雲表，其夢寐恍忽云有見焉者，雖是非真僞難明於杳藹，亦其注心於物，精神會通，志苟至焉，無不獲也。唐書著玄宗事至於神仙道家事頗不詳悉，而此碑所載夢真容事最備，故特錄之，以見其君臣吁俞相與言語者，止於如此，俾覽者得以跡其盛衰治亂云〔註25〕。

歐陽脩表面上可惜玄宗本爲「英偉之主」，卻因追求仙道而使國家幾至於不可挽回之地步，而藉此一教訓，「俾覽者得以跡其盛衰治亂」其用意實爲深遠，但說穿了，還是在於指斥仙道信仰之誤國，以遂行他排佛斥老之目的。

　　類似這種情形，歐氏在〈唐顏真卿麻姑壇記〉所寫的一段跋尾內容則頗堪玩味，他寫道：

　　右〈麻姑壇記〉，顏真卿撰并書。顏公忠義之節，皎如日月，其爲人尊嚴剛勁，象其筆畫，而不免惑於神僊之說，釋老之爲斯民患也，深矣〔註26〕！

由於顏真卿忠義之節，向爲歐氏所敬仰；而其書法成就，亦是歐氏平日學習之楷模。所以對於顏真卿撰書道教碑記，歐氏並不苛責，反倒將矛頭指向唐代社會「神仙之說」太過普及，以致連顏真卿如此忠義之人，也難免受到蠱惑，可見「釋老之爲斯民患也，深矣！」

　　另一則有趣的跋尾在唐僧懷素法帖之後，歐氏如此寫著：

　　唐僧懷素法帖。右懷素，唐僧，字藏真，特以草書擅名當時，而尤見珍於今世。予嘗謂法帖者，乃魏晉時人施於家人朋友，其逸筆餘興，初非用意，而自然可喜。後人乃棄百事而以學書爲事業，至終老而窮年，疲精弊神而不以爲苦者，是真可笑也，懷素之徒是已〔註27〕！

平心而論，以懷素的書法成就，儘管歐陽脩不給予極高評價，至少亦不致於有太差的批評，但奇怪的是，他只是故作客觀的姿態，寫道：「懷素，唐僧，字藏真，特以草書擅名當時，而尤見珍於今世。」隨即話鋒一轉，以魏晉時人書寫「逸筆餘興，初非用意，而自然可喜」的一大特色，質疑懷素「棄百事而以學書爲事業」的苦心，對於他學書「至終老而窮年」一事，歐氏不僅用了較爲負面的「疲精弊

〔註24〕同註7，《集古錄跋尾》卷第六，頁15上。
〔註25〕同註7，《集古錄跋尾》卷第六，頁16下～17上。
〔註26〕同註7，《集古錄跋尾》卷第七，頁3上。
〔註27〕同註7，《集古錄跋尾》卷第八，頁2上。

神」四字概括，且又加上「是真可笑也」一句來否定懷素的書法努力，並不給予應有的讚美。推究其原委，除卻歐氏個人在書法的尚意主張生起作用以外，大概也是由於書者懷素是一名和尚，與歐氏平素排佛斥老之志向相抵觸，本即在排抵之列，所以才惹來歐氏刻意的負面評論吧！

再看看兩則與柳宗元有關之跋尾，歐陽脩於排佛有頗多發揮。

> 右〈般舟和尚碑〉，柳宗元撰并書。子厚所書碑，世頗多有，書既非工，而字畫多不同，疑喜子厚者，竊借其名以為重。子厚與退之皆以文章知名一時，而後世稱為韓柳者，蓋流俗之相傳也。其為道不同，猶夷夏也。然退之於文章，每極稱子厚者，豈以其名並顯於世，不欲有所貶毀，以避爭名之嫌，而其為道不同，雖不言，顧後世當自知歟？不然，退之以力排釋老為己任，於子厚，不得無言也〔註28〕！

> 右〈南嶽彌陀和尚碑〉，柳宗元撰并書。自唐以來，言文章者惟韓柳，柳豈韓之徒哉？真韓門之罪人也！蓋世俗不知其所學之非，第以當時輩流言之爾。今余又多錄其文，懼益後人之惑也，故書以見余意〔註29〕。

柳宗元之文名，與韓愈並稱於世，向為文壇所重，但因柳宗元信佛甚篤，以致歐陽脩不肯給予高度推崇，只承認「子厚與退之皆以文章知名一時」，而認為「後世稱為韓柳者，蓋流俗之相傳也。」甚且以「其為道不同，猶夷夏也」一句區分韓柳之不同，可見他對柳宗元成見頗深。而韓愈屢屢稱讚柳宗元之文，在歐氏的理解，則是大膽猜測韓愈是為「避爭名之嫌」，才「不欲有所貶毀」，用以自圓其說。因為歐氏堅信以「退之以力排釋老為己任，於子厚，不得無言也！」所以在歐陽脩看來，「柳豈韓之徒哉？真韓門之罪人也」！由於《集古錄》裡收錄了不少柳宗元撰寫之文，他「懼益後人之惑」，只得趕緊加註說明於後，生恐他人誤解，才有此記。

總結上述，可知排佛斥老的主張，對歐陽脩之文藝審視，發生了多大之作用。人凡在書法、文學有成之人，只要一涉及佛老之信仰，常會引來歐氏的惋惜與苛責，所以看待唐代草書名家懷素的高超成就，歐氏卻不予認可，而斥其疲精弊神為可笑；面對唐代古文運動大將柳宗元的文學造詣，歐氏也不予讚揚，而罵其為韓門之罪人；連集忠義書藝於一身的顏真卿也因撰書〈麻姑壇記〉，換來歐氏一聲聲的嘆息。

〔註28〕同註7，《集古錄跋尾》卷第八，頁15上～15下。
〔註29〕同註7，《集古錄跋尾》卷第八，頁15下。

第二節 由《集古錄跋尾》看歐陽脩排佛的內容

　　歐陽脩是個務實的儒者，對佛老之空談心性，本來即易產生排斥，又因服膺韓愈之儒家主張，所以在排佛的表現上一向頗爲激進。

　　葉夢得曾云：「歐陽文忠公平生詆佛老，少作〈本論〉篇，于二氏蓋未嘗有別。」〔註30〕而歐陽脩也時常將「排佛」與「斥老」思想並列而談，但若深究其主要排斥對象，其實還是以佛教爲主，對於道教之撻伐，實未若排佛之激烈。他在〈御書閣記〉說道：

　　　　夫老與佛之學皆行於世久矣！爲其徒者常相訾病，若不相容於世。二家之說皆見斥於吾儒，宜其合勢并力以爲拒守，而乃反自相攻，惟恐不能相弱者，何哉？豈其死生性命所持之說，相盩而然邪？故其代爲興衰各繫於時之好惡，雖善辯者不能合二說而一之。至其好大宮室以矜世人，則其爲事同焉。然而佛能箝人情而鼓以禍福，人之趣者常眾而熾；老氏獨好言清淨，遠去靈仙飛化之術，其事冥深，不可質究，則其常以淡泊無爲爲務。故凡佛氏之動搖興作，爲力甚易；而道家非遭人主之好尚，不能獨興〔註31〕。

以歐陽脩的儒家本位看來，佛老學說雖然同是見斥於儒者，理應合力對抗儒者才是，但事實上，佛老卻是形同水火，互相攻訐。而兩教唯一相同的是皆好建宮室。而因好建宮室，必會勞民傷財，其爲害實不小於暴君對人民之戕害，對國家整體利益來說，更是難以估算之損失。所以歐氏之反佛道，有一部份的理由即在於此。

　　而若詳細探究兩者建造宮室的難易度，則「佛氏之動搖興作，爲力甚易；而道家非遭人主之好尚，不能獨興」。於此歐氏的看法是：「佛能箝人情而鼓以禍福，人之趣者常眾而熾；老氏獨好言清淨，遠去靈仙飛化之術，其事冥深，不可質究，則其常以淡泊無爲爲務。」由此可見佛教建造宮室之多，實遠在道觀之上，所以若針對「老氏獨好言清淨」及「常以淡泊無爲爲務」來與佛教「箝人情而鼓以禍福」相比，道教對國家人民的危害，顯然是少了許多。

　　其實類似這種論調，歐陽脩在〈唐萬回神跡記碑跋尾〉裡也曾提及，其文如下：

　　　　右萬回碑，徐彥伯撰。其事固已怪矣！玄宗英偉之主，彥伯當時名臣也，而君臣相與尊寵稱述之如此，欲使愚庸之人不信不惑，其可得乎？

〔註30〕同註2。
〔註31〕同註3，《居士集》卷第三十九，頁5上～5下。

世傳道士罵老子云：「佛以神怪禍福恐動世人，俾皆信嚮，而爾徒高談清
談清淨，遂使我曹寂寞。」此雖鄙語，有足采也〔註32〕。

同樣也是將佛徒以「神怪禍福恐動世人」一事來與道家之「清談清淨」作一對比，
藉以凸顯佛教之劣。所以歐陽脩雖然常將「佛老」兩者同時提出斥責，但佛教實
爲其主要的攻擊對象。

而一般人對歐陽脩的排佛印象，主要來自於他的兩篇〈本論〉。於此文中，歐
氏認爲「佛法爲中國患千餘歲，世之卓然不惑而有力者，莫不欲去之，已嘗去矣
而復大集，攻之暫破而愈堅，撲之未滅而愈熾」，因爲佛教傳來中國，已是「千歲
之患」，且「遍於天下」，不是任何一個人可在短期之內即可將之排除，對於佛法
之深入民間，他也體認到「民之沈酣入於骨髓」，非口舌所可勝。而到底要如何才
能排佛呢？以歐氏之見，則主張要「修其本以勝之」。

而他所謂的「本」，究指何者？據其〈本論〉是如此說的：

堯舜三代之際，王政修明，禮義之教充於天下，於此之時，雖有佛，
無由而入。及三代衰，王政闕，禮義廢，後二百餘年而佛至乎中國。由
是言之，佛所以爲吾患者，乘其闕廢之時而來，此其受患之本也。補其
闕，修其廢，使王政明而禮義充，則雖有佛，無所施於吾民矣〔註33〕！

歐陽脩於此文中，認爲「堯舜三代」的政治，是「王政修明，禮義之教充於天下」，
而佛之所以能傳入中國，是因「三代衰，王政闕，禮義廢」，才使佛乘虛而入。基
於此一信念，歐陽脩要「補其闕，修其廢，使王政明而禮義充」，欲藉此以鞏固道
統之本。

而歐氏也知道，佛教之能在中國廣爲傳佈，是有其原因的，不得不揭其計，
他說：

彼爲佛者，棄其父子，絕其夫婦，於人之性甚戾，又有蠶食蟲蠹之
弊。然而民皆相率而歸焉者，以佛有爲善之說故也〔註34〕。

在此，他點出佛教「棄其父子，絕其夫婦，於人之性甚戾」，卻因有爲善之說，而
使「民皆相率而歸焉」，所以接著又說：

佛之說，熟於人耳，入乎其心久矣。……今佛之法，可謂姦且邪矣！
蓋其爲說，亦有可以惑人者。使世之君子，雖見其弊而不思救，豈又善

〔註32〕同註7，《集古錄跋尾》卷第六，頁15上～15下。
〔註33〕同註4，《居士集》，卷第十七，頁1下。
〔註34〕同註33，頁4上。

惑者歟？抑亦不得其救之之術也。救之，莫若修其本以勝之〔註35〕。
顯然，歐陽脩已認識到佛教對整個中國文化的滲透已是非常的徹底，若要根除，恐非易事。早在唐代的韓愈，就曾在〈原道〉裡主張對佛教「人其人，火其書，廬其居」〔註36〕；更在〈論佛骨表〉裡，勸唐憲宗將佛骨「付之有司，投諸水火」〔註37〕，如此激烈的言論，不僅得不到皇帝的首肯，且差點為自己惹來殺身之禍。所以歐陽脩的排佛，也會以此為借鏡，不想再重蹈韓愈的後轍，而且更由此領悟到排佛之技巧不可用激烈之手段，以免因操之過急而招來反對；也由此知道韓愈排佛之敗，是未能從鞏固根本以排佛，才讓邪說繼續橫行。

關於韓、歐之排佛，李塗分析道：

> 韓退之非佛，是說吾道有來歷，浮圖無來歷，不過辨邪正而已；歐
> 陽永叔非佛，乃謂修其本以勝之，吾道既勝，浮圖自息，此意高於退之
> 百倍〔註38〕。

李氏所說之理，即是在肯定歐陽脩之獨到見解。唐龍也稱讚歐陽脩的〈本論〉是「務修禮義以勝之，真足以消佛氏之害」〔註39〕。

但梅純對歐陽脩如此排佛，就頗不以為然，他說：

> 見歐陽子〈本論〉謂佛、老之害，宜修其本以勝之。竊以為未然。
> 蓋修其本，異端不入矣。今其教方熾，而遽欲修其本以勝焉，是猶病劇
> 不治，惟務培養元氣也，其愈也難矣〔註40〕。

而徐文昭對歐氏此言也有意見，他說：

> 釋迦生於周定王時，與孔子、老聃並出，則三教乃天地一劫處，況
> 達摩以下，有一片直見本性處，所以雕魁奇俊悟之士，咸宗其教。歐公
> 言「修本以勝之」是已，然僅區區於禮儀之習，其何能勝〔註41〕？

對歐氏主張之「修本以勝之」，徐氏很不能認同。對於此，茅坤亦認為：

> 佛之所以能入為中國之赤幟者，固由王道之衰，而歐陽公所謂「修

〔註35〕同註33，頁4下～6上。
〔註36〕（唐）韓愈，《韓昌黎全集》冊一，卷第十一（台北市：中華書局，1966年，《四部備要》集部，初版），頁5上。
〔註37〕同註36，《韓昌黎全集》冊二，卷第三十九，頁5下。
〔註38〕同註23，頁370，錄（宋）李塗，《文章精義》
〔註39〕（明）唐龍，《漁石集》卷二（台北縣：藝文，1966年，《百部叢書集成：第三十一函；95》，《金華叢書》，初版），頁44上。
〔註40〕（明）梅純，《損齋備忘錄》（台北縣：藝文，1966年，《百部叢書集成：第六函；4》，《古今說海》，初版），頁11上。
〔註41〕同註23，中冊，《歐陽文忠公文選》《評語》卷四，歸有光引徐文昭言，頁544。

其本以勝之」，是也。然達磨以下，彼固有一片直見本性之超卓處，故能
驅天下聰明穎悟之士而宗其教。歐陽公於佛氏之旨猶多模糊，而所謂「修
其本以勝之」，恐非區區禮文之習而行之之所能勝也。聖人在上，而斯道
大明乎天下；天下之士，家喻而戶曉於聖人之教，然後佛之見解自息耳
〔註42〕。

綜上幾位學者之言，大抵對歐氏所主張之「本」，不是信心不足，就是不予全面認
同。但不論其功效如何，他的〈本論〉一出，在宋代來說，頗能引起士人之重視。
而他的排佛形象也因此樹立起鮮明鮮明之旗幟。

近人徐洪興於〈略論唐宋間的排佛道思潮〉指出：

> 歐陽脩認爲，佛教之害甚於道教，因爲佛教洞悉人情，用禍福報應
> 之說煽惑人心，善於興風作浪。而道教提倡清靜無爲、恬淡寡欲，難以
> 吸引徒眾，只要不是帝王特別倡導，一般難以形成禍害。因此他雖兼斥
> 佛、老，但首重排佛。歐陽脩的排佛思想主要見於其〈本論〉中、下篇，
> 他抨擊佛教破壞人倫，妨礙社會經濟，造就一大批坐食之徒。指出佛教
> 大盛的原因，一是因爲中國「王政闕，禮義廢」，一是佛教有一套精緻的
> 「爲善之說」即心性理論。因此，要想戰勝佛教就必須「修本」，這個「本」
> 就是儒家的「禮義」，「禮義者，勝佛之本也。」由此，他不同意韓愈「人
> 其人，火其書，廬其居」的方法，而主張「莫若修其本而勝之」，即「補
> 其闕，修其廢，使王政明而禮義充，則雖有佛，無所施於吾民也。」這
> 個思想是新的，在當時產生了很大影響。陳善在《捫虱新話》中提到：「此
> 論一出，而〈原道〉之語幾廢。」「修本勝之」抓住了辟佛的要害，但歐
> 陽氏用「王政」、「禮義」爲「本」則是陳舊的。不過，「修本」思想啓迪
> 了後來理學家重建儒家心性論的努力〔註43〕。

徐氏所言，雖是肯定「修本勝之」抓住了闢佛之要害，但卻也認爲以「王政」、「禮
義」爲本則是陳舊的，然不管如何，還是相當讚同歐陽脩〈本論〉之價值。

但值得注意的是，歐氏在〈本論〉裡所指出的佛教禍害，大抵只言及佛者「棄
其父子，絕其夫婦，於人之性甚戾，又有蠶食蟲蠹之弊」、「今佛之法，可謂姦且
邪」等語，對於佛教之批評，僅止於此。除此以外，要看到歐陽脩的排佛舉動，

〔註42〕（明）茅坤，《唐宋八大家文鈔》，卷四十一（台北：商務，1983年，《文淵閣四庫
全書》），頁10上～10下。

〔註43〕徐洪興，〈略論唐宋間的排佛道思潮〉（《復旦學報社會科學版》，1994年第四期），
頁44。

可能要在他的歷史著作裡尋找蛛絲馬跡。

據趙叔鍵〈論歐陽修作新五代史之意義〉，將排斥佛道，破除迷信當作是《新五代史》的特性之一，他說：

> 對於佛道，歐陽修除了普遍地記載毀佛寺，禁淫祠及禁人民私自剃度之事外，且進一步根據佛理來排斥佛教。……可見歐陽修喜歡記載以佛理和傳說中的迷信來破除迷信，此是以實際行動破除佛佞最佳手段〔註44〕。

如果趙氏所言無誤，歐陽脩真有意圖藉此排佛，但因寫作史書總是不便流露太多主觀意見，所以歐氏隱藏在《新五代史》裡的排佛思想，是要用心揣摩才能體會得出。

而在《集古錄跋尾》裡，歐陽脩數度提及佛教信仰對中國之危害，不僅內容更豐，其用語亦普遍較為主觀激烈與不留情面。所以要研究歐陽脩的排佛思想，在〈本論〉與《新五代史》之外，宜就《集古錄跋尾》裡的數則跋語，仔細推敲一番。

翻開《集古錄跋尾》，指涉到闢佛思想的篇章頗多，茲將歐陽脩著墨較多的幾則列出，稍事說明探討一番，以見其大概。

一、〈司刑寺大腳跡并碑銘二跋尾〉：

到底佛教信仰對政治之影響如何，向來為唐代排佛甚力的韓愈所關心，歐陽脩繼承了韓愈的排佛理念，對於崇佛的唐朝，只要一有政治上之缺失，絕不輕易放過。所以在閻朝隱撰寫的〈司刑寺大腳跡并碑銘二〉裡，歐陽脩便針對唐代武則天篤信佛教卻刑獄慘烈的狀況，於寫就此碑跋語時便借題發揮，說道：

> 自古君臣事佛，未有如武氏之時盛也。視朝隱等碑銘，可見矣！然禍及生民，毒流王室，亦未有若斯之甚也。碑銘文辭不足錄，錄之者，所以有警也，俾覽者知無佛之世，詩書雅頌之聲，斯民蒙福者；如彼有佛之盛，其金石文章與其人之被禍者如此，可以少思焉〔註45〕。

所以此段文字之前，他會寫上沉痛已極的話：

> 佛為中國大患，非止中人以下，聰明之智一有惑焉，有不能解者矣！方武氏之時，毒被天下，而刑獄慘烈，不可勝言。而彼佛者遂見光躅於其間，果何為哉〔註46〕？

〔註44〕趙叔鍵，〈論歐陽修作新五代史之意義〉(《光武學報》，第16期，民80年6月)，頁471。

〔註45〕同註7，《集古錄跋尾》卷第六，頁5下。

〔註46〕同註7，《集古錄跋尾》卷第六，頁5上～5下。

經由如此強烈的對照，歐陽脩話鋒一轉，將佛教之興盛與政治之殘酷連結起來，令觀者不得不爲之動容。

二、〈華陽頌跋尾〉：

　　歐陽脩以一位儒者的角度，看待生命之生死的問題，與佛老兩教之信仰原本即是大有不同，對於生與死，儒家常是以大無畏的精神與浩然正氣來面對，不似一般宗教尋求心靈之慰藉。他在〈華陽頌跋尾〉說：

　　　　唐玄宗詔附玄宗尊號曰：「聖文神武皇帝」，可謂盛矣！而其自稱曰
　　　　上清弟子者，何其陋哉！方其肆情奢淫以極富貴之樂，蓋窮天下之力，
　　　　不足以贍其欲，使神仙道家之事爲不無，亦非其所可冀，矧其實無可得
　　　　哉！甚矣！佛老之爲世惑也。佛之徒曰無生者，是畏死之論也；老之徒
　　　　曰不死者，是貪生之說也。彼其所以貪畏之意篤，則棄萬事絕人理而爲
　　　　之，然而終於無所得者，何哉？死生，天地之常理，畏者不可以苟免，
　　　　貪者不可以苟得也。惟積習之久者，成其邪妄之心。佛之徒，有臨死而
　　　　不懼者，妄意乎無生之可樂，而以其所樂勝其所可畏也。老之徒有死者，
　　　　則相與諱之曰：彼超去矣！彼解化矣！厚自誣而託之不可詰。或曰：彼
　　　　術未至，故死爾。前者苟以遂其非，後者從而惑之，以爲誠然也。佛老
　　　　二者同出於貪，而所習則異，然由必棄萬事絕人理而爲之，其貪於彼者
　　　　厚，則捨於此者果，若玄宗者，方溺於此而又慕於彼，不勝其勞，是眞
　　　　可笑也〔註47〕。

歐陽脩指出，佛老之所以能困惑世人的原因是：佛之徒喜談「無生」、老之徒喜談「不死」。看在歐氏的眼裡，佛徒所謂的「無生」者，其實是「畏死」；道家所謂的「不死」者，也是「貪生」之意。質言之，歐氏認爲「佛老二者同出於貪」，因爲「彼其所以貪畏之意篤，則棄萬事絕人理而爲之，然而終於無所得者」，於此，他展現出儒者對生命的體認說出：「死生，天地之常理，畏者不可以苟免，貪者不可以苟得也。」劉壎就讚賞歐陽脩說：

　　　　公〈跋華陽頌〉，攻破佛、老之說，猶爲有理〔註48〕。

三、〈會昌投龍文跋尾〉：

　　另，在〈會昌投龍文跋尾〉裡，歐氏也是重申前述論調，他寫道：

〔註47〕同註7，《集古錄跋尾》卷第六，頁7下～8上。
〔註48〕（元）劉壎，《隱居通義》二（北京：中華，1985，《叢書集成初編：0212～0215》，
　　　第一版），頁142。

余修唐本紀至武宗，以謂奮然除去浮圖銳矣！而躬受道家之籙，服藥以求長年，以此知其非明智之不惑者，特其好惡有所不同爾。及得會昌投龍文，見其自稱承道繼玄昭明三光弟子南嶽炎上真人，則又益以前言為不繆矣！蓋其所自稱號者與夫所謂菩薩戒弟子者，亦何以異。余嘗謂佛言無生，老言不死，二者同出於貪，信矣！會昌之政，臨事明果，有足過人者，至其心有所貪，則其所為與庸夫何異〔註49〕？

雖然唐武宗滅佛，頗合歐陽脩排佛之志向，照理應該予以讚揚才對，但詳究武宗此舉，並非如歐氏站在儒家立場排佛，而是聽信道家之言才對佛教全面封殺，說穿了，只是道教在佛道長期鬥爭中暫時取得勝利而已，其結果仍是陷入宗教的信仰中，而不是歐氏心中所期盼的儒家境界，以歐氏之看法，佛道「二者同出於貪」，仍不得不搖筆興嘆呀！

四、〈唐御史臺精舍記跋尾〉：

前文提及歐陽脩雖然說佛教「棄其父子，絕其夫婦，於人之性甚戾，又有蠶食蟲蠹之弊。」但還是有許多人們信仰佛教，其因出在於「佛有為善之說」所以在社會中普遍有一種印象──信佛者較不會為惡。但是歐陽脩卻在〈唐御史臺精舍記〉碑文裡看到一個反例，他寫道：

右〈御史臺精舍記〉，崔湜撰，梁昇卿書。讀其文則湜於佛可為（謂）篤信者矣！唐書列傳云：「桓彥範等當國，畏武三思，使湜陰伺其姦。而三思恩寵日盛，湜反以彥範等計告之，遂勸三思速殺彥範等，以絕人望。因薦其外兄周利正以害彥範等。又云湜貶襄州刺史，以讖王事當死，賴劉幽求張說救護得免，後為宰相，陷幽求嶺表，諷周利正殺之，不果，又與太平公主逐張說」，其餘傾斜險惡，不可勝紀。世言佛之徒能以禍福怖小人，使不為惡，又為虛語矣！以斯記之言驗湜所為可知也，故錄之于此〔註50〕。

歐陽脩由此碑文感受到崔湜對佛教之信仰甚篤，但卻在《唐書列傳》中看到崔湜陰險殘忍的一面，因此，以歐氏一向之排佛立場，他是不會輕易坐放的，所以他把握住此一機會來批評佛教之失，說道：「世言佛之徒能以禍福怖小人，使不為惡，又為虛語矣！」

在此則跋語，歐陽脩藉由崔湜一人之惡，否定了佛教信仰之效果，並欲以此

〔註49〕同註7，《集古錄跋尾》卷第九，頁9下。
〔註50〕同註7，《集古錄跋尾》卷第六，頁10下～11上。

昭告世人——佛教之勸人爲善，其功效實則有限。而歐氏本極反對佛教「棄其父子，絕其夫婦」的作法，而一般信眾之所以接受此一信仰，據歐陽脩在〈本論〉之看法，是佛有勸人爲善，使人不爲惡。可見歐氏此一跋語，實有意要根本推翻佛教之信仰。

五、〈于闐神道碑跋尾〉：

如前一段所言，歐陽脩認爲信佛者，仍是爲惡，那麼信佛者能否獲福呢？於〈于闐神道碑跋尾〉，則又有所闡發，他說：

> 右〈于闐神道碑〉，盧景亮撰。其文辭雖不甚雅，而書事能不沒其實。闐之爲人，如其所書，蓋篤於信道者也。碑云司馬遷儒之外五家，班固儒之外八流，其語雖拙，蓋言其學不駁雜也。然則非徒貶去釋老而已，自儒術之外，餘皆不學爾。碑又云其弟可封，好釋氏，闐每非之。闐，于頔父也。然可封之後不大顯，而闐之後甚盛。以此見釋氏之教，信嚮者未必獲福，毀貶者未必有禍也。碑言闐篤於孝悌，守節安貧，不可動以勢利，其所履如此，足以興其後世矣〔註51〕！

由此跋看來，于闐之爲人，篤學儒家之道，對儒術之外的學說，皆不涉獵，當然佛老之說，也就不去接觸。而對於其弟可封信好佛教，于闐每每予以指責。有趣的是，其弟可封的後代不大顯赫，而于闐之後代則甚爲繁盛。這一事實，又給反佛的歐陽脩多了一項攻擊佛教的理由，所以歐氏把握住這個機會，說出「釋氏之教，信嚮者未必獲福，毀貶者未必有禍也。」而文末說「闐篤於孝悌，守節安貧，不可動以勢利，其所履如此，足以興其後世矣！」正是藉此強調儒家的正當性，以映襯佛教之失，排佛之意甚明。

六、〈等慈寺碑跋尾〉：

歐陽脩看到歷史上多位帝王篤信佛教，以他一貫的排佛主張，當然是無法認同的，所以在寫作〈等慈寺碑跋尾〉時，就提出他的看法，其文如下：

> 右〈等慈寺碑〉，顏師古撰。其寺在鄭州汜水，唐太宗破王世充竇建德，乃於其戰處建寺，云爲陣亡士薦福。唐初用兵，破賊處多，大抵皆造寺。自古創業之君，其英豪智略，有非常人可及者矣！至其卓然信道而知義，則非積學誠明之士，不能到也。太宗英雄智識，不世之主，而牽惑習俗之弊，猶崇信浮圖，豈以其言浩博無窮而好盡物理爲可喜邪？蓋自古文姦言以惑聽者，雖聰明之主，或不能免也。惟其可喜，乃能惑

〔註51〕同註7，《集古錄跋尾》卷第八，頁 17 上～17 下。

人。故余於本紀識其牽於多愛者，謂此也。治平元年清明後一日書〔註52〕。
據歐陽脩的看法，佛教之能在中國傳佈，除了勸人為善以外，佛教的理論頗能引起一般士人好奇之心，也是一項重大原因。所以歐陽脩跋語中的一句「以其言浩博無窮而好盡物理為可喜」，正說中許多文士熱中於佛理的原因，而唐太宗向來被視為英明之主，也無法免於佛教之信仰，此事看在歐氏眼裡，當然是心中永遠的痛。因為儒家的學說，不似佛教有一套深奧的理論，很難滿足士人窮究事理的慾望，所以反倒在此一點上吃了大虧。何澤恆〈韓愈與歐陽修〉文中有提到兩段話，正可作補充說明，其文如下：

> 歐公本論之闢佛，其法雖不同於昌黎，而立場則未嘗稍異，蓋皆就
> 政治人生方面排斥之，而對佛老所有之一套極細密之心性論宇宙論，則
> 未有提出足可抗衡之說。昌黎雖有性說原性之作，而謂性分三品，已異
> 於孟子性善之說；至歐公則直以性命之辨非學者之所急，而但倡禮樂，
> 謂使人性善固當如此，人性惡亦當如此，實皆不足以超勝於二氏。

> 夫有宋儒之復興，與古文運動初非二事。古文運動之目的，即在復
> 興儒學，昌黎所謂學古人之道者是也。然昌黎闢佛，亦祇就政治社會立
> 論，以為苟長此以往，則社會終無一出路，而於心性之辨，初未知儒家
> 亦自有極精闢之說。歐公承昌黎之矩矱，而本論闢佛，所謂修其本以勝
> 之者，蓋已得其方矣；惟所著眼處乃在禮樂制度，雖已歸本於儒，然在
> 學術思想上終未能有以勝二氏之說也〔註53〕。

七、〈齊鎮國大銘像碑跋尾〉：

上則所言唐太宗之信佛，還是屬於政治上軌道之時，而佛教已受到廣泛的信仰，若在亂世之中，佛教之傳佈又如何呢？歐氏在〈齊鎮國大銘像碑跋尾〉裡的幾句話，則是一個值得重視的看法，他說：

> 右〈齊鎮國大銘像碑〉。銘像文辭固無所取，所以錄之者，欲知愚
> 民當夷狄亂華之際，事佛尤篤耳。其字畫頗異，雖為訛謬，亦其傳習時
> 有與今不同者，其錄之，亦以此也〔註54〕。

歐陽脩與韓愈及其他有數的士人之排佛，多多少少皆因為佛教是外來的宗教，以華夏文化為本位的國人，對中國以外的人士皆視為文化落後的夷狄，因此易生鄙

〔註52〕同註7，《集古錄跋尾》卷第五，頁9上～9下。
〔註53〕何澤恆，〈韓愈與歐陽脩〉（《書目季刊》，1977年5月，十卷，4期），頁36。
〔註54〕同註7，《集古錄跋尾》卷第四，頁13上～13下。

視排斥之心,而由胡人建立的北朝政權,對於中華文化體認不深,似無捍衛儒家道統之志,任由佛教在中國傳佈,所以此則跋語裡,歐氏會有「愚民當夷狄亂華之際,事佛尤篤」之嘆。

八、〈放生池碑跋尾〉:

佛教因勸人爲善,不欲殺生,亦不忍殺生,所以主張放生,這一理論,隨著佛教之盛行,許多篤信佛教之信眾常奉行不渝,所以佛教常有放生之舉,並處處爲之立碑,以弘揚佛法,其用意不可謂不善。但此舉看在儒家眼裡,則頗不以爲然。歐陽脩就在〈放生池碑跋尾〉中大談他的儒家觀點。他說:

> 右〈放生池碑〉,不著書撰人名氏。放生池,唐世處處有之。王者仁澤及於草木昆蟲,使一物必遂其生,而不爲私惠也。惟天地生萬物,所以資於人,然代天而治物者,常爲之節,使其足用,而取之不過。故物得遂其生而不夭。三代之政,如斯而已。易大傳曰:「庖犧氏之王也,能通神明之德,以類萬物之情,作結繩而爲網罟,以佃以漁。蓋言其始教民取物資生,而爲萬世之利,此所以爲聖人也。浮圖氏之說,乃謂殺物者有罪,而放生者得福。苟如其言,則庖犧氏遂爲地下之罪人矣!治平元年八月十日書〔註55〕。

以歐氏之邏輯,庖犧氏之所以爲聖人,是因他「始教民取物資生,而爲萬世之利」,人們才得以過活養生,生命才得以順利延續,說明白直接一點,其實歐陽脩一直是將重點放在「人」之上,萬物之存在,是皆爲人而備,關於此點,曾建林〈歐陽修的「人本」的儒家人學思想〉一段見解正可說明歐氏的主張,他說:

> 佛教與儒家思想的對立,首先表現在人「上」。佛教講「佛」與「佛性」,儒家講「人」與「人性」。宋初的儒學復興運動從根本上說也就是儒家人本的人學思想的重建。歐陽修正是上承傳統儒學的人本思想,從研究「人」出發,把人視爲天地萬物之本,重建重構「性與天道」的儒家人學的〔註56〕。

而歷來亦有學者爲文聲援歐氏的,如張萱〈放生〉即說:

> 浮圖氏謂殺生者有罪,放生者獲福。夫佃漁罟網,始自庖犧,若如浮圖之言,則聖人庖犧當爲地下罪人矣。此歐陽永叔之言,誠足以破世

〔註55〕同註7,《集古錄跋尾》卷第九,頁17下～18上。

〔註56〕曾建林,〈歐陽脩的「人本」的儒家人學思想〉(《杭州大學學報》第27卷增刊,1997年10月),頁19。

> 人之惑。第仁人君子存心，誠有聞其聲，不忍食其肉者，孟軻氏所稱「君
> 子遠庖廚」，此語得之，又安問罪與福哉〔註57〕！

可見佛氏之放生，看在處處強調仁德的儒家眼中，是沒有必要的主張，因為儒家
孟軻氏所稱的「君子遠庖廚」即已具仁愛之心，大可不必放生，而且一旦放生主
張成立，那儒家的聖人庖犧氏將一變而為地下之罪人，對儒家的道統來說，恐怕
會有撼搖之虞。

九、〈齊造石浮圖記跋尾〉：

　　歐陽脩對佛教的排斥，還表現於對外來音譯名稱上的反感，如〈齊造石浮圖
記跋尾〉內容，即是一個顯例。

> 　　右〈齊造石浮圖記〉，云河清二年歲在癸未。河清，北齊高湛年號
> 也。碑文鄙俚而鐫刻訛繆，時時字有完者，筆畫清婉可喜，故錄之。又
> 其前列題名甚多而名特奇怪，如「馮戩郎」、「馮貴買」之類，皆莫曉其
> 義，若名「野義叉伽耶」者，蓋出於浮圖爾。自胡夷亂華以來，中國人
> 名如此者，多矣！最後有馮黑太子者，予謂太亦音撻，意隋末有劉黑闥、
> 吳黑闥皆以此為名者，太闥轉寫不同爾，然隋去北齊不遠，不知黑闥為
> 何等語也〔註58〕。

歐陽脩對「野義叉伽耶」這種名字，雖然未直接批評其好壞，而只是說它「出於
浮圖」，但底下接著一句「自胡夷亂華以來，中國人名如此者，多矣！」則似乎也
將此一命名方式歸因於五胡亂華造成中國固有文化淪喪後，才讓胡人（包含印度
佛教徒）之名滲透到中國來。所以歐氏對「野義叉伽耶」之類的怪名，是不具有
任何好感的。

十、〈百巖大師懷暉碑跋尾〉：

　　除了上述事例之外，還有一則〈百巖大師懷暉碑跋尾〉，也是傳達此一信念，
而意有所指，他寫道：

> 　　右〈百巖大師懷暉碑〉。權德輿撰文，鄭餘慶書，歸登篆額。又有
> 別碑，令狐楚撰文，鄭絪書。懷暉者，吾不知為何人，而彼五君者，皆
> 唐世名臣，其喜為之傳道如此。欲使愚庸之人不信不惑，其可得乎？民
> 之無知，惟上所好惡是從。是以君子之所慎者，在乎所學。楚之文曰：「大

〔註57〕（明）張萱，《疑耀》，卷一（北京：中華，1985年，《百部叢書集成；第三函；93》，
　　　　《嶺南遺書》，初版），頁5。
〔註58〕同註7，《集古錄跋尾》卷第四，頁21上。

師泥洹茶毗之六年，余以門下侍郎平章事攝太尉。」「泥洹茶毗」是何等
語？宰相坐廟堂之上，而口為斯言，皋夔稷契，居堯舜之朝，其語言尚
書載之矣，異乎此也！治平元年七月十三日雨中書〔註59〕。

以「泥洹茶毗」之類的佛圖譯名，出現在令狐楚所撰文章中，一般大眾或許不會
有任何激烈反應，但看在歐陽脩眼裡，則是令他火氣上升，重重地說出：「『泥洹
茶毗』是何等語？宰相坐廟堂之上，而口為斯言！」可見歐氏對外來佛教譯名是
何等的排斥了。

　　而吾人也可由此進一步尋思歐氏此舉的心理現象：是因為他對佛教的反感，
才使得他厭惡佛教譯名？抑或是他對佛教譯名的音譯方式由不解其義而心生排
斥？而之所以心生排斥，是否在歐陽脩的心中一直存有大漢文化的本位主義？

　　以上經由筆者在《集古錄跋尾》整理出的十則跋尾，可以自然看到歐陽脩排
佛的諸多實質想法，這些都是在〈本論〉本文中未能詳細說明或未及發揮的課題。
而因為《集古錄跋尾》本身皆是隨想隨記的文字，不是有系統的論述文章，所以
除了第二項有關「貪生」的議題以外，較難看到他針對佛理的探究。

　　綜觀歐陽脩對佛之排斥，實未針對佛教之理論加以撻伐，只是從他觀察到的
幾個矛盾現象即予以痛擊，所以他的排佛舉動，看在後代的學者眼裡，經常被嚴
詞批評，如王世貞即說「永叔不識佛理，強鬥佛」〔註60〕，朱熹也說：「韓退之、
歐陽永叔所謂扶持正學，不雜釋、老者也。然到得緊要處，更處置不行，更說不
下去。便說得來也拙，不分曉。緣他不曾去窮理，只是學作文，所以如此。〔註61〕」
但是儲欣則說：「廬陵之文自昌黎出。予觀其鬥佛老，明周孔之道，排軋茁上，追
古六藝之遺，大體合矣。〔註62〕」對歐陽脩的排佛，仍是給予肯定的。

第三節　由《集古錄跋尾》看歐陽脩晚年的排佛

　　歐陽脩曾感慨地說：「比見當世知名士，方少壯時，力排異說，及老病畏死，

〔註59〕同註7，《集古錄跋尾》卷第九，頁12上～12下。
〔註60〕洪本健編，《歐陽修資料彙編》中冊（北京：中華書局，1995年5月，《古典文學研
　　　究資料彙編》，第一版），頁591～592。
〔註61〕（宋）黎靖德編，百衲本《朱子語類》下，卷第一百三十七　戰國漢唐諸子（台北
　　　縣：漢京文化事業有限公司，1980年7月，《畿輔叢書》本《朱子學歸》，《四部善
　　　本新刊》，初版），頁1316。
〔註62〕（清）儲欣，《唐宋十大家全集錄》（臺南縣，莊嚴文化事業公司，1997年，《四庫全
　　　書存目叢書：集部.總集類：405》，初版一刷），頁31。

則歸心釋老，反恨得之晚者，往往如此也，可勝歎哉！〔註 63〕」對於當世眾多排佛斥老的名士，因老病畏死而歸心釋老一事，感慨良多，足見他在捍衛儒家正統的路上，雖常大聲疾呼，卻有著頗多無奈，因為能像他堅持排佛斥老的人，終究不多！

　　歐陽脩排佛之激烈，著名於世，但有多位學者認為歐氏之排佛至晚年已有鬆動的跡象，如葉夢得的《毗陵集》書中，即有兩段關於歐陽脩晚年與佛老關係之記載，頗值得後人玩味推敲。首先看以下這一段內容：

　　　　歐陽文忠公平生詆佛老，少作《本論》篇，于二氏蓋未嘗有別。晚罷政事，守亳，將老矣，更罹憂患，遂有超然物外之志，在郡不復事事，每以閒適飲酒為樂。時陸子履知潁州，公客也，潁且其所卜居，嘗以詩寄之，頗道其意，末云：「寄語瀛州未歸客，醉翁今已作仙翁。」此雖戲言，然神仙非老氏說乎？世多言公為西京留守推官時，嘗與尹師魯諸人遊嵩山，見蘚書成文，有若「神清之洞」四字者，他人莫見。然苟無神仙則已，果有，非公等為之而誰？其言未足病也。公既登政路，法當得墳寺，極難之，久不敢請，已乃乞為道宮。凡執政以道宮守墳墓，惟公一人。韓魏公初見奏牘，戲公曰：「道家以超昇不死為貴，公乃使在邱隴之側，老君無乃卻辭行乎？」公不覺失聲大笑〔註64〕。

　　　　歐陽氏子孫奉釋氏尤嚴于它士大夫家。余在汝陰，嘗訪公之子棐于其家，入門聞歌唄鐘磬聲自堂而發。棐移時出，手猶持數珠諷佛名，具謝今日適齋日，與家人共為佛事方畢。問之，云公無恙時，薛夫人已自爾，公不禁也；及公薨，遂率其家無良賤悉行之。汝陰有老書生，猶及從公游，為予言公晚聞富韓公得道于淨慈本老，執禮甚恭，以為富公非苟下人者，因心動，時與法師住薦福寺。所謂顒華嚴者，本之高弟，公稍從問其說，顒使觀《華嚴》，讀未終而薨。則知韓退之與大顛事真不誣。公雖為世教立言，要之，其不可奪處，不唯少貶于老氏，雖佛亦不得不心與也〔註65〕。

又葛立方也有一段有關歐陽脩晚年信佛之事，其文如下：

　　　　歐陽永叔素不信釋氏之說，……既登二府，一日被病亟，夢至一所，

〔註63〕同註7，《集古錄跋尾》卷第七，頁 1 下～2 上。

〔註64〕（宋）葉夢得，《避暑錄話》卷上（北京：中華，1991 年，北京一版，《叢書集成初編》），頁 6～7。

〔註65〕同註64。

見十人端冕環坐，一人云：「參政安得至此？宜速反舍。」公出門數步，
復往問之，曰：「公等豈非釋氏所謂十王者乎？」曰：「然。」因問：「世
人飯僧造經，爲亡人追福，果有益乎？」答云：「安得無益？」既寤，病
良已。自是遂信佛法。文康公得之於陳去非，去非得之於公之孫恕，當
不妄。葉少蘊守汝陰，謁見永叔之子棐，久之不出。已而棐持數珠出，
謝曰：「今日適與家人共爲佛事。」葉問其所以，棐曰：「先公無恙時，
薛夫人已如此，公弗之禁也。」〔註66〕」

而王闢之《澠水燕談錄》中也有一件軼事，頗有趣味，他寫道：

歐陽文忠公不喜釋氏，士有談佛書者，必正色視之，而公之幼子小
字和尚。或問：「公既不喜佛，排浮屠，而以和尚名子何也？」公曰：「所
以賤之也，如今人家以牛驢名小兒耳。」問者大笑，且伏公之辨也〔註67〕。

以上諸說，到底眞實性如何，一直未有定論。近人曹家齊〈歐陽修與佛教之關係
一辨〉有頗多論點值得吾人注意，他說道：

人們多認爲歐陽修平生一味反佛。學界爲歐陽修作傳、作紀年、作
年譜者亦如是云，對其晚年爲何以居士爲號，文集爲何名爲《居士集》，
則未加深究。事實上，歐陽修中晚年對佛教的態度和以前相比已有不同
〔註68〕。

緊接著，他又於文中說道：

歐陽修在對佛教的態度上酷似韓愈，在前半生積極反佛，晚年排佛
之志漸消。這一事實，主要記載於佛教典籍中，故較少爲人所知。據南
宋釋志磐《佛祖統紀》和明僧覺岸《釋氏稽古略》等書的記載，歐陽修
與佛教發生因緣是在宋仁宗慶曆六年（1046）游廬山謁祖印禪師居訥開
始的。《佛祖統紀》卷四五載：「諫議歐陽修爲言事所中，詔獄窮治，左
遷滁州。明年將歸廬陵，舟次九江，因托意游廬山，入東林圓通，謁祖
印禪師居訥，與之論道。師出入百家，而折衷於佛法。修肅然心服，聳
聽忘倦，至夜分不能已。默默首肯，平時排佛爲之內銷，遲回逾旬不忍

〔註66〕（宋）葛立方，《韻語陽秋》卷十二，頁4上～4下，何文煥編，《歷代詩話》（台北
縣：藝文，1983年，四版），頁363～364。

〔註67〕（宋）王闢之，《澠水燕談錄》卷十（台北：藝文，1965年，《百部叢書集成第二十
二函；29》，《知不足齋叢書》，初版），頁3上～3下。

〔註68〕曹家齊，〈歐陽修與佛教之關係一辨〉（《漳州師院學報》，1999年第3期），頁74、
75。

去，或謂此與退之（韓愈）見大顛正相類」。……又《五燈會元》卷一二還記載歐陽修請淨山法遠禪師因棋說法一事，并贊嘆云：「修初疑禪語為虛誕，今日見此老機緣，所得所造，非悟明於心地，安能有此妙旨哉？」據元僧念常《佛祖歷代通載》卷一八載，法遠禪師於仁宗皇祐元年（1049）遷化，則上述事件當在此之前〔註69〕。

以曹氏所引之資料來看，《佛祖統紀》、《釋氏稽古略》、《五燈會元》等書皆是佛教徒之著作，其眞實性如何，實有待商榷。而其記載歐陽脩對佛法肅然心服之事發生於宋仁宗慶曆六年，若眞如其所言，則確有討論之必要。因為在歐氏的《集古錄跋尾》裡，有頗多激烈的排佛用語，其寫作年代皆在宋仁宗慶曆六年（1046）之後。茲將各涉及到排佛內容的碑名及寫作年月羅列於下：

梁智藏法師碑：嘉祐八年（1063）五月晦日

周大像碑：嘉祐八年（1063）六月二日

神龜造碑像記：嘉祐八年（1063）七月十一日

司刑寺大腳跡并碑銘二：嘉祐八年（1063）重陽後一日

陳浮屠智永書千字文：嘉祐八年（1063）十月十八日

唐萬回神跡記碑：治平元年（1064）三月八日

唐御史臺精舍記：治平元年（1064）三月九日

太平寺碑：治平元年（1064）三月十六日

唐柳宗元般舟和尚碑：治平元年（1064）三月廿二日

魏九級塔像銘：治平元年（1064）三月廿三日

唐顏師古等慈寺碑：治平元年（1064）清明後一日

後漢公昉碑：治平元年（1064）四月二十三日

唐會昌投龍文：治平元年（1064）五月五日

唐鄭預注多心經：治平元年（1064）夏至日

隋韓擒虎碑：治平元年（1064）六月十日

唐百巖大師懷暉碑：治平元年（1064）七月十三日

唐僧懷素法帖：治平元年（1064）八月八日

唐石洪鍾山林下集序：治平元年（1064）八月八日

唐李德裕茅山三像記：治平元年（1064）八月八日

唐放生池碑：治平元年（1064）八月十日

〔註69〕同註68。

　　　唐于闐神道碑：治平元年（1064）八月十一日

其寫定年代不是嘉祐八年（1063），就是治平元年（1064），皆在慶曆六年（1046）
之後。所以吾人可以肯定的說，歐陽脩的排佛理念，一直到他五十七、八歲時，
仍是極為堅決，絕不是如佛教徒所記之內容那般——早在四十歲（1046）時即傾
心於佛法。因此可以確定的是歐陽脩的中年，對佛教之排斥仍未曾稍歇。由此可
見，佛教徒之片面文獻，實有一廂情願之嫌，不可遽以為憑。而《集古錄跋尾》
之內容，正可證明歐氏之排佛，至少堅持到他五十八歲的年紀。但自此以後，到
他死前的這八年時間，歐陽脩是否真如傳言所說已漸能接受佛法，則是一個難解
的疑團。

　　關於此，曹家齊〈歐陽修與佛教之關係一辨〉則又有所論述，他寫道：

　　　　歐陽修晚年退居潁州，自號「六一居士」，是其受佛影響最有力之
　　　證。魏泰《東軒筆錄》卷四載：「歐陽公在潁，惟衣道服，稱六一居士。」
　　　《佛祖統紀》卷四五熙寧五年七日下引吳充所撰歐陽修之《行狀》（此節
　　　今本《行狀》不載）云：「歐陽永叔自致仕居潁上，日與沙門游，因自號
　　　『六一居士』，名其文曰《居士集》。」據歐陽修自己解釋，「六一」為藏
　　　書一萬卷、集錄三代以來金石遺文一千卷、琴一張、棋一局、酒一壺與
　　　一老翁，是歐陽修對生平志趣的一種概括。「居士」乃在家信佛之人，對
　　　此，志磐述曰：「居士者，西竺學佛道之稱。排佛之心已消，故心會其旨，
　　　而能以居士為號。又兼名其文集，信道之篤，於茲可見。另外，歐陽修
　　　所著《歸田錄》與《詩話》也可在一定程度上說明問題。歐陽修致仕居
　　　潁，曾應宣進呈《歸田錄》，此書是記錄朝廷遺事的筆記，其中不僅無任
　　　何斥佛之語，反而在開卷第一條對僧贊寧大加稱讚。《詩話》是歐陽修退
　　　居潁上所作的我國第一部以詩人軼事為內容的文學批評著作，其中不僅
　　　有對詩僧讚美之辭，其形式上也似受到了佛教禪宗語錄的影響〔註70〕。

以曹氏之見，歐陽脩晚年退居潁州，自號「六一居士」一事，是其受佛影響最有
力之證。因為吳充所撰歐陽修之《行狀》云：「歐陽永叔自致仕居潁上，日與沙門
游，因自號『六一居士』，名其文曰《居士集》。」其自號「六一居士」及名其文
曰《居士集》，似乎與佛教之信仰有相當關聯。但要注意的是，曹氏所引的《佛祖
統紀》卷四五括號有一句「此節今本《行狀》不載」，表示這一段記錄在吳充所撰
歐陽修之《行狀》裡已無這一記載，所以此段文字是《佛祖統紀》所添加？抑是

〔註70〕同註68。

後來被刪除？實有待學界進一步考證。簡言之，若要以此論歐氏受佛徒影響而自號「六一居士」，恐有疑慮。

歐氏自著〈六一居士傳〉之年代為熙寧三年（1070），歐氏時年六十四歲，於傳文中，他對「六一」一詞有詳加解釋，但對「居士」一詞卻未曾說明，而「居士」一詞，宋代人是否只能用於在家信佛之人身上，則有待商榷。近人何澤恒（〈韓愈與歐陽修〉）有言：

> 後人且謂歐公晚年信佛，其說雖未必可信，然觀歐公自號六一居
> 士，則一時之風氣，有身在其中而不自知者矣〔註71〕。

則是認為歐氏自號「居士」只是時代之風氣使然，是「身在其中而不自知者」，所以歐氏自號「六一居士」並非即與佛教有關。

再者，筆者於何氏此篇論文所提的一段話裡，找到了一條線索，他說：

> 本論原為三篇，作於慶曆二年三十六歲時，及歐公晚年編居士集
> 時，乃削去上篇，但存中、下兩篇（即今居士集本論上、下篇）。蓋本論
> 上篇多就當代政治問題立論，而中、下兩篇始專論闢佛，故歐公乃削去
> 上篇，以淳其說。然上篇仍傳於世，後人恐遂棄遺，乃附之於外集。今
> 取此上篇與中下兩篇合觀，益可明瞭歐公之意焉〔註72〕。

筆者據居士外集卷九，【論十首・本論】之下有一行註曰：「本論三篇，中下篇已載居士集第十七卷，此乃公晚年所刪上篇」。更可證明何氏此言可信。而歐氏編《居士集》對本論的取捨，正可幫助吾人探索他晚年的排佛問題。因為既已自名為「居士」，又於自編《居士集》時，有刪掉文章的動作（如果他只是收集所有文章編成一書，而沒有任何取捨，那麼筆者就不敢據以論證），卻只削去本論上篇——本篇多就當代政治問題立論，但存專論闢佛的中、下兩篇。如果此時的歐陽脩已如曹氏所說的「信道之篤，於茲可見」，那麼他大可刪去專論闢佛的中、下兩篇，而保留上篇，為何他要刪去專論政治的上篇，反而要保留中、下兩篇呢？其實此舉正意味著他的自名「居士」，非關佛教信仰，所以歐氏於熙寧五年七月（歐陽脩死於此年閏七月，此時即歐氏死前一個月）與子歐陽發等人編定《居士集》時，其排佛之志恐怕仍極為堅定，看不出有鬆動現象。

另，曹氏所言的《歸田錄》一書無任何斥佛之語，吾人也不能以此證明他已不排斥佛教，至於歐氏在開卷第一條對僧贊寧大加稱讚一事，亦不可遽以證明他

〔註71〕何澤恆，〈韓愈與歐陽脩〉（《書目季刊》，1977 年 5 月，十卷，4 期），頁 36。
〔註72〕同註 71，頁 34。

已心向佛教，因為在之前的多篇文章裡，歐陽脩也曾讚賞過僧人，但那僅止於稱美僧人之向學，並非認同佛教信仰，而《詩話》有對詩僧讚美之辭，且在形式上也似受到了佛教禪宗語錄的影響，這也不能證明歐氏對佛教之皈依，充其量只能當作歐氏取法佛教之寫作形式而已。所以曹氏所列舉之事證，仍不足以指證歐陽脩晚年信佛。

　　倒是在《集古錄跋尾》中，有一則熙寧壬子正月二十九日（即歐氏死前半年左右。）所寫的〈唐李文饒平泉山居詩跋尾〉頗值得玩味，他說：

　　　　讀山居詩，見文饒夢寐不忘於平泉，而終不得少償其志者。人事固
　　多如此也。余聞釋子有云：「出家是大丈夫事」蓋勇決者，人之所難也。
　　而文饒詩亦云：「自是功高臨盡處，禍來名滅不由人」者，誠哉是言也！
　　熙寧壬子正月二十九日書〔註73〕。

在此則跋語裡，歐陽脩面對李文饒之詩，有感而發，引用了佛徒所說的話——「出家是大丈夫事」，且在這句話之後，自注其意曰「蓋勇決者，人之所難也。」對出家人之評價，已不似以往所謂的「棄其父子，絕其夫婦」那般的嚴苛，反而是在稱讚出家之勇決，是常人之所難，是合乎儒家所謂的最高標準——「大丈夫」，從話語裡，不僅看不出是有負面之評，更是對出家者極大的推崇。而此則跋語最後引用文饒詩中兩句：「自是功高臨盡處，禍來名滅不由人」之後，歐氏發出「誠哉是言也」之嘆！可見此時的歐陽脩在歷經人世的諸多折磨後，已頗能體會此等況味，而他的這種反應，是不是可以看作是他晚年對佛教教義的某種認同呢？這恐怕需要有佐證資料出現才可解決了。

〔註73〕同註4，《集古錄跋尾》卷第九，頁4上～4下。

第五章　由《集古錄跋尾》
看歐陽脩的史學建樹

　　朱埈〈江左石刻文編序〉有云：「古今來金石之文，足以參經，足以證史，篤學碩儒，咸知珍貴。然大抵金少而石多，故碑刻尤重。自宋歐陽公始爲是業，曰《集古錄》。〔註1〕」首先肯定了金石文字對經學、史學之貢獻。

　　近人余敏輝的〈歐陽修的金石證史〉則專就歐陽脩《集古錄跋尾》在史學上的應用與貢獻，提出他的看法，他說：

　　　　歐陽修編撰《集古錄》一千卷，釋文考事，編目跋尾，於史有補，於世有益。歐陽修金石證史，如證史之誤、補史之缺、糾史之妄、考索典制、評議人物，擴大了史料來源，爲歷史研究開闢新門徑。歐陽修據碑證史，唯實是從；……歐陽修金石證史，奠定了我國金石考據學的基礎，遙開近世乾嘉之學和現代考古學之先河。自漢以來，郡國往往於山川得鐘鼎，多載銘文；石刻碑文，出士更多，但多被視作古董賞玩，其學術價值少有人注意。而眞正把金石當作研究對象，且用來證補史傳之訛缺，則始於歐陽修的《集古錄》，它是我國第一部正式出現的金石學專著，也是金石考據學誕生的標志。此後同類著作日漸增多，如趙明誠《金石錄》、黃伯思《東觀餘論》、洪适《隸釋》、《續隸釋》等，正如近代王國維指出：「自宋始於金石之學，歐、趙、黃、洪各據古代遺文，以證經考史，咸有創獲。」乾嘉學者研治金石蔚然成風，但其著作「或宗歐、

〔註1〕洪本健編，《歐陽修資料彙編》下冊（北京：中華書局，1995 年 5 月，《古典文學研究資料彙編》，第一版），頁 1183。

趙之例，著目錄加跋尾」，現代學者受其影響更為突出〔註2〕。
另一學者劉德清在〈歐陽修的創"新"與辟"怪"〉也說：

史學家利用金石刻辭，考訂歷史事實，始於歐陽修〔註3〕。
而據筆者在歐陽脩《集古錄跋尾》書中所見，有一則〈後漢太尉陳球碑跋語〉頗
值得玩味，他說：「予所集錄古文與史傳多異，惟此碑所載與列傳同也。」以歐氏
集古的經驗，竟然是古碑與史傳多有不同，而完全相同者，卻只有〈後漢太尉陳
球碑〉一碑而已，可見古碑與史傳之間，實在存有頗多差異，值得吾人逐一探究。

據歐氏在書中所呈現的觀點，他認為碑石資料在史學上不僅能正史之失、補
史之不足，還可提供世人深思之史鑑，其貢獻可謂相當豐富，不容輕忽。

第一節　碑石可正史之失

歐陽脩自言集古「得與史傳相參驗證，見史家闕失甚多」〔註4〕。而顧炎武也
說「余自少時，即好訪求古人金石之文，而猶不甚解，及讀歐陽公《集古錄》，乃
知其事多與史書相證明，可以闡幽表微，補闕正誤，不但詞翰之工而已。〔註5〕」
王柏〈墨林類考序〉：「歐陽公集古之勤，十有八年，得千卷，并包夷夏數千萬里，
歷周、秦、漢、魏數千百年，聖賢功業，亂臣賊子事跡，往往史傳之外，證明偽繆。
其於所得之多，雖勞而有益也。〔註6〕」由上眾說可知，歐陽脩的集古應用在史學
上，有其不可忽略之價值，而其最明顯的價值，即是他常說的「與史傳相參驗證」。

細看《集古錄跋尾》書中，歐陽脩曾多次言及碑石可正史之失。因為據他的
看法，碑石是當時所立，不應有誤。

例如在〈唐智乘寺碑跋尾〉裡提到：

惠王名元懿，高祖第十三子也。有子十人，列于碑後，而第五子樂
陵公闕其名。按唐書宗室世繫表，樂陵公名球，不知何為獨闕也？今唐

〔註2〕余敏輝，〈歐陽修的金石證史〉(《史學史研究》，1999 年第 3 期)，頁 68～74。

〔註3〕劉德清，〈歐陽修的創「新」與辟「怪」〉，《吉安師專學報》，第十九卷第三期，1998
年 9 月。

〔註4〕（宋）歐陽脩，《歐陽文忠公集》五，《書簡》卷第五（上海：上海書店，1989 年 3
月，《四部叢刊》初編），頁 1 上。

〔註5〕（清）顧炎武，《顧亭林詩文集》卷二（台北：漢京，民國 73，《四部刊要》，初版），
頁 28～29。

〔註6〕（宋）王柏，《魯齋集》卷四（台北縣板橋市：藝文，民國 55，《百部叢書集成：
第十七函；95》，《金華叢書》，初版），頁 7 上。

書年表，以嗣王敬爲瓊，樂平公珪爲樂安公，新平公璡爲遂，三者皆史
家之失，當以碑爲正。而碑碣皆當時所刻，理不得差，故集古所錄，於
前人世次，是正頗多也〔註7〕！

以歐陽脩的判斷，「碑碣皆當時所刻，理不得差」，尤其是在前人世次的記錄上，
更是可靠的第一手資料，所以對於惠王幾個兒子之名，除了第五子樂陵公闕其名
以外，碑中所記名字皆足採信，並可進一步更正史書之錯誤。

另，在〈大代修華嶽廟碑〉也有類似情形，跋尾提到「魏自道武天興元年議
定年號，群臣欲稱代而道武不許，乃仍稱魏。自是之後，無改國稱代之事。〔註8〕」
但以他看到的魏碑，卻多有以「代」爲國號的例子，即如此碑名稱即寫「大代」，
與魏書所記顯然不合，而歐陽脩認爲「碑石當時所書刻，不應妄，但史失其事爾。」
歐氏也由此感慨地說：「由是言之，史家闕繆，可勝道哉！」

又如〈唐裴光庭碑跋尾〉〔註9〕，歐氏也有注意到唐書列傳內容與碑文不同。
列傳寫光庭死後，皇帝賜諡曰「忠憲」，而碑文及題額，皆爲「忠獻」；傳云：「撰
搖山往則」，而碑云：「往記」。但因光庭死於開元二十一年，唐玄宗自書此碑於開
元二十四年，其時間距離才三年而已，而且又是皇帝所自書，所以不應有誤，皆
當以碑爲是。

另在〈唐雁門王田氏神道碑跋尾〉：「按唐書列傳，承嗣十一子：維、朝、華、
繹、綸、綰、緒、繪、純、紳、綰，而緒次當第七子。此二碑，皆以緒爲第六子，
而無綰，自緒而下，有繪、純、紛、綰，與史不同」〔註10〕，但歐陽脩接著說「二
碑當時故吏所作，必不誤，蓋史之繆也！〔註11〕」

又如在〈張九齡碑跋尾〉所言，歐陽脩亦有類似看法：

按唐書列傳所載，大節多同，而時時小異。傳云壽六十八，而碑云
六十三；傳自左補闕改司勳員外郎，而碑云遷禮部；傳言集本作云張說
辛召爲秘書少監集賢院學士知院事，碑云副知至後作相遷中書令，始云
知院事；其載張守珪請誅安祿山事，傳云九齡判守珪狀，碑云守珪所請
留中不行而公以狀諫；然其爲語則略同。碑長慶中立，而公薨在開元二
十八年，至長慶三年實八十四年，所傳或有同異，而至於年壽官爵，其

〔註7〕同註4，《集古錄跋尾》卷第五，頁15下。
〔註8〕同註4，《集古錄跋尾》卷第四，頁15下。
〔註9〕同註4，《集古錄跋尾》卷第六，頁14下～15上。
〔註10〕同註4，《集古錄跋尾》卷第八，頁4下。
〔註11〕同註4，《集古錄跋尾》卷第八，頁4下。

子孫宜不繆，當以碑為是也〔註12〕。

歐陽脩認為年壽與官爵，其子孫於撰寫碑文時不應出錯，所以「當以碑為是也」。

諸如這種判斷，歐氏在〈孔岑父碑跋尾〉中有更為完整的概念：

> 其碑云有子五人載、戮、戡、戢、戳。按新唐書宰相世系表，岑父六子，戳之下，又有戌，表據孔氏譜。譜，其家所藏；碑文，鄭絪撰。絪自言與孔氏有世舊，作碑文時，戮等尚在，然則譜與碑文皆不應有失，而不同者，何也？余所集錄與史傳不同者多，其功過，難以碑碣為正者，銘誌所稱有褒有諱，疑其不實，至於世繫，子孫官封，名字無情增損，故每據碑以正史。惟岑父碑文，及其家譜，二者皆為可據，故並存之以俟來者〔註13〕。

在此碑，歐陽脩指出，集錄碑刻與史傳記錄不同的情形頗多，當要論斷人物功過時，是很難以碑碣為依據的，因為「銘誌所稱有褒有諱，疑其不實」，但對於世繫、子孫官封、名字之類的記錄，則碑石顯然可靠得多，所以每每據碑以正史。

同樣的，歐陽脩在〈白敏中碑跋尾〉亦是再次提到相似的見解：

> 其事與唐書列傳多同，而傳載敏中由李德裕薦進以獲用，及德裕貶抵之甚力，以此為甚惡。而碑云：會昌中，德裕起刑獄，陷五宰相竄之嶺外，公承是之後一年冤者皆復其位，以此為能，其為毀譽難信蓋如此。故余於碑誌，惟取其世次、官壽、鄉里為正，至於功過善惡，未嘗為據者，以此也〔註14〕。

關於此點，歐陽脩也曾在〈魏賈逵碑跋尾〉裡強調：

> 魏志逵傳云：逵為絳邑長，為賊郭援所攻，絳人與援約不害逵，乃降，而援欲以逵為將，怒逵不肯叩頭，欲殺之，絳人乘城呼曰：負要殺我賢君，寧俱死，援義之，遂不殺。又按裴松之注引魏略云：援捕得逵，怒不肯拜，促斬之，諸將覆護囚於壺關土窖中，守者祝公道釋其械而逸之，與魏志不同。而此碑但云為援所執，臨以白刃不屈而已，不載絳人約援事，如傳所載，不獨逵有德於絳人，而絳人臨危能與逵生死，亦可謂賢矣！自古碑碣稱述功德常患過實，如逵與絳人德義，碑不應略而不著，頗疑陳壽作傳好奇，而所得非實也〔註15〕。

〔註12〕同註4，《集古錄跋尾》卷第九，頁1上～頁1下。
〔註13〕同註4，《集古錄跋尾》卷第九，頁12下～頁13上。
〔註14〕同註4，《集古錄跋尾》卷第九，頁13上。
〔註15〕同註4，《集古錄跋尾》卷第四，頁4上～4下。

歐陽脩認為：「自古碑碣稱述功德常患過實」，而此碑竟將「達與絳人德義」略而不著，可見此事必非真實發生之事，也由此反推陳壽作傳好奇，所得非實。

　　另於〈爾朱敞碑〉，歐陽脩亦是發覺史傳所記與碑石內容不同。史傳寫爾朱敞字「乾羅」，而碑文記為「天羅」。傳云為「金州總管」，而碑文為「徐州總管」，雖然碑文殘缺，但斑斑可讀。所以碑文比起史傳，應較為可靠才是。因此在跋尾裡慨嘆地說：「余於集錄正前史之闕繆者，多矣！」

　　其實像這種情形的，還有〈隋郎茂碑〉。因為若隋書列傳的說法，是死於京師，而此碑是記為「從幸江都而卒」。歐陽脩認為這應是史氏之繆，當以碑為正。

　　同樣的，〈孔穎達碑〉亦有相似情形：

> 右〈孔穎達碑〉，于志寧撰。其文磨滅，然尚可讀。今以其可見者，質於唐書列傳，傳所闕者，不載穎達卒時年壽。其與魏鄭公奉敕共修隋書，亦不著。又其字不同，傳云：「字仲達」，碑云：「字沖遠」，碑字多殘缺，惟其名字特完，可以正傳之繆，不疑以沖遠為仲達。以此知文字轉易，失其真者，何可勝數，幸而因余集錄所得以正其訛舛者，亦不為少也。乃知吾家所藏，非徒翫好而已，其益豈不博哉〔註16〕！

孔穎達是唐代名人，據唐書列傳的內容，將其字記為「字仲達」，此碑碑文寫為「字沖遠」，「仲達」與「沖遠」在外形上頗為類似，究竟孰是孰非呢？以歐陽脩在〈孔岑父碑跋尾〉之看法──「至於世繫，子孫官封，名字無情增損，故每據碑以正史」。他認定碑石對於名字之記載一定比史書可靠，所以他不僅再一次以碑正史之誤，且還得意地說出「乃知吾家所藏，非徒翫好而已，其益豈不博哉！」欣喜之情，實溢於言表。

　　另外，在〈呂諲表〉，也有類似狀況：

> 〈唐呂諲表〉。景祐三年，余謫夷陵，過荊南，謁呂公祠堂，見此碑立廡下，碑無趺石，埋地中，勢若將踣，惜其文翰，遂得斯本。而入於地處，字多缺滅，今世傳元子文編所載首尾不完，中間時時小異，當以石為是。集錄實不為無益矣〔註17〕！

歐陽脩認為元子文編所載首尾不完，與石刻本相較，「中間時時小異」，即斷定石刻為正，傳本有誤。

　　再看〈魏受禪碑跋尾〉，歐陽脩指出，禪代是國家之大事，照理說，是不容有

〔註16〕同註4，《集古錄跋尾》卷第五，頁 13 上～13 下。
〔註17〕同註4，《集古錄跋尾》卷第七，頁 12 下。

誤的，而卻有三種不同說法：

一、《漢獻帝紀》云：延康元年十月乙卯，皇帝遜位，魏王稱天子。

二、《魏志》云：是歲十一月丙午，漢帝使張惜奉璽綬。十一月庚午，王升壇受禪。十一月癸酉，奉漢帝爲山陽公。

三、〈魏受禪碑〉云：十月辛未受禪于漢。

而因裴松之注魏志，備列漢魏禪代詔冊書令群臣奏議甚詳。所以歐氏據裴注內容在跋尾裡作了詳盡的推論，他說：

蓋漢實以十月乙卯策詔魏王，使張惜奉璽綬，而魏王辭讓，往返三四而後受也。又據侍中劉廙奏問太史令許芝今月十七日己未，可治壇場。又據尚書令桓階等奏云：輒下太史令擇元辰，今月二十九日可登壇受命。蓋自十七日己未至二十九日，正得辛未，以此推之，漢魏二紀皆繆，而獨此碑爲是也。漢紀乙卯遜位者，書其初命而略其辭讓往返，遂失其實爾。魏志十一月癸卯猶稱令者，當是十月衍一字爾。丙午張惜奉璽綬者，辭讓往反，容有之也。惟庚午升壇，最爲繆爾。癸卯去癸酉三十一日，不得同爲十一月，此尤繆也〔註18〕。

由上可見〈魏受禪碑〉的說法是最爲正確的資料。碑石的價值在此完全顯現無遺。緊接著，歐氏又不禁感嘆說：「禪代，大事也，而二紀所書如此，則史官之失以惑後世者，可勝道哉！〔註19〕」

其實像上則以碑正史的例子，在《集古錄跋尾》裡，還有〈東魏造石像記〉。歐陽脩於此碑跋尾著墨甚多，用力頗深。以下即是他的論述：

右〈東魏造石像記〉。其碑云：大魏武定七年歲次己巳。武定，孝靜年號也。今世所行曆譜，惟冀潁運曆圖與今亳州宋退相紀年通譜爲最詳。而以潁所書推之，武定七年，歲當己巳，與此碑合。而武定止於八年，是歲庚午，東魏滅，其事與東魏北齊書亦合。而通譜以七年爲戊辰，八年爲己巳，又有九年爲庚午，而東魏滅。按孝靜以後魏大統十六年滅，是歲庚午，則知宋公所記甲子不繆。惟武定不當有九年，而七年不得爲戊辰，此其失爾。蓋孝靜始即位，改元天平，盡四年，而五年正月改爲元象。今通譜，天平止於三年，以四年爲元象。蓋自元象以後，遞差一年，故以武定七年爲戊辰也。苟不見斯碑，則運曆圖與通譜二家得失，

〔註18〕同註4，《集古錄跋尾》卷第四，頁1上～1下。
〔註19〕同註4，《集古錄跋尾》卷第四，頁1下～2上。

－124－

其何以決〔註20〕！

最後，吾人還可再從《集古錄跋尾》書中找出〈李憕碑跋語〉，來見識一下歐陽脩以碑正史的功力。

> 右〈李憕碑〉，李紓撰。新唐書列傳云：憕十餘子，江、涵、颭、瀛等同被害。惟源、彭免。據李紓載憕子見於碑者，實十二人。曰：右補闕彭，汝州刺史深，華陰丞颭，左驍衛兵曹瀛，硤石丞沇，洪州別駕澥，洛陽尉渭，司農主簿汶。又云：公之薨也，彭從玄宗南狩，次公而歿。深授任他郡。其在洛陽者，長子江，第三子涵，與華陰驍衛，而又少子，合六人，皆從公殲千虜刃。硤石而下，與眾孫之在者，僅以孩提免。如紓所記，憕子盡於是矣！未嘗有源也。紓但言眾孫孩，亦不云有未名子也。然則源者，史家何從而得之？據史言源為司農主簿，以碑考之，源當為汶也。又據碑，方憕歿于賊也，彭深沇澥渭汶六子獲免，而史惟云源彭，此當以碑為正。紓當代宗時，為憕作碑，自云與憕有通家之好，幼奉升堂之慶，宜知憕事不繆也〔註21〕。

綜合以上所述，得知歐氏據碑以正史的原則不外乎是：「碑石是當時所立，不應有誤。」、「碑碣皆當時所刻，理不得差」、「碑石當時所書刻，不應妄。」、「自書不應誤」、「當時故史所作，必不誤」、「年壽官爵，其子孫宜不繆」

但是在這些大原則之中，其實也有過於大膽臆測之虞，因為立碑之時，如果撰作者內心有所顧忌，往往會有避重就輕、刻意隱瞞之筆，如此一來，反倒常有造假不實之文，不可不防。所以當歐陽脩警覺於此，便不得不立下補充原則——「余所集錄與史傳不同者多，其功過，難以碑碣為正者，銘誌所稱有褒有諱，疑其不實，至於世繫，子孫官封，名字無情增損，故每據碑以正史。」、「於碑誌，惟取其世次、官壽、鄉里為正，至於功過善惡，未嘗為據者」。

也因為有了補充原則，他可以很有把握地以碑石校正史書之誤，並且進一步為歷史學界作出了貢獻。

第二節　碑石可補史之闕

歐陽脩集錄古碑刻的功用除了可正史之失，還可填補史書之不足，有關這一

〔註20〕同註4，《集古錄跋尾》卷第四，頁18下～19上。
〔註21〕同註4，《集古錄跋尾》卷第八，頁4下～5下。

點，在《集古錄跋尾》中，亦是隨處可見。首先看他在〈後漢修西嶽廟復民賦碑跋尾〉中的一段敘述：

> 右〈漢修西嶽廟復民賦碑〉云：光和二年十二月庚午朔十三日壬午，弘農太守臣毅頓首死罪上尚書。臣毅頓首頓首死罪死罪。謹按文書，臣以去元年十一月到官，其十二月奉祠西嶽華山，省視廟舍及齋衣祭器，率皆久遠有垢。臣以神嶽至尊，宜加恭肅，輒遣行事荀班與華陰令先讚，以漸繕治成就之。又曰：讚言縣當孔道，加奉尊嶽，一歲四祠，養牲百日，用穀□三千餘斛，或有請雨齋禱，役費兼倍。小民不堪，有饑寒之窘，違宗神之敬。乞差諸賦，復華下十里以內民租田口。臣輒聽盡力，奉宣詔書。思惟惠利，增異復上。臣毅誠惶誠恐頓首頓首死罪死罪上尚書。漢家制度，今不復見，惟余家集錄漢碑頗多，故於磨滅之餘，時見一二。而此碑粗完，故錄其首尾以傳。臣毅者，樊毅也〔註22〕。

在此則跋語中，歐陽脩抄錄了碑石全文，而於其後記上一句「漢家制度，今不復見」，以強調此碑內容在史料上的重要，而「余家集錄漢碑頗多，故於磨滅之餘，時見一二。」一段話，更可見其珍貴。

另，在〈後漢魯相置孔子廟卒史碑跋尾〉裡，歐陽脩寫道：

> 右漢魯相置孔子廟卒史碑云：「司徒臣雄司空臣戒稽首言：魯前相瑛書言詔書崇聖道，孔子作春秋，制孝經，演易繫辭，經緯天地，故特立廟襃成侯四時來祠，事已即去，廟有禮器，無常人掌領，請置百石卒史一人，典主守廟，謹問太常祠曹掾馮牟史郭玄辭對故事，辟雍祠先聖太宰太祝各一人備爵，太常丞監祠，河南尹給牛羊豕，大司農給米，臣愚以為如瑛言，可許。臣雄臣戒愚戇誠惶誠恐頓首頓首死罪死罪，臣稽首以聞，制曰可。」按漢書，元嘉元年，吳雄為司徒，二年，趙戒為司空，即此云臣雄臣戒是也。魯相瑛者，據碑言，姓乙，字仲卿。漢碑在者多磨滅，此幸完可讀，錄之，以見漢制三公奏事如此，與群臣上尚書者小異也。又見漢祠孔子，其禮如此。治平元年六月二十日書〔註23〕。

除了從《漢書》中，查索到碑文中的相關資料（「元嘉元年，吳雄為司徒，二年，趙戒為司空，即此云臣雄臣戒是也。」）以外，歐陽脩錄下全文，其用意也是在「見漢制三公奏事如此，與群臣上尚書者小異也。」而於文中，「又見漢祠孔子，其禮

〔註22〕同註4，《集古錄跋尾》卷第一，頁22下〜23下。
〔註23〕同註4，《集古錄跋尾》卷第二，頁2下〜3下。

－126－

如此」也是吾人無法從正史裡得到的史料。

在〈後漢魯相晨孔子廟碑跋尾〉裡，歐陽脩對於他在史料上的收獲，則有更多的記載。他說：

> 右漢魯相上尚書章。其略云：「建寧二年三月癸卯朔七日己酉，魯相臣晨長史臣謙頓首死罪上尚書。臣晨頓首頓首死罪死罪，臣以元年到官，行秋饗，飲酒泮宮，復禮孔子宅，而無公出酒脯之祠。臣輒依社稷，出王家穀，春秋行禮。」建寧，靈帝年號也。於此見漢制天子之尊，其辭稱頓首死罪而不敢斥至尊，因尚書以致達而已。余家集錄漢碑頗多，亦有奏章，患其磨滅，獨斯碑首尾完備，可見當時之制也。又云：孔子乾坤所挺，西狩獲麟爲漢制作，故孝經援神契曰，玄丘制命帝卯行。又尚書考靈耀曰，丘生倉際，觸期稽度爲赤制，讖緯不經，不待論而可知，甚矣！漢儒之狹陋也。孔子作春秋，豈區區爲漢而已哉〔註24〕？

歐氏首先是大略記錄了碑文內容，但隨即將話鋒一轉，道出一句「於此見漢制天子之尊」，因爲由碑文中稱頓首死罪而不敢斥至尊，只能因尚書以致達，歐陽脩因而見識到漢代之制度。這即是碑石在史料上的一大作用。而碑文中難免有夾雜讖緯不經之事，亦可讓吾人知曉漢代儒生見識的狹陋，歐陽脩特於文末提出，有嚴厲的批判意味。

再來看一則〈漢孫叔敖碑跋尾〉，歐氏云：

> 右〈漢孫叔敖碑〉云：名饒，字叔敖。而史記不著其名，而見於他書者，亦皆曰叔敖而已，微斯碑，後世遂不復知其名爲饒也。此碑世亦罕傳，余以集錄二十年間，求之博且勤，乃得之，然世之未見此碑者，猶不知爲名饒也！謂余集古爲無益，可乎〔註25〕？

此碑文之可貴，不僅在於記下碑主字叔敖，而又多出一般史書一項記載——孫叔敖名饒，歐陽脩於是感嘆說道「微斯碑，後世遂不復知其名爲饒也」。由此看來，他的集古，在史料的貢獻，實爲不少。而此碑是歐氏窮二十年之力方才得之，更可看出他的集古，不但有益於世，其苦心孤詣，亦可感動世人。

像〈孫叔敖碑〉多出史書記載的碑文，查《集古錄跋尾》書中，還有一則〈後漢桂陽周府君碑〉。此碑跋尾有云：

> 碑首題云「神漢」者，如唐人云「聖唐」爾。蓋當時已爲此語，而

〔註24〕同註4，《集古錄跋尾》卷第二，頁4上～4下。
〔註25〕同註4，《集古錄跋尾》卷第三，頁4下～5上。

史傳他書無之，惟見於此碑也〔註26〕。

雖然看似普通的「神漢」兩字，歐陽脩也注意到這兩字為其它史書所無，是此碑才有的珍貴記錄，若無此碑，則恐已失傳，後人亦難見到漢時之語。

另有一則〈唐郎穎碑陰題名〉，其內容皆是官制、人名、人數，歐陽脩仍是如實抄錄，茲錄於下：

> 右〈郎穎碑陰題名〉。柱國府僚佐三十二人，常山公府國官一百七人，合一百三十九人為一卷。柱國府長史司馬掾屬各一人，諮議記室司倉司功司戶兵司鎧司法司田司士參軍事各一人。又有參軍事五人，行參軍十人，典籤三人，常山國官國令大農各一人，常侍侍郎國尉各二人，典衛六人，舍人四人，城局廟長學官各一人，食官廄牧各四人，典府長一人，典府丞二人，親事七十五人，穎以正觀四年卒，此蓋唐制也〔註27〕。

本文結尾一句「此蓋唐制也」，即是明顯地將此碑陰內容當作珍貴的唐代制度史料看待，因為這些記載，雖看似單調，卻正可彌補史書之不足。

另外，像〈唐魏載墓誌銘〉，歐陽脩也發現到一段記錄是史書、家譜所遺漏的資料，其文如下：

> 右〈魏載墓誌銘〉。其序云：祖徵，諡曰文正。父叔玉，光祿卿。載以弘文生對策，居甲，授太常寺奉禮郎。以疾謝職，尋調懷州司兵參軍屬。惟揚詭道，不戢斯焚，譴及宗姻，旋加此累。以垂拱三年終於嶺外，春秋三十有二。所謂「惟揚詭道」者，乃徐敬業起兵於揚州，誅武后不克也。時敬業以前盩厔尉魏思溫為軍師。所謂「譴及宗姻」者，疑敬業敗，載坐思溫竄死嶺南耳。今據新唐書宰相世繫表，鄭公諸房，都無思溫及載，而叔玉但著一子膺為祕書丞，豈載以官卑貶死無後而歿不見耶？載死不幸而家譜不錄，史官不書，非事載斯誌而誌錄於余，其遂泯滅於無聞乎〔註28〕？

同樣地，〈唐乙速孤神慶碑〉之內容，也讓歐氏珍視異常，他說：

> 右〈乙速孤神慶碑〉，弘文館學士苗神客撰。神慶，唐初侍三衛，高宗時，為太子右虞侯副率以卒。乙速孤氏，在唐無顯人，惟以其姓見於當時者，神慶一人而已。元和姓纂但云代人隨魏南徙而已，其敘神慶世次，又多闕繆，而此碑所載頗詳，云其先王氏，太原人，代祖顯為後

〔註26〕同註4，《集古錄跋尾》卷第三，頁12下。
〔註27〕同註4，《集古錄跋尾》卷第五，頁10上～11下。
〔註28〕同註4，《集古錄跋尾》卷第六，頁1上～2上。

　　　　驃騎大將軍，賜姓乙速孤氏，遂爲京兆醴泉人；曾祖貴，隋河州刺史和

　　　　仁郡公；祖安，隋益州都督；父晟，唐驃騎將軍。乙速孤氏世無所稱，

　　　　而其姓出夷狄，莫究其詳，惟見於此碑者，可以補姓纂之略以備考求，

　　　　故特錄之〔註29〕。

歐陽脩認爲若無此碑，則對於「乙速孤氏」之來歷將無從查起，可見碑石資料之
可貴。

　　藉由歐氏的諸多跋語，讓我們眞切體認到金石文字之妙用，不僅可供賞玩，
還可用來塡補史書之不足，其功效不可謂不大。

第三節　碑石有誤

　　歐陽脩雖然在《集古錄跋尾》裡經常以碑石訂正歷史錯誤，或以之補充史料
之不足，而獲得不錯的成績，但不要忘了，他並非完全信賴石刻資料，至少他曾
提及「余所集錄與史傳不同者多，其功過，難以碑碣爲正者，銘誌所稱有襃有諱，
疑其不實」〔註30〕。又言：「余於碑誌，惟取其世次、官壽、鄉里爲正，至於功過
善惡，未嘗爲據者，以此也」〔註31〕。可見碑石有其未可盡信之處，在取捨之時，
實不得不愼。

　　例如在〈唐衛國公李靖碑跋尾〉裡，歐陽脩就說：

　　　　唐初承陳隋文章衰弊之時，作者務以浮巧爲工，故多失。其事實不

　　　若史傳爲詳，惟其官封頗備〔註32〕。

這即是因爲寫作者務以浮巧爲工，其記事反而不若史傳爲詳，所以由此觀之，碑
石資料木必就勝過史傳記載。而此碑之問題只是不若史傳詳細而已，更嚴重的是，
歐陽脩還發現某些碑石內容有錯，像〈晉陸喈碑〉即是一例。關於此碑，歐氏之
跋語如是寫著：

　　　　右〈晉陸喈碑〉。喈爲宣威内史，建武元年卒。碑以咸和七年立，

　　　而碑後題云：咸和，成帝年號也，成帝以泰寧三年八月即位，是歲乙酉，

　　　明年改元咸和。據曆七年，當爲壬辰，而此爲庚辰者，繆也。陸氏有二

　　　碑，余家集錄皆有之。據陸褘碑後題云：泰寧三年歲在乙酉，與今曆合，

〔註29〕同註4，《集古錄跋尾》卷第六，頁 2 上～2 下。
〔註30〕同註4，《集古錄跋尾》卷第九，頁 13 上。
〔註31〕同註4，《集古錄跋尾》卷第九，頁 13 下。
〔註32〕同註4，《集古錄跋尾》卷第五，頁 8 下～9 上。

則當時曆官不應至咸和而頓爾差失，然則庚辰特書碑者誤爾〔註33〕。
由歐氏之說明，則知〈陸喈碑〉之書撰者竟把「壬辰」誤書爲「庚辰」，此一碑石
的錯誤，已然打破了歐氏在《集古錄跋尾》時常強調的觀念——「碑石是當時所
立，不應有誤。」、「碑碣皆當時所刻，理不得差」、「碑石當時所書刻，不應妄。」
所以，雖是當時所刻，仍會有人爲之疏失，在引用碑刻時，實不得不愼。

　　另外還有一種情形是史書與碑刻有異，而莫可究其孰失。如〈唐郭知運碑銘〉
即是一例。

　　　　右〈郭知運碑銘〉，蘇頲撰。其書知運子四人，皆有次第，曰英傑、
　　英奇、英協、英彥。而張說亦爲知運撰碑，其書知運子，與頲正同，而
　　唐書知運傳，書其子二人，而無英奇英協英彥，但云二子英傑、英乂而
　　已。英奇等三子在唐不顯，史家闕略尚或有之，英乂嘗爲西川節度，其
　　事甚著，史官不應失其世家，而二公作銘在郭知運卒後不遠，亦不應闕
　　其子孫，莫可究其孰失也。姑志之以俟知者。嘉祐八年十月十八日書〔註
　　34〕。

然而，也有碑石資料錯誤甚多者，如由顏眞卿撰幷書的〈歐陽琟碑〉，歐陽脩即在
碑文中找到四大錯誤。因爲此碑內容歐陽脩自家家譜有關，所以歐氏在考證上更
爲細心，雖然此碑是歐氏極爲崇拜的大書法家顏眞卿撰文繕書，可是歐氏在史實
的辯明上，是一點也不含糊的，他寫道：

　　　　〈唐歐陽琟碑〉。右歐陽琟碑，顏眞卿撰幷書。余自皇祐至和以來，
　　頗求歐陽氏之遺文以續家譜之闕。既得顏魯公歐陽琟碑，又得鄭眞義歐
　　陽諲墓銘，以與家所傳舊譜及陳書元和姓纂諸書參較，又問於呂學士夏
　　卿，夏卿世稱博學，精於史傳，因爲余考正訛舛，而家譜遂爲定本。然
　　獨琟碑所失者四：

　　　　顏公書穆公封山陽郡公，呂學士云：陳無山陽郡，山陽今楚州是也。
　　當梁陳時，自爲南兗州，而以連州爲陽山郡，然則陳書及舊譜皆云穆公
　　封陽山公爲是，而顏公所失者一也。

　　　　舊譜皆云堅石子質南奔長沙，顏公云自景達始南遷，其所失者二也。

　　　　歐陽生自前漢以來，諸史皆云字和伯，而獨公云字伯和，二字義雖
　　不異，然當從眾，又顏氏獨異，初無所據，蓋其繆爾，其所失者三也。

〔註33〕同註4，《集古錄跋尾》卷第四，頁8上。
〔註34〕同註4，《集古錄跋尾》卷第六，頁10上～10下。

元和姓纂及諡銘皆云：胤，約之子，而顏公獨以為紀子，其所失者
四也〔註35〕。

當然，歐陽脩並沒有責怪顏真卿的意思，他還為顏氏的錯誤，找到了理由，所以
在跋尾的末段，他寫道：

珪之世次，不應舛亂如此，蓋諡之卒葬在咸亨上元之間，去率更未
遠，真義所誌，宜得其實，珪卒大曆中，唐之士族遭天寶之亂，失其譜
繫者多，顏公之失，當時所傳如此，不足怪也。

歐氏常常說「碑石是當時所立，不應有誤。」、「碑碣皆當時所刻，理不得差」、「碑
石當時所書刻，不應妄。」，可是此碑顏公之失，理由竟然也是「當時所傳如此，
不足怪也。」可見不管是當時所立，或當時所傳，皆不能保證必然無失，因為有太
多因素會干擾史實的正確性，從事歷史研究的人在史料的判讀上，實不得不慎啊！

第四節　史鑑與哲思

由前述三節可知，歐陽脩在碑石的蒐集上，不僅用以正史之失，又可補史之
缺，雖然碑石也不是百分之百的可靠，但是他實事求是的精神已讓他在史學上開
創了金石證史的成就。除此之外，歐氏也在幾處跋尾裡道出他從碑石裡得到的體
會。

由於碑石設立之用意，不外乎藉重碑石之堅，以傳之久遠，但以歐陽脩蒐集
金石的經驗看來，雖以金石之堅，仍是敵不過歲月的流逝，往往幾百年不到，便
遭受來自於天然的風雨摧折，與人為的破壞。儘管人們有意留下珍貴記錄，常是
事與願違，難能如願。更何況是刻意要留下姓名想藉以垂之不朽的人，其結果也
常是枉費心機，未能順遂心意。所以歐氏從中得到不少啟發，如在〈漢楊君碑〉
裡，歐陽脩就有此類體會，他寫道：

〈漢楊君碑〉者其名字皆已摩滅，……，其終始頗可詳見，而獨其
名字泯滅為可惜也。是故余嘗以謂君子之垂乎不朽者，顧其道如何耳，
不託於事物而傳也。顏子窮臥陋巷亦何施於事物邪？而名光後世。物莫
堅於金石，蓋有時而敝也〔註36〕！

在此，歐陽脩以顏回窮臥陋巷而名光後世為例，以讓世人知道：雖物莫堅於金石，

〔註35〕同註4，《集古錄跋尾》卷第七，頁5下～6下。
〔註36〕同註4，《集古錄跋尾》卷第二，頁24上～24下。

蓋有時而敝。

像這樣的跋語，在〈後漢郎中王君碑跋尾〉裡，歐氏亦有類似說法。他首先
提到：

> 右漢郎中王君碑，文字磨滅，不復成文，而僅有存者，其名字官闕。
> 辛葬年月，皆莫可考。惟其碑首題云：漢故郎中王君之銘。知其為漢人，
> 姓王氏，而官為郎中耳〔註37〕。

由這塊碑「文字磨滅，不復成文」的現象，歐氏不禁感受到「蓋夫有形之物，必
有時而弊。」所以他接著又說：

> 是以君子之道無弊，而其垂世者，與天地而無窮。顏回高臥於陋巷，
> 而名與舜禹同榮，是豈有為託於物而後傳邪？豈有為於事而後著耶？故
> 曰：久而無弊者道，隱而終顯者誠。此君子之所貴也！若漢王君者，託
> 有形之物，欲垂無窮之名，及其弊也，金石何異乎瓦礫〔註38〕！

可見若無君子之道，光是想藉由有形的金石，欲垂無窮之名，仍是枉費心機而徒
勞無功的。但是真能看破此一事理的人，終究是少之又少，微乎其微！到底好名
之人仍是所在多有，不勝枚舉。在《集古錄跋尾》裡，被歐陽脩指責為好名的人，
委實不在少數。如於楊齊哲所撰的〈韋維善政論〉碑中內容，歐氏就點出此碑實
為德政碑，而進一步道出文士好名之弊。他說：

> 余嘗患文士不能有所發明以警未悟，而好為新奇以自異，欲以怪而
> 取名，如元結之徒是也。至於樊宗師，遂不勝其弊矣！如齊哲之文，初
> 無高致，第易碑銘為論贊爾〔註39〕。

在此，歐氏又提到元結、樊宗師等人，皆為好名之人。尤其對於元結，歐氏特別
有意見，又於另兩則跋尾提到有關元結好名之事，於〈唐元結窪罇銘跋尾〉他說：

> 唐元結窪罇銘。右窪罇銘，元結撰，瞿令問書。次山喜名之士也，
> 其所有為，惟恐不異於人，所以自傳於後世者，亦惟恐不奇而無以動人
> 之耳目也。視其辭翰，可以知矣！古之君子誠恥於無聞，然不如是之汲
> 汲也〔註40〕！

又於〈唐元結陽華巖銘跋尾〉寫道：

> 右陽華巖銘，元結撰，瞿令問書。元結，好奇之士也。其所居山水，

〔註37〕同註4，《集古錄跋尾》卷第三，頁 13 下～14 上。
〔註38〕同註4，《集古錄跋尾》卷第三，頁 14 上。
〔註39〕同註4，《集古錄跋尾》卷第六，頁 6 下～7 上。
〔註40〕同註4，《集古錄跋尾》卷第七，頁 13 上。

必自名之，惟恐不奇。而其文章用意亦然，而氣力不足，故少遺韻。君
子之欲著于不朽者有諸，其內而見於外者，必得於自然，顏子蕭然臥於
陋巷，人莫見其所爲，而名高萬世，所謂得之自然也。結之汲汲於後世
之名，亦已勞矣！嘉祐八年十二月二十六日書〔註41〕。

兩則跋語內容，都在指責元結好奇、好名，而他還是不厭其煩地以顏回蕭然臥於
陋巷爲例，用以說明君子仁人實不必刻意求名，而名聲自可傳於後世。而汲汲於
後世之名者，卻無法參透此一道理，是以常只是用力於文章之奇，冀望託於金石
之堅，想來實是過於勞苦！

　　所以對於歷代諸多刻意題名之事，歐陽脩總是不予肯定。關於此點，他在〈唐
華嶽題名跋尾〉有頗多發揮，其文如下：

　　　　自唐開元二十三年訖後唐清泰二年，實二百一年，題名者五百一
　　人，再題者又三十一人，往往當時名士也。或兄弟同遊；或子姪並侍；
　　或寮屬將佐之咸在；或山人處士之相攜；或奉使奔命有行役之勞；或窮
　　高望遠極登臨之適。其富貴貧賤歡樂憂悲，非惟人事百端，而亦世變多
　　故。開元二十三年丙午，是歲天子耕籍田肆，大赦，群臣方頌太平，請
　　封禪。蓋有唐極盛之時也。清泰二年乙未，廢帝篡立之明年也，是歲石
　　敬瑭以太原反，召契丹入自雁門，廢帝自焚于洛陽，而晉高祖入立，蓋
　　五代極亂之時也。始終二百年間，或治或亂，或盛或衰，而往者來者，
　　先者後者，雖窮達壽夭參差不齊，而五百人者卒歸於共盡也。其姓名歲
　　月，風霜剝裂，亦或在或亡，其存者獨五千仞之山石爾！故特錄其題刻，
　　每撫卷慨然，何異臨長川而歎逝者也〔註42〕！

歐氏又於〈唐甘棠館題名跋尾〉，針對文士之好名，也有一段議論頗值得吾人深省，
其文如下：

　　　　右甘棠館題名，自唐德宗貞元以來，止於會昌。文字多已磨滅，惟
　　高元裕、韋夏卿所書尚可讀。甚矣！人之好名也。其功德之盛，固已書
　　竹帛、刻金石以垂不朽矣！至於登高遠望，行旅往來，慨然寓興於一時，
　　亦必勒其姓名留于山石，非徒徘徊俯仰，以自悲其身世，亦欲來者想見
　　其風流。夏卿所記，留連感愴，意不淺也。如高韋二子，皆當時知名士
　　也，史傳載之詳矣！昔杜預沈碑漢水，謂萬世之後，谷或爲陵，庶幾復

────────────

〔註41〕同註4，《集古錄跋尾》卷第七，頁13上～13下。
〔註42〕同註4，《集古錄跋尾》卷第六，頁12上～13上。

　　　　出以見于世，其爲慮深矣！然預之功業不待碑而自傳，其區區於此者，
　　　　好名之弊也。故士或勤一生以自苦，或餓死空山之中，甚者蹈水火、赴
　　　　刀鋸，以就後世之名，爲莊生所笑者，有矣！故余於集古，每得前世題
　　　　名，未嘗不錄者，閔夫人之甚好名也〔註43〕。

以上所言，尚止於文士好名而已，而對於有些爲惡之人，想藉由碑刻文飾自身罪
惡的人，歐陽脩更是予以撻伐，如在〈王重榮德政碑跋尾〉，即說道：

　　　　右〈王重榮德政碑〉，歸仁澤撰，唐彥謙書。重榮當唐之末，再逐
　　　　其帥，遂據河中，雖破黃巢、平朱玫之叛有功於一時，而阻兵召亂，爲
　　　　唐患者，多矣！碑文辭非工，而事實無可采，所以錄者，俾世知求名，
　　　　莫如自修善譽，不能掩惡也。考重榮之碑，豈不欲垂美名於千載？而其
　　　　惡終暴於後世者，毀譽善惡不可誣，故也。彥謙以詩知名，而詩鄙俚，
　　　　字畫不甚工，皆非余所取也〔註44〕。

又於〈魏公卿上尊號表跋尾〉提到：

　　　　右〈魏公卿上尊號表〉，唐賢多傳爲梁鵠書，今人或謂非鵠也，乃
　　　　鍾繇書爾，未知孰是也。嗚呼！漢魏之事，讀其書者，可爲之流涕也。
　　　　其鉅碑偉字，其意惟恐傳之不遠也。豈以後世爲可欺歟？不然，不知恥
　　　　者無所不爲乎〔註45〕？

另外還有一則〈楊公史傳跋尾〉，歐氏亦有一段精采的論述，他說：

　　　　右〈楊公史傳〉，文字訛缺，原作者之意所以刻之金石者，欲爲公
　　　　不朽計也。碑無年月，不知何時，然其字畫之法，迺唐人所書爾。今纔
　　　　幾時，而磨滅若此！然則金石果能傳不朽邪？楊公之所以不朽者，果待
　　　　金石之傳邪？凡物有形，必有終弊。自古聖賢之傳也，非皆託於物，固
　　　　能無窮也。迺知爲善之堅，堅於金石也〔註46〕！

在此，歐陽脩特別強調：「凡物有形，必有終弊。自古聖賢之傳也，非皆託於物，
固能無窮也。」所以他相信「爲善之堅，堅於金石也」。這是他廣蒐金石碑刻之後
的深刻體會。

　　　　另外，歐陽脩還從許多碑石裡，看到不少發人深省的史鑑，例如〈吳國山碑
跋尾〉所言：

〔註43〕同註4，《集古錄跋尾》卷第八，頁5下～6上。
〔註44〕同註4，《集古錄跋尾》卷第九，頁14上～14下。
〔註45〕同註4，《集古錄跋尾》卷第四，頁2上。
〔註46〕同註4，《集古錄跋尾》卷第九，頁17上～17下。

右〈吳國山碑者〉，孫皓天冊元年禪于國山，改元天璽，因紀其所
獲瑞物，刊石于山陰。是歲晉咸寧元年，後五年，晉遂滅吳。以皓昏虐，
其國將亡，而眾瑞並出，不可勝數，後世之言祥瑞者，可以鑒矣！熙寧
元年中元後一日書〔註47〕。

歐陽脩以亡國之史實與虛誕之祥瑞作一對比，就將人們崇信祥瑞之愚妄點出，得
出一個足以振聾發聵的史鑑。其實歐陽脩治學，據其子歐陽發所述，是「力破漢
儒災異五行之說」〔註48〕，近人李則芬〈歐陽修的新史識〉亦提及歐氏治史的一
點新史識即是「破災異五行說」〔註49〕，也因此當歐陽脩撰作《新唐書》時，會
在〈五行志〉的序文特別批判五行災異之說〔註50〕，其用心可謂良苦。

又如於〈唐景陽井銘跋尾〉，歐氏也是語重心長，將他的感慨道出：

右景陽樓井銘，不著撰人名氏。述隋滅陳叔寶與張麗華等投井事，
其後有銘以為戒。又有唐江寧縣丞王震井記云：井在興嚴寺，其石欄銘
有序稱余者，王廣也。其文字皆磨滅，僅可識其十一二。叔寶事前史書
之甚詳，不必見於此，然錄之以見煬帝躬自滅陳，目見叔寶事，又嘗自
銘以為戒，如此及身為淫亂，則又過之，豈所謂下愚之不移者哉？今其
銘文隱隱尚可讀處有云：「前車已傾，負乘將沒」者，又可歎也〔註51〕！

以隋煬帝滅陳，目見陳叔寶傾覆之史事，且又曾自銘以為戒，卻又如此淫亂，最
後終至敗亡一事來看，歷史的借鏡，對於下愚者而言，往往難以發生作用，而此
一情狀，看在上智者的眼中，又是一個足以為借鏡的史鑑了。

另外，〈唐李德裕平泉草木記跋尾〉的內容更值得吾人注意：

右〈平泉草木記〉，李德裕撰。余嘗讀鬼谷子書，見其馳說諸侯之
國，必視其為人材性賢愚、剛柔緩急，而因其好惡喜懼憂樂而捭闔之。
陽開陰塞，變化無窮。顧天下諸侯無不在其術中者，惟不見其所好者，
不可得而說也。以此知君子宜慎其所好，蓋泊然無欲，而禍福不能動，
其利害不能誘。此鬼谷之術所不能為者，聖賢之高致也。其次簡其所欲，
不溺於所好，斯可矣。若德裕者，處富貴招權利，而好奇貪得之心不已，

〔註47〕同註4，《集古錄跋尾》卷第四，頁5下～6上。
〔註48〕《歐陽文忠集》，冊四，《附錄》卷第五（台北：台灣中華，1966，3月，台一版），
頁1下。
〔註49〕李則芬，〈歐陽修的新史識〉（《東方雜誌》，復刊第二十卷第七期），頁31。
〔註50〕詳見歐陽脩，《新唐書》卷三十四〈五行志序〉（台北：台灣中華，1966，3月，台
一版），頁1上～2上。
〔註51〕同註4，《集古錄跋尾》卷第六，頁11下～12上。

　　　　至或疲弊精神於草木，斯其所以敗也。其遺戒有云：「壞一草一木者，非
　　　　吾子孫！」此又近乎愚矣〔註52〕！

在此，歐陽脩由李德裕之所爲，他點出「蓋泊然無欲，而禍福不能動，其利害不
能誘。」一語才是「聖賢之高致」，一個人要安身立命，不受外在脅迫引誘，就是
必須做到這一要點。

　　總而言之，歐陽脩在飽覽過眾多碑刻的內容之後，回想立碑者之用心，再對
照碑石文字的殘破情形，他不禁感嘆道：「惟好古之士，知前人用意之深，則其埋
沉磨滅之餘，尤爲可惜者也。〔註53〕」

〔註52〕同註4，《集古錄跋尾》卷第九，頁3下～4上。
〔註53〕同註4，《集古錄跋尾》卷第七，〈唐湖州石記跋尾〉，頁11上。

第六章 結 論

經由筆者將《集古錄跋尾》全書作一番審視之後，對歐陽脩寫作此書之用心與命意，得出以下幾點結論：

一、集錄一千卷碑刻是構成「六一」的必備條件

歐陽脩的蒐集古碑刻，是一項浩大的工程，更是一項創舉，若非有強烈的好古心驅使，要想完成此一巨構，則恐非易事。歐陽脩晚年自號「六一居士」，如果少掉這一千卷的碑刻，則無法構成他所謂的「六一」，可見蒐藏這一千卷的碑刻對於歐陽脩的生活而言，是佔了多大的比重。

對於歐氏的集古動機，若透過他自身之講法、當時士人及後世之看法，皆認為他是在一股強烈的好古嗜好之下，所從事的一項活動。而歐氏之所以會有這一心理需求，由於歐氏並未留下自我省視之文章，限於現有資料，後人是很難強加分析的。當然方和先生認為歐氏的集古是一種心理補償作用——早年學書缺乏紙筆——是頗有參考價值的說法。另外，文師華則注意到歐陽脩的學書、遣玩，是宦海風波之下所產生的心理轉折。這一說法，則更值得學界進一步探討。不管如何，歐氏的集古，在金石學的發展上是有其不可抹煞的開創引領之功。

二、歐陽脩的書法成就不應被忽略

歐陽脩經常發抒對書法的熱愛，亦不斷強調自己有暇即學書，其學書過程與書法觀念散見於《集古錄跋尾》書中，經由筆者稍事整理，得知他在書法藝術上用力之深，遠遠超過世人的想像，又因與大書法家蔡君謨交情甚篤，常有機會向他請教學習，在書法的學習上，也取得長足的進步；而長年接觸大量碑帖，在賞玩之餘，鑑賞與書寫能力亦因此而有所精進。所以歐氏表現在書中的跋語，有時

亦顯露出十足的自信，甚且已有屬於個人獨立創見。尤其他對世人尊崇的晉人法帖提出他獨到的看法，認爲書法的學習，不可將某一法式定爲一尊，而應將書法的表現著重在個人的意趣上；因爲書法的精神，常常是取決於個人的品格修養，若只是一味追求固定的法式，反倒是會扼殺書法生命。可是歐氏如此主張，並不表示要拋開唐人所成就的法度，終究唐人的「法」，是奠定書法功力的根基，歐陽脩每每痛心於宋代士人荒廢書法的學習，其原因即在於此。

總之，他對書法的理解與認知，是走在時代的先端，雖不能以書法名家，卻是喜論書法；又因他將能心意投注在文房用具的賞玩研究上，爲生活增添了不少意趣。所以現代已有書家認爲歐陽脩是開啓宋代尚意書風的關鍵人物，儘管歐陽脩的書法面貌仍是謹守唐人法度，未能像蘇軾、黃庭堅等人走出屬於個人的浪漫書風，但若從廣義的角度來審視，歐陽脩提出的書法觀念，對於宋代書風走向，是有一定的影響與功勞的。

三、歐陽脩的排佛斥老思想強烈而堅定

歐陽脩對佛老的排斥，常表現在《集古錄跋尾》書中。當他因著對書蹟的喜好而大量蒐集碑刻時，不可避免的，總會常常接觸到與佛、道有關的文字內容，以歐氏排佛斥老之堅決，是必須在寫作跋語之時多加說明的，否則世人恐將誤認歐氏已無排佛斥老之心。因此之故，呈現在《集古錄跋尾》書中的跋語，遂成爲歐氏排斥佛老的主要論著，其論述內容與用語之激烈皆在〈本論〉之上。在書中，往往可以更清楚感受到歐氏排佛斥老之實質內涵。但奇怪的是，世人談論歐氏的排佛，甚少注意到歐氏在《集古錄跋尾》的論見，殊爲可惜。

而歐氏晚年是否仍然堅決排佛？一直是學界難以斷定的公案。筆者透過《集古錄跋尾》內容，將其中有註明年月的排佛跋語作一排列分析，可以肯定他的排佛，至少在他五十八歲那年仍是極爲堅定，而自此以後至六十六歲過世的八年時間，則是找不到證據可以顯示他的觀念是否已有改變。但是筆者卻意外從歐氏晚年（熙寧五年七月，歐陽脩死於此年閏七月，此時即歐氏死前一個月）與子歐陽發等人編定《居士集》時，竟削去與排佛無關的本論上篇（本篇多就當代政治問題立論），但存專論關佛的中、下兩篇。可見歐氏於過世前，其排佛之志恐怕仍極爲堅定，看不出有鬆動現象。

儘管如此，在《集古錄跋尾》中，有一則熙寧壬子正月二十九日（即歐氏死前半年左右）所寫的〈唐李文饒平泉山居詩跋尾〉，歐陽脩反而是在稱讚出家之勇決，是常人之所難。歐陽脩的這種反應，是不是可以看作是他晚年對佛教教義的

某種認同呢？還是一時的消極感慨呢？這恐怕需要有佐證資料出現才可解決了。

四、歐陽脩的集古，開創了以碑刻考證史書之新路

集古之舉，以往只著重在賞玩雅好，未賦予崇高之任務，但歐陽脩的集古，能在賞玩之餘，開創出一條金石證史的新路，對史學之貢獻甚鉅。面對著碑刻文字記載，他藉此獲得了史書以外的史料。由於他實事求是的精神，驅使他進一步研究其中差異，在《集古錄跋尾》裡，他整理出一套金石證史的法則──以時間之遠近、書寫人之親疏、史料內容之主觀客觀──來判定史料之真實與否。但又因歐陽脩了解到人們立碑之時，常有溢美之詞，所以他又於書中提到補充法則，對於碑中所寫的功過善惡，則不予採信。

但要注意的是，歐陽脩認為碑石不管是當時所立，或當時所傳，皆不能保證必然無失，因為有太多因素會干擾史實的正確性，從事歷史研究的人在史料的判讀上，實不得不慎。

另，歐陽脩在集古的過程裡，看到諸多碑石經不起自然界風霜雨露的侵蝕，已然殘破不堪，幾乎無從辨識；再想到立碑之初，人們想要藉此傳之久遠的用意，不正是想藉此以達不朽嗎？因此，歐氏體會到聖人之所以不朽，可以名留千古的關鍵並不在刻意的銘刻碑石，而應注重涵養個人之品格。若想要藉著立碑銘功，欲令後世知曉，則恐怕將徒勞而無功了。

五、《集古錄跋尾》呈現歐陽脩文藝思想

由於此書是歐陽脩隨想隨寫之跋語，內容極為廣泛博雜，限於個人時間與能力，筆者只能在《集古錄跋尾》書中挑出幾項重點加以探討，但除此以外，仍有不少與文藝相關的題材可以提供學者再進一步深入研究，諸如他對駢文的排斥、對家譜的提倡與重視、注意到碑刻失真的問題……，皆是未來可以研究的問題。

後　記

　　這是我兩年多前寫就的碩士論文，在看似平易的內容之下，其實是歷經幾年的苦思冥索才得以完成，雖稱不上苦心孤詣，卻也是我日以繼夜，全力以赴之作，尤其是以我粗淺的學識，寫來並不輕鬆。沒想到竟能獲得編者青睞，選入古典文獻研究輯刊之中，實是幸運之至！

　　在寫作之初，原本是因個人對蒐集碑帖的興趣與對宋代書法的關注，而選定了《集古錄跋尾》作為研究對象。但經由仔細研讀之後，發現除了書法以外，此書竟蘊含了歐陽脩不少寶貴的思想見解，尤其是在爬梳整理歐氏排佛方面的議論之後，更讓我有如獲至寶之感。

　　但此書的寫作過程並不順利，面對題材的蒐集與辨析，我曾有幾度的遲疑、困惑，還好有指導教授許東海老師的開示指引，我才能走出思索的迷障；由於有他的包容諒解，我才可在多次的嘗試錯誤之下，找到了明確的方向。尤其當我有任何新發現的時侯，他會及時分享我的喜悅！

　　當然，還要感謝劉文起老師、涂豔秋老師的不吝指正與鼓勵，使我頓時間又發現到一己思慮諸多不周之處，在我最後論文的完成上，兩位老師的及時糾正點悟，無異是那關鍵的臨門一腳。

　　而在付梓前夕，編者先生對拙著的詳加校對與建議，及時補正了我先前的疏失、錯誤，可謂惠我良多，藉此致上深深的謝忱。

蔡清和　謹識於 2005/9/20

附錄：歐陽文忠公墨寶

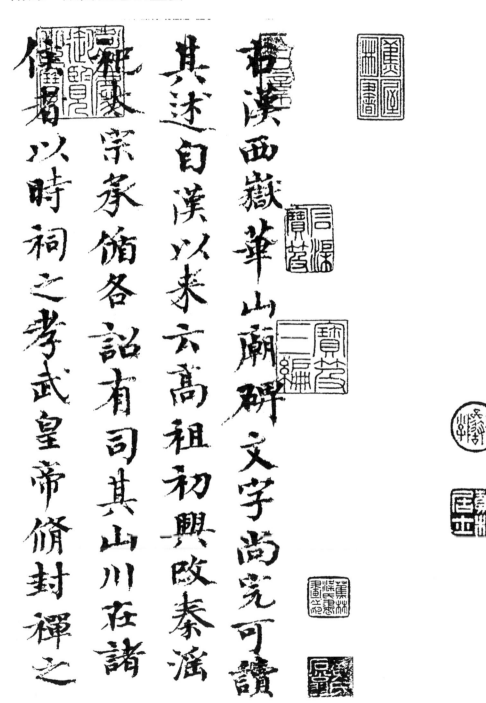

引自《歐陽文忠公遺蹟與祠祀》，頁125，〈《集古錄跋尾》四則合卷〉之一

禮延省五岳立宮其下宮曰集靈宮
殿曰存僊殿門曰望僊門仲宗之世使
首特節歲一禱而三祠後不承前至於
己新滌用立虛孝武之元事舉其中
禮從其省但使二千石歲時往祠自是
以來百有餘年所立碑石文字磨滅延
熹四年弘農太守袁逢脩廢起頹易碑

引自《歐陽文忠公遺蹟與祠祀》，頁126，〈《集古錄跋尾》四則合卷〉之二

飾闕會遷京兆尹孫府君到欽若嘉

業遒而成之孫府君諱琛其大略如

此其記漢祠四岳事見本末其集靈

宮他書皆不見惟見此碑則余於集

錄可謂廣聞之益矣

治平元年閏月廿六日書

引自《歐陽文忠公遺蹟與祠祀》，頁 127，〈《集古錄跋尾》四則合卷〉之三

故漢楊君碑者其名字皆已磨滅、惟其銘云明三楊君其姓尚可見尔其官閥始卒則粗可考云孝順皇帝巡以楊史呂見帝嘉其忠呂之苗器其興璠之質詔拜郎中遷常山長史換捷為府丞非其好也廼翻然輕舉宰司累辟應于司徒州察茂才

引自《歐陽文忠公遺蹟與祠祀》，頁 128，〈《集古錄跋尾》四則合卷〉之四

遷銅陽侯相金城太守南蠻校尉迪王
師出征拜車騎將軍從事軍遞筭
勳復以疾辭後拜議郎五官中郎將
沛相年五十六建寧元年五月癸丑遘
疾而卒其終始頗可詳見而獨其名
字泯滅為可惜也是故余嘗以謂君子
之垂乎不朽者顧其道如何尔不託於

引自《歐陽文忠公遺蹟與祠祀》，頁 129，〈《集古錄跋尾》四則合卷〉之五

引自《歐陽文忠公遺蹟與祠祀》，頁 130，〈《集古錄跋尾》四則合卷〉之六

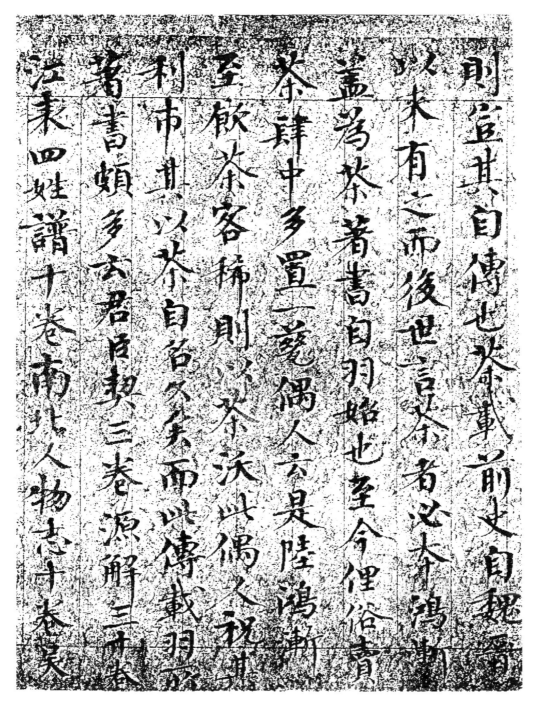

引自《歐陽文忠公遺蹟與祠祀》，頁131，〈《集古錄跋尾》四則合卷〉之七

引自《歐陽文忠公遺蹟與祠祀》，頁 132，〈《集古錄跋尾》四則合卷〉之八

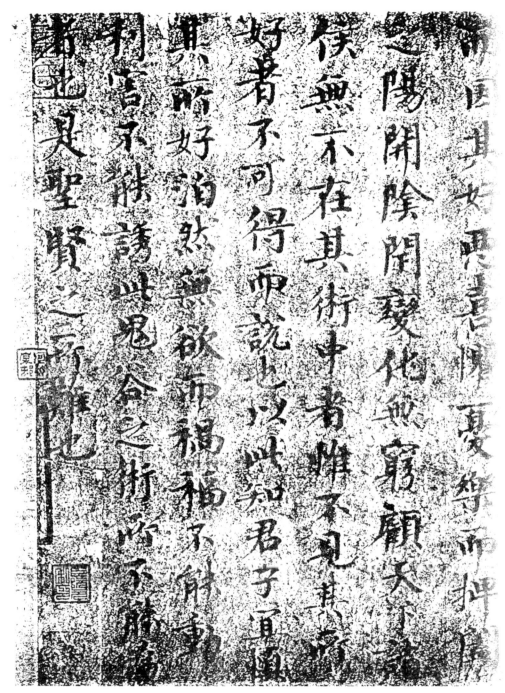

引自《歐陽文忠公遺蹟與祠祀》，頁133，〈《集古錄跋尾》四則合卷〉之九

債脊氣候不常承

動履清安厚

簡誨存問感愧　俯拙疾如故然請

外非為疾亦与諸公求罷而後當北

進退者異也諒非遂請不膝已攜亦盡

引自《歐陽文忠公遺蹟與祠祀》，頁 139，〈氣候帖〉

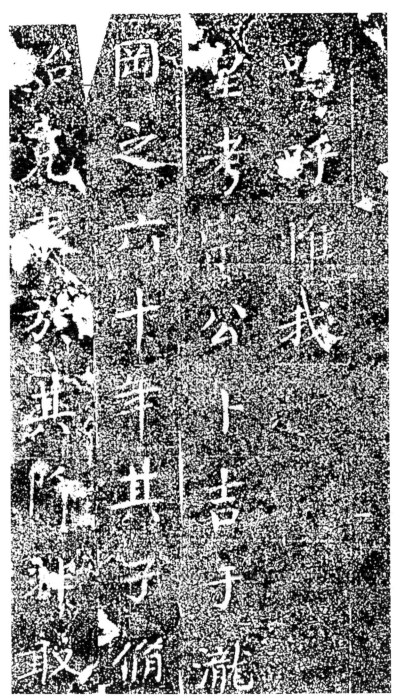

引自《歐陽文忠公遺蹟與祠祀》，頁 163，〈西陽宮與瀧岡阡表碑亭〉

參考書目

壹、一般書籍

1. 曹寶麟，《中國書法史》，（江蘇：新華書店，1999 年 10 月）。

2. （明）陶宗儀，《書史會要》，《中國歷代書畫藝術論著叢編》（北京：京華書店，1997 年）。

3. （明）胡應麟，《少室山房筆叢》，《中國學術名著：728～729》，《讀書記叢刊：第十二～十三冊》（台北市：世界，1980 年）。

4. （宋）王洙，《王氏談錄》，《百部叢書集成》（台北縣：藝文，1965 年）。

5. （清）紀昀，《四庫全書總目》（台北縣：藝文，1989 年，六版）。

6. （宋）韓琦，《安陽集》，《四庫全書珍本》（台北市：臺灣商務印書館）。

7. （宋）黎靖德編，《百衲本朱子語類》，《畿輔叢書本朱子學歸》，《四部善本新刊》（台北縣：漢京文化事業有限公司，1980 年 7 月）。

8. 楊家駱，《宋人題跋》上，《中國學術名著：636》，《藝術叢編：第二十二冊》（台北市：世界書局，1992 年）。

9. （元）脫脫、朱英、袁禎，《宋史》，《四部備要》史部（台北市：中華書局，1966 年）。

10. （宋）樓鑰，《攻媿集》，《四部叢刊正編》（台北：商務 1979 年 11 月，台一版）。

11. （宋）梅堯臣，《宛陵先生集》，《四部叢刊》初編（上海：上海書店，1989 年 3 月）。

12. 朱劍心，《金石學》，《萬有文庫薈要》（台北市：臺灣商務印書館，1965 年）。

13. （清）李遇孫，《金石學錄》，《人人文庫》（台北市：臺灣商務印書館，1985 年）。

14. （宋）石介，《徂徠石先生文集》（北京市：中華書局，1984 年 7 月）。

15. 程敏政編，《皇明文衡》，《四部叢刊》初編（台北市：臺灣商務印書館，1990

年）。

16. （元）陸友仁，《研北雜志》（北京市：中華書局，1991 年）。

17. （宋）張守，《毘陵集》，《百部叢書集成；第六十八函；27》，《聚珍版叢書》（台北縣：藝文，1965 年）。

18. （明）茅坤，《唐宋八大家文鈔》，《文淵閣四庫全書》（台北，商務，1983 年）。

19. （清）儲欣，《唐宋十大家全集錄》，《四庫全書存目叢書；集部；總集類；405》（台南縣：莊嚴文化事業公司，1997 年）。

20. 馬宗霍，《書林藻鑑》（台北市：台灣商務印書館，1984 年 5 月）。

21. 龔鵬程，《書藝叢談》（宜蘭縣宜蘭市：佛光人文社會學院，2001 年 6 月）。

22. （宋）晁公武，《郡齋讀書志》，《人人文庫特；547～550》（台北市：台灣商務印書館，1978 年 1 月）。

23. 《鮑翁家藏集》，《四部叢刊》（台北市：台灣商務印書館，1990 年）。

24. （宋）朱熹，《晦庵先生朱文公文集》（台北市：台灣商務印書館，1980 年）。

25. （三國魏）曹植，《曹子建集》，《四部備要》集部（台北市：中華書局，1966 年）。

26. （宋）梅堯臣，《梅堯臣集編年校注》，《中國古典文學叢書》（上海市：上海古籍出版社，1980 年）。

27. （明）方以智，《通雅》（上海：古籍出版社，1988，一版）。

28. （明）梅純，《損齋備忘錄》，《百部叢書集成》第六函，4，《古今說海》（台北縣板橋市：藝文，1966 年）。

29. （宋）歐陽脩，《新唐書》（台北：台灣中華，1966，3 月，台一版）。

30. （唐）三藏法師玄奘譯，《瑜伽師地論》，《彌勒菩薩說》（台北市：方廣文化，1996 年）。

31. （明）唐龍，《漁石集》，《百部叢書集成》第三十一函，95，《金華叢書》（台北縣板橋市：藝文，1966 年）。

32. （明）唐龍，《漁石集》，《百部叢書集成》第三十一函，95，《金華叢書》（台北縣，藝文，1966 年，初版）。

33. （明）張萱，《疑耀》，《百部叢書集成》第三函，93，《嶺南遺書》。北京市：中華書局，1985 年。

34. （清）厲鶚，《樊榭山房全集》（台北市：文海，1975 年）。

35. （宋）歐陽脩，《歐陽文忠公集》，《四部叢刊》初編（上海：上海書店，1989 年 3 月）。

36. （宋）歐陽脩，《歐陽文忠集》，《四部備要》（台北：台灣中華，1966，3 月，台一版）。

37. 蔡世明，《歐陽修的生平與學術》，《文史哲學集成》（台北市：文史哲出版社，1986 年 9 月）。

38. 洪本健編,《歐陽修資料彙編》,《古典文學研究資料彙編》(北京:中華書局,1995 年 5 月)。

39. 黃進德,《歐陽脩評傳》,《中國思想家評傳叢書》(江蘇省:南京大學出版社,1998 年 10 月)。

40. (清)錢大昕,《潛研堂文集》,《四部叢刊》初編(上海:上海書店,1989 年 3 月)。

41. (宋)王柏,《魯齋集》,《百部叢書集成:第十七函;95》,《金華叢書》。臺北縣,藝文,1966 年。

42. 何文煥編,《歷代詩話》(台北縣:藝文,1983 年,四版)。

43. (宋)王闢之,《澠水燕談錄》,《百部叢書集成;第二十二函;29》,《知不足齋叢書》(台北縣:藝文,1965 年)。

44. (宋)葉夢得,《避暑錄話》,《叢書集成初編》(北京,中華,1991 年,北京一版)。

45. (元)劉壎,《隱居通議》二,《叢書集成初編;0212～0215》,第一版(北京,中華,1985 年)。

46. (宋)洪适,《隸釋》,《四部叢刊》三編(上海:上海書店,1985 年 9 月)。

47. (唐)韓愈,《韓昌黎全集》,《四部備要》集部(台北市:中華書局,1966 年)。

48. (唐)劉昫,《舊唐書》,《四部備要》(台北市:臺灣中華書局,1966 年)。

49. (宋)葛立方,何文煥編《韻語陽秋》,《歷代詩話》(台北縣,藝文,1983 年,四版)。

50. 《鐵圍山叢談》,《百部叢書集成;第九函;29》,《知不足齋叢書》(台北縣板橋市:藝文,1965 年)。

51. (清)顧炎武,《顧亭林詩文集·亭林文集》,《中國古典文學基本叢書》(北京:中華書局,1983 年)。

52. (宋)羅大經,《鶴林玉露》,《百部叢書集成;第四函;14》,《稗海》(台北縣板橋市:藝文,1965 年)。

貳、期刊論文

1. 葉培貴,〈《集古錄目跋尾》的書法史學〉,《書法研究》,(2000 年,第 2 期(總第 94 輯))。

2. 崔樹強,〈宋、清兩代金石學對書法的影響及其背景分析〉,《書法研究》,(2002 年,第三期)。

3. 王德軍,〈宋人尚意書風的形成〉,《天水師範學院學報》,第 20 卷第 4 期,(2000 年 12 月)。

4. 徐洪興,〈略論唐宋間的排佛道思潮〉,《復旦學報社會科學版》,第四期,(1994 年)。

5. 陳宗敏,〈歐陽永叔的集古錄〉,《中國國學》,第十一期,(1997 年)。

6. 余敏輝,〈歐陽修的金石證史〉,《史學史研究》,第 3 期,(1999 年)。

7. 劉德清,〈歐陽修的創「新」與辟「怪」〉,《吉安師專學報》,第十九卷第三期,(1998 年 9 月)。

8. 李則芬,〈歐陽修的新史識〉,《東方雜誌》,復刊第二十卷第七期

9. 曹家齊,〈歐陽修與佛教之關係一辨〉,《漳州師院學報》,(1999 年第 3 期)。

10. 曾建林,〈歐陽脩的「人本」的儒家人學思想〉,《杭州大學學報》,第 27 卷,(1997 年 10 月)。

11. 趙叔鍵,〈論歐陽修作新五代史之意義〉,《光武學報》,第 16 期,(民國 80 年 6 月)。

12. 文師華,〈論歐陽修的書法美學觀〉,《江西社會科學》,第 10 期,(1998 年)。

13. 胡源,〈論歐陽修的書法藝術〉,《贛南師範學服》,第一期,(1988 年)。

14. 何澤恆,〈韓愈與歐陽脩〉,《書目季刊》,1977 年 5 月,4 期。

羅振玉金文學著述

熊道麟　著

作者簡介

熊道麟

1958 年生於屏東市，祖籍四川萬縣，國立臺灣師範大學碩士、國立高雄師範大學博士，現任嶺東科技大學專任副教授、國立中興大學兼任副教授。浸淫文字學、文學與夢文化研究多年，著有《羅振玉金文學著述》、《先秦夢文化探微》與〈冥祥記研究〉、〈左傳城濮之戰前兩個夢的解析〉、〈文學作品中的窺浴趣談〉、〈左傳中與晉景公有關的三個夢解析〉、〈七八聯用成語所表現的亂象〉、〈從左傳中的桑田巫看春秋時期的專業解夢人〉、〈中國夢文化研究方向探析〉、〈左傳夢文化探微〉、〈結草報恩——左傳中一則報恩夢的文化省思〉、〈倩女離魂與元雜劇中的夢〉、〈從史記人物行跡探討孔子天命觀的主體創造價值——以項羽、張良、藺相如為例〉、〈解夢與人生〉、〈開門七件事〉等專著、散論十餘種。

提　　要

　　金文學肇端於北宋，歷經元、明兩代而中衰。清代以後，斯學再盛，學者輩出，成就更是遠逾前修。羅振玉生逢清末民初甲骨、古器大量出土的時世，上承宋代以來諸賢的造詣，下啟後學研究的先路。識深知廣，觸類旁通，承先而啟後，堪稱學界導師，功不可沒。而其研究心得，亦多有可觀。本書的寫作標鵠，即在整理、爬梳羅振玉的金文學相關著述與研究成果，以期表彰其學術貢獻。

　　本書內容共分五章：第一章〈羅振玉小傳〉，略次羅振玉的生平事蹟與學術軌轍，以利讀者瞭解羅振玉的成長背景與事業取捨的因緣。第二章〈羅振玉所治金文學〉，分「治學範疇」、「治學理想」、「治學方法」與「治學成就」等四節加以論述。第三章〈羅振玉金文學著述輯纂〉，擇取羅振玉有關金文學的書目共五十一種，同時依照各書的性質，區分為「目錄」、「圖象」、「文字」、「題跋」、「雜著」等五大類，輯纂其中與金文學相關的研究內容，逐一介紹。第四章〈羅振玉金文學著述繫年〉，分別依照羅振玉金文學相關著述的成書年月，以次排列，同時著明各書版本，俾利檢索。第五章〈羅振玉金文學研究貢獻萃要〉，撮取羅振玉在金文學方面的研究心得，分「經學貢獻萃要」、「史學貢獻萃要」與「文字學貢獻萃要」等三節，一一例舉以明其大要。

目

錄

出 版 序

　　《羅雪堂先生之金文學》為我就讀於國立臺灣師範大學國文研究所，攻讀碩士學位時的畢業論文，由恩師　李國英教授所指導。當時因受時代風氣的影響，論文的寫作係以較古典的文言撰述。且由於電腦的運用尚未普及，因此在造字與掃瞄頗有困難的情況下，全文均以手寫定稿、付印。雖從斑斑字跡中可以回味昔日讀書的艱困與筆耕收成的甜美，然就讀者閱讀的立場而言，確實有所隔礙。是以論文完成之後，雖曾發表於《國立臺灣師範大學國文研究所集刊》第三十期，然而每當慮及是否應將渺微的文獻整理與研究成果付梓出版，以圖作為《羅雪堂先生全集》的輔翼，為學界略盡綿薄時。往往礙於自忖所學未篤，識見短淺，因而未敢貿然妄舉。仔細回想起來，那一切竟然都已是二十年前的悠悠往事了。

　　今年初，花木蘭文化工作坊來函邀約，希望我授權將這部「沉寂已久」的拙作編入潘美月教授所主編的「古典文獻研究輯刊」中，正式出版。有感於歲月移易，早年的宿願，竟然恍如春夢，橫空而來，驟然得以實現，喜不自勝。於是取出舊作，送請繕打、校對，然後逐字逐句地將原先的文言論述徹底改寫為較為淺近的語體。同時，將書名改為《羅振玉金文學著述》。

　　如今，這本著作即將以嶄新的面貌問世。在此出版前夕，特別感謝花木蘭文化工作坊高小娟小姐的諸多協助與叮嚀。希望這本小書，除了附「古典文獻研究輯刊」驥尾的價值之外，確實能為金文學的研究者提供一盞微明的燈火。

謹誌

2005 年 9 月於台中

凡　例

一、本書每章各分若干節，其中有待加註說明的內容，則分註於當頁頁尾。

二、本書引文，爲求行文方便，故行文時或具原文標題；或不具標題。其中具標題的
　　部份，則於附註中註明版本、頁次；未具標題的部份，則附註中兼註標題。

三、各章所述文字與所見書目，若有重見，且已附註於前註，若非必要，則不再贅註。

四、第三章〈羅振玉金文學著述輯纂〉所輯諸書，各依成書的性質歸類；每類再各依
　　成書年月的先後爲次。其中若有讀編、補遺，而著成的年代與正編相異，則依例
　　以正編年月爲準。

五、第四章〈羅振玉金文學著述繫年〉所輯諸書，各依成書的年月爲次。其中若有續
　　編、補遺，則分別依照續編、補遺的成書年月列次。羅振玉的遺著，不論已刊、
　　未刊或者未完成，均一一列於表後。

六、第三章〈羅振玉金文學著述輯纂〉中所輯諸書，有專涉金文的著作；亦有雜涉金
　　石的著作。若屬專涉金文的著作，則全書詳細介紹；若屬雜涉金石的著作，則詳
　　金而略石。

自　序

　　自來吾國學人能藏書者未必能讀，能讀之者，亦未必能深博而卓然有所發明；即或能兼及之，且又能舉私人之力刊布書籍，廣其流通者，殊鮮見矣！究其理，蓋非有廣博之學問根基，卓絕之識見智力，過人之熱心毅力，深遠之學術胸襟與夫饒裕之財力物力者，實不足以任之故也。惟羅振玉先生雖生當兵燹災亂之際，國瘠民貧之時，然猶卓然立志，以學術為性命，視學術之存亡為已任，一生矻矻於古器物、書籍之收藏、研究刊布，表微彰隱，守闕抱殘，著述之總數，多達二百餘種，校刊之書籍，更逾四百有奇，如此成就，古今人中，洵罕見其匹。綜其畢生之學術，體大而事繁，亦皆各有造詣，其犖犖大者，約有七端：一曰甲骨文字之考訂與傳播；二曰古明器研究之倡導，三曰敦煌文卷之整理；四曰內閣大庫史料之保存；五曰漢晉木簡之研究；六曰漢熹平石經殘字之集錄；七曰金文及其器物之傳拓與研究。具足以創先生不朽之鉅業，成一家之絕學。

　　金文之學，雖僅先生學術之一端，止就此一端，固不能盡得先生學術之全貌，然先生之金文學，得藉以上啓甲骨文字之辨識，下正說文解字之舛繆，並旁及石刻、竹簡乃至經史諸學之考訂，其重要猶路棧之於跋山，津渡之於涉水，實乃先生學術之樞紐。而先生自少致力於斯學，未嘗一日或間。一生閱歷所及，微論器物、拓本，靡不竭力蒐羅，潛心鑽研，成書之富，逾五十種，幾居先生畢生著述四分之一。其中或圖錄器形；或拓摹銘文，所輯墨本之多，自宋以降，未見其儔。且於金文學之研究啓示若干門徑，民國以來，如王氏國維、商氏承祚、容氏庚與唐氏蘭等學者，胥受先生之啓導獎掖，而各擅勝場。先生之成就，誠為民國以來金文學界之泰山北斗也。抗父於所著〈最近二十年間中國舊學之進步〉　文中云：「羅君以學者之身，百方蒐求新出之材料，而為近百年文化之結集，其研究之功，乃為其保存流通之功所掩。」確為允評。斯編撰述之旨，即在彰明先生金文學之成就與貢獻，承　李師國英提示綱領，察疏補闕，且於拙文，不憚再改，斯編乃得以寫定。今將付諸剞劂，謹識於此，以示師恩之弗敢或諼。惟以學植淺陋，才薄質疏，雖效夫子敏求之訓，殫思竭能，罣漏疏失，乃在所不免，尚祈博雅君子，不吝賜教。

七十三年十月　熊道麟謹識於
國立臺灣師範大學國文研究所

第一章　羅振玉小傳

　　羅振玉先生，字叔蘊，又字叔言，號「雪堂」。清同治5年（西元1866年）6月28日生於江蘇淮安府山陽縣南門更樓東寓廬，民國29年（西元1940年）5月14日卒於遼寧旅順，享壽七十有五。羅先生初名「寶鈺」，十六歲入縣學後改名為「振玉」，其後便終生以此名行世。由於祖籍浙江上虞，羅先生著書題序，多以「上虞羅振玉」自署〔註1〕。晚年時，由於清遜帝溥儀曾經手書「貞心古松」扁額相贈，故而又號「貞松老人」、「松翁」。此外，羅先生的著述中，還用過「老殘翁」、「抱殘老人」〔註2〕、「商遺父」〔註3〕及「仇亭老民」〔註4〕等別署。

　　羅先生為甲骨文學界著名的「甲骨四堂」之一，居於王觀堂（王國維）、董彥堂（董作賓）、郭鼎堂（郭沫若）之首，對於甲骨文字之研究，頗具「導其先路」的歷史定位。五歲時，羅先生入塾接受啟蒙教育，七歲時即能略通文義。但由於體質虛弱，因此求學期間，常常為病痛所苦。啟蒙恩師李岷江對羅先生的聰穎早

〔註1〕羅振玉以其先世曾經居處於浙江上虞之永豐鄉，因而又號「永豐鄉人」；著書題序，如：〈海外吉金錄序〉、〈遼居稿序〉等，多以「上虞羅振玉」自署。

〔註2〕羅振玉於民國19年（西元1930年）所撰〈貞松堂集古遺文序〉，自署「老殘翁」；民國20年所撰〈遼居乙稿序〉，自署「抱殘老人」。此等別署之由來，於羅振玉63歲（西元1938年）時所為〈自輓聯〉，或可得窺其緣由：「畢生寢饋書籍，歷觀洹水遺文，西陲墜簡，鴻都石刻，柱下祕藏，抱殘守缺差自幸。」其中對於得辛歷觀出土甲骨、墜簡石刻等史料遺物，並加以保存，頗感自豪。（《貞松老人外集·卷四》，《羅雪堂先生全集》續編·冊四，頁1835。）

〔註3〕羅振玉於民國2年（西元1913年）所撰〈鳴沙石室佚書序〉，自署「商遺父」，為東渡日本後的別署。

〔註4〕羅振玉於民國3年（西元1914年）所撰〈芒洛冢墓遺文序〉，自署「仇亭老民」，亦為東渡日本後的別署。據〈溥儀自傳〉說：「他在辛亥革命那年東渡，在日本做了十年寓公，考文寫書，自名『仇亭老民』。」（金川出版社·民國67年（西元1978年）四版，頁191。）按：其中所謂「十年」，當是八年。

慧頗多嘉許，然而卻又憂心這樣的體質，恐將難以長大成人。因此曾向羅振玉的父親樹勳公表示，如果這個孩子能存活下去，將來必定成就非凡〔註5〕。言談間頗多讚賞與惋惜。到了十四歲時，羅先生已將四書、五經全部讀畢，爲日後的學術研究奠立了穩固的經學基礎。

光緒7年（西元1881年），羅先生十六歲，赴紹興應童子試，名列第七。應試後的幾個月，羅父爲了避債而離鄉，全家生計，便由羅先生一身承擔，飽嚐憂患艱苦，奔走衣食的歲月。羅先生對金石學的喜愛，即萌芽於此時。據〈雪堂金石文字跋尾序〉自述，當時羅先生對金石的研究十分著迷，只要有機會得一古刻，便會立即攤書考訂。然而由於當時家中的經濟條件較爲貧困，加上學識閱歷均有所不足，因此成果有限。當時心頭的最大遺憾，便是無法蒐羅更多的墨本以供研考〔註6〕。

羅先生的名山之業，始於十九歲時所寫的《讀碑小箋》〔註7〕與《存拙齋札疏》〔註8〕各一卷。當時已在史地學界享有盛名的汪士鐸，讀後大爲讚歎。次年，文學大家俞樾（曲園）在所著《茶香室叢鈔》中采錄了《存拙齋札疏》的內容，使得當時許多學者以爲羅先生是位學界耆老，而不知其實不過是一位年方弱冠的青年。

爲了照顧家計，羅先生從光緒13年（西元1887年）開始設帳授學，擔任童子師。課餘閒暇，也不忘勤勉地從事研究、寫作。著述範圍，除經史以外，漸及小學、目錄、校勘、姓氏等各種學門，常常在一年之內，便可以成書數種。不過由於國事蜩螗，羅先生希望能汲取經世致用的學識，以求堪爲大用，因此對時務更是十分留意，也開始鑽研杜佑《通典》與顧炎武《日知錄》等經世致用的學問，偶而也閱讀一些兵家著作與防河書。尤其是在中日「甲午戰役」之後，滿清政府一蹶不振，民生凋敝，百姓疾苦。羅先生有了學農的想法，希望秉持著「農爲邦本」的觀念，爲當政者提供切實可行的富國謀略。羅先生一面汲取《齊民要術》、

〔註5〕李岷江對樹勳公所言：「此子若得永年，異日成就必遠大。」見羅振玉《集蓼編》，《羅雪堂先生全集》續編‧冊二，頁697。

〔註6〕〈唐風樓金石文字跋尾序〉說：「玉年十有六，初治金石學。」（新文豐出版公司《石刻史料新編》第一輯‧冊二十六，頁19831）。〈雪堂金石文字跋尾序〉亦說：「予年十有六，即喜治金石之學。家貧少見聞，又生長僻壤，孤學無助，而多暇日，偶得一古刻，即攤書爲之考訂。當斯時也，以不能多致墨本爲恨。」（《羅雪堂先生全集》初編‧冊二，頁419。）

〔註7〕《讀碑小箋》一卷，成於清光緒10年（西元1884年），有是年唐風樓刊本、貽安堂印本，《羅雪堂先生全集》未收。其序則輯入《全集》三編‧冊一，頁36。

〔註8〕《存拙齋札疏》一卷，成於清光緒10年（西元1884年），有光緒11年刊本，《羅雪堂先生全集》未收。其序則輯入《全集》三編‧冊一，頁36。

《農政全書》、《授時通考》等傳統農政方面的知識；另一方面又在上海與蔣黼（伯
斧）合資創辦「農學社」；設立「農報館」，購買歐、美、日本等國農書；出版《農
學報》，聘專人翻譯各國農書與雜誌。先後將近十年的期間中，所翻譯的農書，多
達一百餘種。〔註 9〕此外，還編輯出版了《農學叢書》，對中國農學方面的研究提
出了諸多見解。光緒 26 年（西元 1900 年），湖廣總督張之洞電邀羅先生總理湖北
農務局，冀望藉助長才，改革農政。可惜因人事紛擾，以致抱負未得舒展。

在教育事業方面，羅先生同樣念茲在茲，孜孜矻矻。爲了培育日語翻譯人才，
羅先生於光緒 22 年（西元 1896 年）與友人合辦「東文學社」，並多次應聘到各地
辦學。光緒 27 年（西元 1901 年）又在上海創辦了教育界的首本專刊—《教育世界》
旬刊。宣統元年（西元 1909 年）受任爲「京師大學堂」農科監督，奉命赴日考察
教育歸國後，便著手積極建設，爲日後的「北京農業大學」奠立穩固的發展基礎。
光緒 28 年（西元 1902 年）夏天，羅先生應南洋公學監督盛宣懷的邀聘，出任該
校上海分校的校長〔註 10〕。次年，又應端方的邀請，在蘇州「紫陽書院」舊址開
辦「江蘇師範學堂」〔註 11〕。羅先生對教育事業的奔走效命，可謂不遺餘力。

光緒 28 年（西元 1902 年）羅先生在劉鶚的寓所初見甲骨文墨本，除對這些
漢代以來小學家所未曾見過的大地瑰寶大爲驚奇外，更燃起一份流通傳布的使命
感〔註 12〕。於是勸說劉鶚，將所藏的龜甲全數墨拓，出版了甲骨文學史上第一本
著述《鐵雲藏龜》〔註 13〕，並爲該書寫了一篇序言。宣統元年（西元 1909 年），

〔註 9〕張靜盧《中國近代出版史料》二編：「光緒二十二年，羅振玉、徐樹蘭、朱祖榮、
　　　　蔣黼等組織『務農會』於上海，出版『農學報』，譯刊農學書，先後出版一百餘種。」
　　　　（見《羅雪堂先生全集》初編・冊二十《莫氏榮宗羅雪堂先生年譜》引。）本年譜
　　　　原載《大陸雜誌》第二十六卷・五至八期。
〔註 10〕趙萬里《王靜安先生年譜》云：「光緒二十八年壬寅，夏間……時盛宣懷爲南洋公
　　　　學監督，設分校於虹口之謙吉里，羅先生被任爲校長，先生即爲校之執事。」（台
　　　　灣商務印書館・67 年（西元 1978 年）初版），頁 5。本年譜原載於《國學論叢》一
　　　　卷三號。
〔註 11〕羅振玉《集蓼編》云：「是年六月，鄂撫端忠敏公移署蘇撫，過滬來訪，面請參議
　　　　學務，謝之不可，七月往受事，謀創江蘇師範學堂，卜地於撫標中軍操場……即舊
　　　　紫陽書院也。」（見《羅雪堂先生全集》續編・冊二），頁 728。
〔註 12〕羅振玉〈殷虛書契前編序〉云：「此刻辭中文字，與傳世古文或異，固漢以來小學
　　　　家若張、杜、楊、許諸儒所不得見者也。今幸山川效靈，三千年而一洩其祕，且適
　　　　當我之生，則所以謀流傳而攷遠之者，其我之責也夫。」（見《羅雪堂先生全集》
　　　　初編・冊一），頁 91。
〔註 13〕《鐵雲藏龜》六卷，劉鶚編，清光緒 29 年（西元 1903 年）影印。所收甲骨計 1061
　　　　片；民國 19 年（西元 1930 年）蟬隱盧重印本有鮑鼎釋文。

日人林泰輔寫成〈清國河南湯陰縣發現之龜甲獸骨〉一文〔註14〕，向羅先生請益。次年6月，羅先生撰成《殷商貞卜文字考》一書〔註15〕，分「考史」、「正名」、「卜法」、「餘說」四端予以答覆。書中考訂甲骨出土的地點為殷商先王武乙的故墟，在河南安陽縣西五里的「小屯」，而非湯陰；卜辭為殷商王室的遺物。此書問世之後，對後學者具有莫大的啓示，甲骨學的研究，也自此開啓了門徑。

宣統3年（西元1912年）10月，國民革命武昌事起，日籍友人人大谷伯及京都大學故交內藤虎次郎等多人共邀羅先生赴日。羅先生於是偕同長婿劉大紳、親家王國維等三家及眷屬將近二十人共同前往，在京都淨土室馬場町築室暫居。當時羅先生隨身攜帶的藏書甚為豐碩，最初寄存在京都大學中，並經常偕同王國維一起前往校理。然而由於往返奔波，頗感艱苦，因而又在淨土寺町購買了數百坪的土地，建起一座名為「永慕園」的四楹樓宇。其中一半的空間用以安頓家眷；另一半則用來奉祀先人、接待賓友。不久之後，又增建了一間藏書用的書庫，取意於庫中所藏北朝初年寫本《大雲無想經》的宗旨，命名為「大雲書庫」。建成後，便將寄存於京都大學中的藏書全數移往此處，總計有書籍五十萬卷之多；古器物銘識拓本數千件；古彝器及其他古器物千餘種。自此在日本寓所過著雜植花木，著書遣懷的日子。經過近八年的歲月，才又重返國門，卜居天津將近十年的歲月〔註16〕。

羅先生與王國維之間亦師亦友並兼兒女親家的關係，向來是學術界津津樂道的話題。二人的友誼，大約始於清光緒戊戌年間（西元1898年）的「百日維新」之後不久。當時王國維由江寧來到上海，投身於《時務報》工作，並以半工半讀的方式，進入羅先生所辦的「東文學社」就讀。其間還曾因為月考不及格，面臨除名的窘況。幸賴羅先生以提攜人才為念，所以特准繼續學習，並資助他遠赴日本東京物理學校留學。此番東渡日本，羅先生與王國維論交已有十餘年的歷史。在這段漫長的歲月中，羅先生不僅對王國維的學術才華極為激賞，更對他與家庭

〔註14〕〈清國河南湯陰發現之龜甲獸骨〉，日人林泰輔撰。載於宣統元年（日本明治42年、西元1909年）日本《史學雜誌》二十卷八至十期。是為日人介紹甲骨文字較早之作，然譌誤頗多。

〔註15〕《殷商貞卜文字考》一卷，有清宣統2年（西元1901年）玉簡齋石印本。後輯入《羅雪堂先生全集》三編·冊一。

〔註16〕羅振玉自辛亥（西元1911年）10月渡日，民國8年（西元1919年）3月返國，歷時七年零五月。4月而卜居天津，至民國17年（西元1928年）12月始移居遼東旅順，先後共九年零八個月。

照顧得無微不至〔註 17〕。赴日之後，二人相與論學，過從更密。羅先生期勉王氏專研國學，並由小學先植根基。羅先生認為，清代學術導源於顧炎武（亭林），其後作者輩出，而造詣最精深的學者則為戴震、程瑤田、錢大昕、汪中、段玉裁、與高郵二王諸人，因而以諸家的著作相贈。羅先生並曾向王氏論及清代學術的得失說：

> 尼山之學在信古，今人則信今而疑古，國朝學者疑《古文尚書》，疑《尚書》孔注，疑《家語》，所疑固未嘗不當。及大名崔氏著《考信錄》，則多疑所不必疑矣。至於晚近，變本加厲，至謂諸經皆出偽造。至歐西哲學，其論多似周秦諸子，若尼采諸家學說，賤仁義，薄謙遜，欲創新文化以代舊文化，則流弊滋多。方今世論益歧，三千年之教澤，不絕如線，非矯枉不能反經，士生今日，萬事無可為，欲極此橫流，舍反經信古未由也。公年方壯，予亦未至衰暮，守先待後，期與子共勉之〔註 18〕。

議論中，對清末新舊文化的交替沖激與國學的日趨淪喪頗感憂心，更有將王國維許為接班人的期勉。王國維聽了這番話後，心中頓有感觸，自愧昔日所學不夠精醇，於是盡棄前學，遂將《靜安文集》一百餘冊取出燒燬，從此終日浸淫在戴、程諸家的著作中；同時利用「大雲書庫」藏書與藏器之便，大量驗證所學，發明新義。民國 5 年（西元 1916 年）2 月，王氏返國，羅先生以藏書的一成相贈。送行神戶時，緊握其手，期勉他日後能像顧亭林一般，具備崇高的地位與成就〔註 19〕。

民國 6 年（西元 1917 年），羅先生開始大量整理金石文獻，他認為金石之學

〔註17〕羅振玉與王國維二人的結識，始於清光緒 24 年（西元 1898 年）。趙萬里《王靜安先生年譜》記載：「時上虞羅叔言先生（振玉）方創農學社（按當作學農社），……以乏譯才，乃以私貲設東方學社於新馬路之梅福里。聘日本藤田劍峰（豐八）博士為教授。五月朔，學社開學，先生請於館主，日以午後三小時往學，聽講之外，絕少自修之暇。……月末甄別，先生與嘉興沈昕伯（紘）、山陰樊少泉（炳清）皆在不及格之列，羅先生為言於藤田博士，仍許入學。」（見趙萬里《王靜安先生年譜》·臺灣商務印書館，頁 4。）羅振玉〈海寧王忠慤公傳〉云：「公來受學時，予尚未知公，偶於其同舍生扇頭讀公詠史絕句，乃知為偉器，遂拔之儔類之中，為贍養其家，俾力學無內顧憂。」（見《王國維先生全集》·附錄·台灣大通書局，頁 5384。）至宣統 3 年（西元 1911 年）10 月渡日，二人深交已逾十三年之久。

〔註18〕見羅振玉〈海寧王忠慤公傳〉，台灣大通書局《王國維先生全集》·附錄，頁 5385。

〔註19〕王國維自日本歸國，羅振玉送行至神戶，並期勉說：「以君進德之勇，異日以亭林相期矣！」（見羅振玉〈海寧王忠慤公傳〉，台灣大通書局《王國維先生全集》附錄，頁 5386。）

應當以傳錄文字為最先要務，接著才是考證的功夫〔註 20〕。在此思維之下，羅先生編印了《殷文存》三卷，開創了殷周金文專錄的先河。其後二十餘年間，羅先生陸續編成《夢鄡草堂吉金圖》、《貞松堂集古遺文》與《三代吉金文存》等專著多種。不論是著錄的數量多寡或鑑別的謹嚴程度，都超越了宋代以來的水準，無可匹儔。民國 13 年（西元 1924 年）秋天，羅先生奉遜帝溥儀之命，與王國維入值南書房，負責整理寧壽宮古彝器〔註 21〕。羅先生對於這項殊榮備感珍惜，因此曾自歎說：「平生志業，百不稱意，惟文字之福，傲視前賢〔註 22〕。」

民國 20 年（西元 1931 年）歲暮，羅先生寫成《集蓼編》，自述平生行誼〔註 23〕，序中覼數成長的艱苦經歷，並比喻這樣的困苦歷程，有如「食蓼之蟲，甘苦自喻」：

> 幼罹窮罰，壯值亂離，顛沛餘生，忽焉老至。念平生所懷，百未一償，而憂患歷更，譬如食蓼之蟲，甘苦自喻。初不必表白於人，惟念兒子輩丁此身世，閱歷太疏，故書以示之，用資借鏡。我雖學行遠媿昔賢，亦粗足為後昆表率。且自敘語皆質實〔註 24〕，較異日求他人作表狀以虛辭諛我，不差勝乎？

這一年，羅先生六十六歲，對於關內的局勢混亂，軍閥爭鬥深感痛苦，於是

〔註 20〕羅振玉〈萬里遺文目錄序〉云：「曩嘗與儕輩論金石之學當以傳錄其文字為最要，考證其後也。」（見《羅雪堂先生全集》四編·冊三），頁 1237。

〔註 21〕羅福頤《先府君行述》云：「甲子八月，奉命入值南書房……面諭命檢寧壽宮藏器。」（《羅雪堂先生全集》續編·冊二，頁 815。）王季烈《羅恭敏公家傳》云：「甲子夏，命在南書房行走，檢查甯壽宮藏器，養心殿陳設。」（《羅雪堂先生全集》續編·冊二，頁 793。）又《溥儀自傳》也有相同記載：「在我婚後，由於升允的推薦，也由於他的考古學名氣，我接受了陳寶琛的建議，留作南書房行走，請他參加了對宮中古彝器的鑑定。」（金川出版社·民國 67 年（西元 1978 年）四版），頁 190。

〔註 22〕見〈羅氏繼祖大雲書庫藏書題識序〉，《羅雪堂先生全集》續編·冊四，頁 1480。

〔註 23〕《集蓼編》為羅振玉的自傳，內容詳贍，後輯入《羅雪堂先生全集》續編·冊二·《貞松老人遺稿》甲集。〈序〉則輯入《羅雪堂先生全集》續編·冊四，頁 1856。

〔註 24〕羅振玉雖自信地說「語皆實質」，然而細觀書中所述內容，實未盡然。莫榮宗《羅雪堂先生著述年表》記述：「讀先生此編，必須與先生所撰之序跋及《王靜安先生年譜》（趙萬里編）、《滿洲國紀實》（李念慈撰）互相比對，始能得其真相。此編始載於民國三十年出版之《貞松老人遺稿》甲集·第六冊，後附〈行狀〉、〈家傳〉各一編及著書總目一卷。……先是羅氏福頤嘗撮錄此編三分之一，刊於民國二十四年十二月《考古社刊》第三期，顏曰：《松翁自敘》。民國四十一年十月二十八日至十二月底，香港《星島日報》·每週人物版（一〇三期至一一二期）轉載此書，改名：《雪堂自傳》。」（《羅雪堂先生全集》續編·冊二十；本年表原載《大陸雜誌》二十五卷二至三期。）按《集蓼編》及〈行述〉、〈家傳〉、〈著書總目〉今皆輯入《羅雪堂先生全集》續編·冊二；《雪堂自傳》則輯入五編·冊一。

下定了「勤王」的念頭，親自前往天津迎接遜帝溥儀，送抵旅順，力圖復辟。結果事與願違，未能成功。冬末春初之際，羅先生突染重病，經數十日都能好轉。羅先生本想停止醫藥，順其自然，以待天命。溥儀得知此事後，親往探問，竟讓羅先生有了知遇的感動，病情也逐漸好轉。後來溥儀在日本的扶持下，建立「滿州國」〔註25〕，羅先生也跟著來到長春，擔任參議府參議一職。不久又陸續出任臨時賑務督辦；滿州國監察院院長等職，直至民國26年（西元1937年）才黯然離去。卜居於旅順，閉門著書，並以玩賞金石，品評書畫爲樂。

民國29年（西元1940年）初，羅先生微染風寒。2月中旬，轉成肺炎。當時主治醫生認爲羅先生年事已高，病情堪慮。不料羅先生的次孫承祖於驚惶之餘，竟然自刲臂肉，和藥進奉。經過了一個多月，羅先生神奇似地好轉，使得群醫嘖嘖稱奇。惜同年5月，羅先生宿疾復發，延至14日巳時病逝於寓所。

羅先生相貌清癯，蓄山羊鬍一綹，戴金絲近視眼鏡。言語慢條斯理，行路節奏緩和。一生中自奉清儉，曾留遺書曉諭兒輩說：

> 我身後殯殮，以五百圓爲限，不得過先人。不出訃文，不邀人作諛墓之文並傳狀。即印我遺書，贈至親至友。出殯時，棺車前一銘旌足矣，不許妄費〔註26〕。

羅先生雖自持簡約，然而卻常胸懷悲憫。多次籌款放賑，救助孤苦，卻遺憾個人勢孤力薄，無法多方救助〔註27〕。綜其一生，可謂譽毀參半。尤以晚年昧於時代潮流，不奉民國，仍以滿清遺老自居，對溥儀效其愚忠。勾結日本軍閥，力謀復辟〔註28〕，最爲世所譏議。雖說其情可憫，卻因腐舊的政治思想，長留罵名，實

〔註25〕「滿洲國」肇建於民國21年（西元1932年）正月30日，建都長春，改元「大同」。大同3年（西元1935年）正月16日，復行帝制，改號「滿洲帝國」，改元「康德」。民國34年（西元1945年）7月11日終告瓦解，前後共十四年。

〔註26〕見〈甲子歲諭兒輩〉，《羅雪堂先生全集》續編·冊四，頁1802。

〔註27〕羅振玉對無力救助貧眾，往往長嘆道：「姑盡吾心而已。」（見羅福頤〈先府君行述〉，《羅雪堂先生全集》續編·冊二），頁824。

〔註28〕羅振玉《集蓼編》記述云：「予自辛亥避地海東……遂以己未反國，寓天津者又十年，目擊軍人私鬥，連年不已，邪說橫行，人紀掃地，不忍見聞，乃復避地遼東。又三年……私意關內麻亂，無從下手，惟東三省尚未甚糜爛，莫如籲懇我皇上，先拯救滿蒙三千萬有眾，然後再以三省之力，勘定關內。惟此事非得東三省當道有勢力、明大義者，不得相與有成。乃於辛未春赴吉林，與熙格民（洽）密商之。熙君夙具匡復之志，一見相契合，勉以珍重待時。又以東三省與日本關係甚深，非得友邦諒解，不克有成，非中日協力從東三省下手不可；欲維持東三省，非請我皇上臨御，不能洽民望。友邦當道聞之，頗動聽。」（見《羅雪堂先生全集》續編·冊二，頁783。）又云：「中國廿年來民生塗炭，皆由改帝政爲共和……故欲挽橫流，非恢復

屬遺憾！

舊制不可。」（見《羅雪堂先生全集》續編·冊二，頁 784。）羅先生此言此行，
不能究洞時局，可謂腐舊之甚。

第二章　羅振玉所治金文學

　　古今以來，凡足以成就一家之言的學術思想，必皆有其籀繹的系統與立說的依據。羅振玉在金文方面的研究用力頗勤，對所治金文學的範疇、治金文學的理想抱負、治學方法等多有獨到的見解，成就同樣燦然可觀。

一、研究範疇

　　金文器銘的載錄，始見於《漢書‧郊祀志》所載漢宣帝時於美陽（現陝西寶雞周原）所得寶鼎鼎銘〔註1〕。直到北宋中葉，金文學才逐漸形成專門的學類。羅振玉對私家藏蓄與藏器著錄的發端亦頗有考究，因此在〈夢郼草堂吉金圖序〉中敘述道：「古之私家藏蓄古器者，莫先於劉之遴，史稱其在荊州聚古器數百十種。厥後宋之劉原父在長安得先秦古器數十，著《先秦古器記》〔註2〕，此又私家藏器著錄之所自始〔註3〕。」劉之遴為南朝梁人；北宋劉敞所著《先秦古器圖》，則根據個人在長安所蒐得具有長銘的十一件古器，派匠工摹寫圖像、銘文、刻於石上而成。劉敞在〈序〉中提出了古器的價值與研究法則，共有三端：曰禮家—明其

〔註1〕漢代關於金文學的記載，先有《史記‧封禪書》李少君識齊桓公陳於柏寢之器；後有《漢書‧吾丘壽王傳》載武帝時汾陽得寶鼎，而吾丘壽王以為「天祚有德，而寶鼎自出」，謂乃漢鼎而非周鼎之事。然大抵為詭辨欺詐之辭說，不足為憑。惟《漢書‧郊祀志》載宣帝時美陽得鼎獻之，中有刻書曰：「王命尸臣官此栒邑，賜爾旂鸞、黼黻、琱戈。尸臣拜手稽首曰：『敢對揚天子，丕顯休命』。」時張敞既好古文字，按其鼎銘，識為周之所以襃揚大臣，大臣子孫銘其先功，藏於宮廟之器，此或即金文學之肇端。

〔註2〕《先秦古器記》一卷，據歐陽修〈集古錄跋尾〉所載，乃宋人劉敞於宋仁宗嘉祐年間（西元 1056～1063）擔任永興太守時所撰。是書後亡佚，僅見於楊殿珣撰、容庚校補之《宋代金石佚書目》（《考古學社社刊》四期，頁 204。）。

〔註3〕見《羅雪堂先生全集》初編‧冊一，頁 166 至 167。

制度；曰小學─正其文字；曰譜牒─次其世謚，成爲金文學開山的理論。其後呂大臨《考古圖》〔註4〕，王黼《博古圖》〔註5〕諸書相繼出世，著錄及研究的範圍益漸擴增，金文研究的風氣於是蔚然興盛。降至清代，又一變爲彝器考釋之學。多數學者集中精力於文字的考釋，也有部份學者留心於器名改定與時代鑑別等學問。然而金文學的範疇如何，終無定說。因此要探究羅振玉所治金文學的內涵，有必要先對其所認知的金文學概念加以認知。

（一）、就「金石學」的涵意探討：

由於研究者的取意不同，金文學的涵意，一般可分爲廣義與狹義二種概念。馬衡在《中國金石學概要》中，提出一種較爲廣義的說法：

> 宋以來之爲此學者，大致分爲二類。其一可名爲古器物之學，不論其爲金爲玉，不論其有無文字，凡屬三代、秦、漢之器物，皆供賞玩者是也。其一可名爲金石文字之學，不論其物質之爲何，苟有鑴刻之文字，皆見採錄者是也。故此二者之範圍，最初僅限於器物及碑碣，其後乃漸及於瓦當磚甓之屬。至於今日，古物出土之種類，日益滋多，殷虛之甲骨，燕齊之陶器，齊魯之封泥，西域之簡牘，河洛之明器等，皆前人著錄所未及者。物質名稱雖不足以類之，而確爲此學範圍以內所當研究者。故今日之所謂「金石學」，乃兼「古器物學」、「金石文字學」而推廣之，爲廣義之學科名稱，非僅限於狹義之物質名稱已也〔註6〕。

馬衡是將「金石」界定爲一種學科名稱，而非兩種材質的名稱。而「金石學」中又包含了「古器物學」與「金石文字學」兩大門類，這是一種廣義的界說。

羅振玉〈與友人論古器物學書〉則提出不同的看法：

> 考宋人作《博古圖》，收輯古器物，雖以三代禮器爲多，而範圍至廣。逮後世變爲彝器欵識之學，其器限於古吉金，其學則專力於古文字，其造詣精于前人，而範圍則轉隘。「古器物」之名亦創于宋人，趙明誠撰

〔註4〕《考古圖》十卷，宋呂大臨撰。自序謂成於元祐壬申（西元1092），計收錄古銅器211件，玉器13件，體例謹嚴，有疑則闕。并《釋文》一卷，以《廣韻》部分編訂。其版本詳見於陳俊成《宋代金石著述考》，國立政治大學64年（西元1975年）碩士論文，頁33。

〔註5〕《宣和博古圖》三十卷，宋王黼撰。是書仿李公麟考古圖（佚）而作，所藏古器839件，分十二類圖寫，每類各有總說。圖下列有釋文、容量、輕重亦兼注明之。大抵考證略疎，而形模未失；音釋雖謬，而字畫俱存，蒐集之功不可沒。

〔註6〕見馬衡《凡將齋金石叢稿》卷一，明文書局，民國70年（西元1981年）初版，頁2至3。

《金石錄》〔註7〕，其門目分古器物銘及碑爲二。金蔡珪撰《古器物譜》〔註8〕，尚沿此稱，嘉道以來，始于禮器外兼收他古物，至劉燕庭、張叔未諸家，收羅益廣，然爲斯學者率附庸于「金石學」，卒未嘗正其名。今定之曰：「古器物學」，蓋古器物能包括金石學，金石學固不能包括古器物也〔註9〕。

羅振玉的界說，是從古器物研究史的角度來探討，認爲金石學自宋代發跡以來，便以三代禮器與彝器款識爲蒐羅、研究對象，因此稱之爲「金石學」，尚屬合理。然而趙明誠編撰《金石錄》時，已將「古器物」輯爲一類。宋代至清的學者對於古器物的研究範圍益趨廣範，卻依然沿用「金石學」的名稱。因此羅振玉將此一學類稱之爲「古器物學」，而將「金石學」納於其中，這是一種狹義界說。

（二）、就「金」所代表的器物質地探討：

古代典籍，多將「銅」桷爲丨金」，而與今日所謂丨黃金」有別。鮑垂恩〈金文在歷史上的價值及其分類之商榷〉說：

> 金文即古代銅器上之文字，銅器而曰金，何也？凡金之屬，古代皆曰之爲金，不必黃金始稱金。《書·舜典》：「金作贖刑」。〈禹貢〉：「惟金三品」。〈洪範〉：「金曰從革」。《左·僖十八傳》：「鄭公始朝于楚，楚子賜之金」。《莊子·大宗師》：「大冶鑄金」。《荀子》：「王之所寶者六，一曰金足以禦兵亂，則寶之」。寶皆銅也。再證之古銅器，如徐王子穌鐘：「擇其吉金，自作穌鐘」〔註10〕 㠱中簠：「㠱中作寶𠤳，擇之金〔註11〕。」東明尊：「佳東明擊于金」〔註12〕邵大叔斧：「以新金爲資之斧」〔註13〕。

〔註7〕《金石錄》三十卷，宋趙明誠撰。是書以所藏三代彝器，及漢、唐以來石刻，仿歐陽修《集古錄》體例編排。前十卷以時代爲次，自第一至二千，咸著於目。每頁下著年月撰書人名。後二十卷爲辨證，共有跋尾五百二十篇。另趙明誠有《古器物銘碑》十五卷，亦見古器物之名，今佚。考見《宋代金石佚書目》（《考古學社社刊》四期），頁 215。

〔註8〕《古器物譜》，羅振玉認爲係金蔡珪所撰。按：李遇孫《金石學錄》卷二所載，蔡珪僅有《金石遺文》一書。見台灣商務印書館，民國 59 年（西元 1970 年）臺一版，頁 13。羅振玉所述，不詳何所本。

〔註9〕見《羅雪堂先生全集》初編·冊1，頁 75 至 76。

〔註10〕按「徐王子穌鐘」，又名「𤔲鐘」，銘文共 76 字，釋文及著錄情形參見福開森《歷代著錄吉金目》，台灣商務印書館，民國 60 年（西元年 1971）台一版，頁 35。

〔註11〕按「㠱中簠」，又名「弭仲簠」、「㠱中匜」，銘文共 51 字，釋文及著錄情形參見福開森《歷代著錄吉金目》，頁 725。

〔註12〕按「東䛊尊」（此引鮑氏文作「明」），又名「倉尊」，銘文共 19 字，釋文及著錄情形參見福開森《歷代著錄吉金目》，頁 113。

則亦稱銅爲金也〔註14〕。

其說雖有商榷空間，然舉證甚豐。足見「銅」在古代確曾被稱爲「金」或「吉金」，「吉」取其堅善的涵義。《考工記》曾記載「金」的六種成色說：「金有六齊，六分其金，而錫居一，謂之鐘鼎之齊。」可見六分銅與一分錫的合金，是爲「六齊之首」。因此古代的彝銘，多稱「吉金」。其實金與吉金者意義相同，以之作爲學術上的專稱，意義亦無甚差別。鮑氏所說：「金文即古代銅器上之文字」，等於是說「金文學」爲專論古銅器的學門。朱劍心《金石學》也曾討論「金」的意義說：「然則金者何？以鐘鼎彝器爲大宗，旁及兵器，度量衡器、符璽、錢幣、鏡鑑等物，凡古銅器之有銘識或無銘識者皆屬之〔註15〕。」其說亦然，都是將「金文學」的意義指向專門研究銅器的學問。就器物質地而言，這是一種狹義的概念。

羅振玉對金文學的質地問題，並沒有理論上之探討，然而從他的著述之中，依然可以得窺全豹。民國 5 年（西元 1916 年），羅振玉所著《金泥石屑》一書，卷上收「金」之類，目下自注「金、銅、鉛、銀、鐵」五種質地。可見在銅器以外，還兼收其他金屬質料的器物。更值得注意的是，注中所謂的「金」，係指現今眞正的黃金。

此外，如民國 9 年（西元 1920 年）〈雪堂金石文字跋尾〉，於古彝器外兼收「漢孫成買地鉛卷」；民國 19 年至 22 年（西元 1930 至 1933 年）《貞松堂集古遺文》、《補遺》、《續編》，於〈自序〉中自詡吉金文字著錄之富，實則除銅器外，也雜收鐵、鋁、銀等質地的器物。

由這些著述的內容可以明顯得知，羅振玉對金文學研究器物質地之認定，除銅之外，還可泛指一切金屬類的器物。就器物質地而言，是一種較廣義的概念。

（三）、就「金文」所代表的時代探討：

就「金文」所代表的時代來探討金文學的範疇，也有廣義與狹義的區別。

朱劍心《金石學》說：「凡古銅器之有銘識或無銘識者皆屬之。」其中未嘗就時代加以界定，僅以一「古」字統括，顯然在時間的定義上較爲寬廣，是爲廣義的界說。

也有學者對金文的內容與應用，在時間認知上較爲集中。如梁啓超在《中國

〔註13〕按「邵大叔斧」（此引鮑氏文作「邰」），又名「邵大叔斧」，銘文共 12 字，釋文及著錄之書見福開森《歷代著錄吉金目》，頁 1010。

〔註14〕見《新天地雜誌》六卷·五期，頁 17。

〔註15〕見朱劍心《金石學》第一編·第一章〈金石學之名義〉，台灣商務印書館·民國 69年（西元 1980 年）臺四版，頁 3。

歷史研究法說史料》敘及金文證史的功用說：

> 金文證史之功，過於石刻：蓋以年代愈遠，史料愈湮，片鱗殘甲，
> 固不可寶也。例如周宣王伐玁狁之役，實我民族上古時代對外一大事，
> 其蹟僅見詩經，而簡略不可理：及小孟鼎、虢季子白盤、不嬰敦、梁伯
> 戈諸器出世，經學者悉心考釋，然後茲役之年月、戰線、戰略、兵數、
> 皆歷歷可推……若衡以吾所謂抽象的史料者，則吾曾將金文中之古國
> 名，試一蒐集，竟得九十餘國，其國在春秋時已亡者，蓋十而八九矣〔註
> 16〕。

其中所討論的金文，只限於三代。又鮑垂恩〈金文在歷史上的價值及其分類之商
榷〉云：「金文爲銅器時代之物，在石器陶器之後……傳世金文，號稱三代，實則
夏器固未之見〔註17〕。」鮑氏的觀點與梁啓超的論述相同。

孔德成〈圖書以外的我國古史資料之　一金文〉對此問題亦有提及：

> 什麼叫做「金文」？金文就是我國自殷盤庚（西元1401年）以後，
> 降及周之世，下及秦漢（我們現在所講的，只限於先秦），有種習俗，就
> 是把他們一國一家的大事，個人的功勳，或將作器的原因，鑄或刻到青
> 銅所鑄的器物上，這種文字，就是『金文』。〔註18〕」

這是將金文的時代擴及秦漢，然而在實際應用或研究上，常侷限於先秦。然而不
論這些論點所界定的時代如何，基本上都屬於狹義的界說。

雖然就研究的價值而論，秦漢以後的古器文字，除錢幣、璽印、兵符、鑑鏡
之外，與三代鐘鼎彝器難以匹美。因此歷來研究古器或文字的學者，大多以商、
周的古器爲主體。羅振玉所纂輯的諸多金文相關著作，雖然也不乏專取三代、秦
漢古器物斷代成書者：如《三代吉金文存》、《秦金石刻辭》等是，但無非是期望
藉由斷代的方便，以利研究。除此之外，大部份的著述，皆爲博採歷代器物圖象、
文字於一書，彙成通纂。在時代的界定上，屬於廣義的界說。

如民國6年至7年（西元1917至1918年）所著《夢䣊草堂吉金圖》、《續編》，
除商周器外，兼收秦、漢、魏、蜀、六朝至明代諸器。

民國11年（西元1922年）所著《海外吉金錄》、《補遺》，其中共收商、周、
秦、漢、蜀漢至晉代諸器。

〔註16〕梁啓超《中國歷史研究法說史料》，臺灣商務印書館，民國56年（西元1967年）
　　　　臺二版，頁89。
〔註17〕見《新天地雜誌》六卷·五期，頁17。
〔註18〕見《中國圖書館學會會報》第二十五期，頁1。

以上皆為書名以「吉金」題端,而著錄器物卻不侷限於三代的例子。由此可知,就時代而論,羅振玉對「金文學」研究範疇的認定,實已跨越三代,是為較廣義的認定。

二、治學理想

羅振玉對於金文的重視,不僅將金文視為我國古代載籍的權輿,重要性猶如三代列國的寶書(說見於〈恖齋集古錄序〉)。在〈藝術叢編序〉中,更對金文的學術價值,給予如下的肯定:

> 書契肇興,逮於今茲,蓋四千有餘歲矣。此四千餘年間之制度文物,載於篇籍者,汗牛充棟,不能盡也。然世愈遠,則記載愈寡,漢、魏、六朝人之遺著,傳於今茲者,以視唐宋以來,千萬中不一二也。若先秦以前,則六經、諸子,寥寥數十萬言已耳。學者於六經、諸子之外,欲更求三古之文明,則舍古金石刻辭外,固無有矣。蓋金石刻辭者,我國刊本之至古者也。其器之成,或且在周、孔未生以前,又下為秦燔所不及。故玩其文字,可正六書之違失;觀其記錄,可補史氏之闕文;其形制可正禮器之圖;其刻鏤可驗考工之績,其有裨於學術至巨也〔註19〕。

這番話,可謂對金文的價值知之頗深。從文獻的角度而言,金石刻辭中保存有可信度極高的古老刊本;因此在應用上可以「正六書之違失;補史氏之闕文」;器物的形制與鏤刻,更可以「正禮器之圖;驗考工之績」。滿足文獻學、文字學、史學、經學、與器形研究等各類學門的需求。

正因為對金文的價值有著這樣深刻的認識,因此羅振玉樂於窮其一生的精力,潛心研究而不悔。〈說文二徐箋異序〉又記述道:

> 予年二十治小學,讀段氏注,歎為觀止,自知於許書不能更有發明,故不欲有所造述。乃近年以來,山川所出鼎彝至夥。其文頗足是正許書,擬為說文古籀訂補以廣段先生之法。又以文字之作,可觀見古聖人制作之原,每欲於文字上窺古代禮教、民風、人事、物象,溯進化之淵源,尋文明之軌轍,成一家之言,補昔賢所略。竊取許書後序之誼,為文字尋原,乃以人事旁午,匆匆無所就〔註20〕。

羅振玉二十歲初習小學時,對金文的認識還極為有限,因而對段注《說文》的內

〔註19〕見《羅雪堂先生全集》續編・冊四,頁 1679 至 1680。
〔註20〕見《羅雪堂先生全集》續編・冊四,頁 1666。

容歡爲觀止，自認難以再有創新的見解。然而在見過出土鼎彝的文字後，即刻發現金文不僅足以糾正《說文》中說解的謬失，更可以藉著這些文字，考究古代文明的進程。因而「欲於文字上窺古代禮教、民風、人事、物象，溯進化之淵源，尋文明之軌轍，成一家之言，補昔賢所略。」遂成爲羅振玉致力於金文學的最終理想。此番理想的揭櫫，更爲後世學者啓迪諸多金文研究門徑。

可惜羅振玉志向所定，卻未能劍及履及，加以實踐。推究其未能完成初志的原因，除自謂的「以事旁午」之外，志趣轉變爲以「流通傳布」爲第一要務，當爲重要的主因。

先是羅振玉發現漢代時即已有了古代鐘鼎彝器出土的記載，卻不見「五經無雙」的許愼將當時的鐘鼎銘文收錄在《說文》之中。於是有感而發說：

> 顧古彝器藏于好古而有力者，非人人所能盡覩。故許君序《說文解字》，言山川往往得鼎彝，其銘即前代之古文，而書中古文但據壁經，非不欲並收彝器文字，不獲徧覽也〔註21〕。

如果連許愼都無法得見出土的鐘鼎彝器，而這些鐘鼎彝器只能封藏在「好古而有力者」的手中，任其散佚損毀，對有心整理文物，探求眞知的人而言，實在是令人難以接受的殘酷結果。然而如果後人擁有甚至許愼都難以奢望的幸運，得能一窺大量出土的上古器物。卻又乏人保存整理，任由寶物散佚盜賣，古物出土，如同虛出，同樣是令有識之士無法忍受的罪行。因此羅振玉又對此一情形發出良深的感慨：

> 予嘗念言，物之與人，相得而益彰者也。今出土古物誠眾矣，使無學者爲之錄述，則今日之出爲虛出，且漸滅隨之。又嘗念言古人不能見我之所見，而古人所見，至於今日，散佚轉徙之餘，我之所不得見者亦多矣。即出於我之同時，而好事家之秘藏與夫舶載以航海外者，又不知幾許。凡是者雖未即漸滅，亦與漸滅等耳〔註22〕。

從羅振玉的感慨中，可以瞭解何以他對於保存出土古物如此心切的原因。因爲歲月稍縱即逝，古物散佚的速度也在轉瞬之間。就當時的客觀情勢來說，保存傳布顯然才是當務之急。此一觀念，王國維在〈隨庵吉金圖序〉中也有所闡發：

> 夫古器之作，距今率二、三千年，文物屢變，典籍俄空。原夫所云制度、文字、世諡三者，雖經數百年，數十家之攻究，所通者劣得其半。

〔註21〕見〈愙齋集古錄序〉，《羅雪堂先生全集》初編·冊一，頁34至35。
〔註22〕見《羅雪堂先生全集》續編·冊四，頁1680至1681。

　　如古器之名，皆定於宋人；然在今日，尚有遇物而不能名，或名而未盡確者。至於文字、世諡，尤爲糾紛。自王、薛以至阮、吳諸說，其可信者，十不過四五。蓋一人之學識有限，而方來之心思耳目無窮；今日所能爲者，在留其文字、形制於天壤者，使天下後世，皆得攻究焉。善於考古者，蓋莫逾此〔註23〕。

　　這段論述，實在是讜言偉論，語重心長。「蓋一人之學識有限，而方來之心思耳目無窮；今日所能爲者，在留其文字、形制於天壤者，使天下後世，皆得攻究焉。」王國維素來追隨羅振玉治學，在金文學的研究上，亦多受羅振玉的啓導與影響。因此，這番論述，可以說是羅振玉汲汲於保存、散布古物的最佳註腳。

　　羅振玉既有感於責無旁貸，於是憑著自身的財力，開始從三個方面從事古文獻的整理：一是蒐羅海內已出土的古器物；二是編印已不見原器物的傳世孤本；三是著錄已歸海外，卻不可復歸的文物，然後一一纂輯成書。

　　此一志向的改變，使得羅振玉成爲當時私人收藏與著錄成果最豐碩的學者。成書之多，幾近金文著述之半。貢獻於金文學界的研究材料固多，而其深識遠慮，捨我其誰與廓然無私的襟懷，尤其令人景仰。

三、治學方法

　　羅振玉治學主張採用「分類法」，攻治金文學，亦莫不然。金文研究，自宋代以後蔚成專門學問。文字、圖譜刊行日多，然大多著重於銘文考釋、器形審訂與古籍、古器的比照。其間偶見器物年代的考證，目的亦僅供收藏估值的參考而已，對於治學的目的與方法，往往不遑暇及。清代的古器出土數量遠逾前朝，金文學者與著述的數量，更是成績斐然。乾嘉以來的學者，在治學的方法上，多採用分類法，金文學的研究，在此種風氣的引導下，也逐漸導向比較科學的研究。羅振玉遠承乾嘉遺風；近得路坯、劉夢熊、劉鐵雲、蔣斧與邱崧生等諸友人的切磋。著述治學，對於分類法尤其擅長，與人論學，也喜好莫提示此種治學方法，以爲門徑：

　　　　本朝經史考證之學冠於列代，大抵國初以來多治全經，博大而精密略遜。乾嘉以來，多分類考究，故較密於前人。予在海東，與忠愨論今日修學宜用「分類法」。故忠愨撰〈釋幣〉、〈胡服考〉、〈簡牘檢署考〉皆用此法。予亦用之於考古學，撰《古明器圖錄》，《古鏡圖錄》，《隨唐以

來古官印集存》、《封泥集存》、《歷代符牌錄》、《四朝鈔幣圖錄》、《地券徵存》、《古器物范圖錄》、《古鉩印姓氏徵》諸書〔註24〕。

　　清代學者對於經史考證頗有心得，主要得力於古器物的大量出土與考古學發達之便。而分類法的優點，即在於提供較具系統的研究素材，而使研究臻於精密。羅振玉採分類法用於考古、著述，是以在文物分類與研究成果方面均得以精於前修。非僅對金文學的貢獻良多，對近數十年的考古學史，影響也十分地身遠。

　　羅振玉既主張採用「分類法」研究金文學，那麼他的分類規則如何呢？以下便由其分類理論與實際運用兩方面加以探討：

（一）分類理論

　　羅振玉的著述中，談及器物分類理論者，以〈與友人論古器物學書〉〔註25〕為最詳審。該文中大略分為二個綱領：一曰類別；二曰流傳。所謂「類別」，乃就古器物的分類為說。所謂「流傳」，則是針對器物的研究方法分類。分述如下：

1、器物分類：

　　羅振玉將所得見的古器物分為十五個類目，如將其中與金文學不相涉的部份刪去，可得十一類之多：

（1）禮器：凡禮家所記宗彝、宋人《考古》、《博古》、《續考古》諸圖據器定名者，以及傳世古器若鴉、鳳、饕餮等不見禮經，而足以補舊聞等屬之。

（2）樂器：如鐘鎛、錞于等皆是，傳世的文物較禮器少。自宋代以來，此類器向來與禮器不分。何以別出此一類呢？羅振玉的理由是，出土的古代樂器，今日所見的數量廣於前人，足以別為一類，俾便於較精密的研究。

（3）車器馬飾：此類器物數量龐大，不易辨識，且多難於考訂。前人雖有考訂，卻也不乏誤謬，因此獨立為一類，以利研究。羅振玉對此分類，有如下論述：「古車馬之飾，其物至繁，大率名存而物不可見，其可知者，若鑾和之名，定于阮氏，足訂宋人之失。又旂常之鸞；馬首之鑣，今有傳世者。《積古錄》

〔註24〕見《集蓼編》，《羅雪堂先生全集》續編‧冊二，頁 760。

〔註25〕見《羅雪堂先生全集》初編‧冊一，頁 75 至 85。又莫榮宗所撰《羅雪堂先生年譜》引〈古器物學研究議〉之內容，係摘錄自〈與友人論古器物學書〉一文。而莫氏所撰〈年譜〉云：「民國十九年庚午（1930）……撰〈古器物學研究議〉一卷。」（《羅雪堂先生全集》初編‧冊二十，頁 8742。）按〈與友人論古器物學書〉初載於民國 9 年羅振玉所輯《永豐鄉人稿》甲稿－《雲窗漫稿》卷尾，是莫榮宗以〈古器物學研究議〉撰於民國 19 年（西元 1030 年）的說法，恐有可疑。是否羅振玉將〈與友人論古器物學書〉更名為〈古器物學研究議〉，再於民國 19 年發表，亦未可知。

所載安昌車軒，其器今在予家，乃轅端之冒，非轂中之軒。文達專精車制，且有此失。今出土車器馬飾至多，觀其物，又不能遽得其名，好古之士，若精心考求，當什得七、八。」

（4）古兵：此類又區為勾兵、刺兵、矢鏃，種類繁夥，且有異制，因此羅振玉也有「苦難強別」之嘆。

（5）度量衡諸器：凡古代權、尺、酒器與漢器中用以記容量者，並歸此類。

（6）泉幣：凡三代刀幣、古貝之類，下至宋、元的定金、元代的鈔版等歸此類。

（7）符契鈐印：凡先秦各形符契；秦代至隋的虎符；元以後的符牌，皆歸此類。至若鈐印，在徵信的意義上與符牌相同，故而亦并於此類。

（8）服御諸器：服御諸器，種類也極為繁多。其中數量較大者，如：鐙、錠、燭盤、鏡、洗、師比、門鋪、帳構、斧斤、管鑰、農用的犁與錢鎛等，難以細數。種類品目之盛，可以想見。

（9）明器：包括尊鼎、規宅、井竈、家蓄、僕隸、伎樂鬼神等陪葬器等。

（10）古器物范：包括泉范、古幣布范、鏡瓦弩機范、印范、斧范、矢族范、古禮器銘識范、齒輪范等。

（11）梵像：自漢代佛教傳入中國後，造像風氣漸興，六朝尤盛。造像的製材，或石、或金。由於可藉造像的鏤刻工藝窺知古代美術流派，因而別為一類。

總觀這十一個類別，可知羅振玉在分類規則上，除了依據器物的用途分類外，也會依據品類數量的多寡與是否具有研究價值的原則分類。

2、研究方法分類：

羅振玉對金文學的研究，提出四種方法：

（1）鑒定：羅振玉認為，古器每多偽造，有些是真器而偽文，有些是仿古而複製，如果製作精巧，甚至可以亂真。由於古人的著錄中贋器甚多，因此有必要從事鑒別的工作。然而要從事此項研究工作，若非學術兼優，難以勝任。

（2）傳拓：羅振玉認為，古器文字，應該多加傳拓，方可供天下的學者審視研究。他甚至天真的以為，歐美諸國不知拓墨方法，只知藏庋，以致許多古物無法在人間流傳。為了研究方便，嘉惠眾多學者，他主張對古器物模拓器形，保存物象，讓原來的器形真實傳達，才足以讓考古學長足邁進。

（3）模造：羅振玉認為，古器物出土之後，多藏於私家。有些特殊的器物僅存一件，難以為眾人鑑賞。因此，應當運用模造的技術，讓器形具體呈現出來。他並介紹自己曾經取用古代塼甓為范本，調土作范，鎔錫鑄造的經驗，將塼上的文字，逼真地傳拓出來。又說曾在日本見過運用石膏模造小石造象的例

子，也能提供傳拓的方便。至於流落海外的古吉金貞石，羅振玉主張應向各國交涉，將器物上的文字拓下，或是模造器形後，供學界參考。至於先儒曾考據過的宮室、車制，應當依據所考證的資料，遴選巧匠做成實物，以便學者之考究。

（4）撰述：羅振玉認為，撰述是研究古器物的第一急務，學者千萬不可因事功繁雜而疏忽。因為古器不能久存，即使設館陳列，宇內學者，也難以讓所有的人親往觀賞。因此應當遴簡專家，將圖籍出版印行。如此器物的壽命得以延續。海內外有心人士，人手一編，研究起來就方便多了。對於古器圖象的整理，宜編《名物圖考》之類的專書。將傳世寶物與先儒經注加以彙整，分類編輯，一類告成，即先印行。假以時日之後，成書必定可觀。前人所作《三才圖會》〔註26〕，《圖書編》〔註27〕等書，共同的缺點在於展轉承襲，訛偽相仍。如果有此類專書重編問世，便足以對昔人的舊圖去偽得真。羅振玉說曾見到前人運用傳世古圭璧考證古代尺度；也有人依據古人鼎鍾所記容量、重量，用以考證權量，深感用心良苦。又提到自己曾編撰《古矢鏃圖考》一書〔註28〕，根據傳世的古鏃，論證先儒的說法。至於「三鐮」、「四鐮」的區別；「鳴鏑」、「平題」的差異。本來前人說不清楚的問題，一見古物之後，便都可以迎刃而解。

前述四種研究方法，為當時及日後的金文學研究者提供許多門徑，舉凡文字、圖象、形制、通考等學門，乃至金文學研究者所應具備的學識與用功方向等，並兼論及。因此雖然體系龐大，卻能言不鑿空。於後學之啟發，確實深遠。

3、銘文考釋分類：

彝銘研究，在金文學的研究工作中，當算是最關鍵的一環。考釋成果除僅可做為攻治小學的輔翼外，更是古史研究的第一手史料。對於史料較為缺乏的商、周史而言，三代列國的彝銘考釋更加顯得可貴。羅振玉曾對先秦出土的彝器價值發出讚歎說：「吾人對三代列邦古彝器，是不啻不下堂而觀三古列國之寶書也〔註

〔註26〕《三才圖會》，明王圻輯，有明萬曆 37 年（西元 1609 年）刻本；台北成文出版社，民國 57 年（西元 1068 年）印行。

〔註27〕《圖書編》一二七卷，明章潢編，台北成文出版社，民國 60 年（西元 1971 年）印行。

〔註28〕羅振玉自謂曾編撰《矢鏃圖考》，然其遺著中並未見該書，或許是未能出版印行；或許是收入晚年未完的《古兵器考釋》一書中亦未可知。附注於此，以為存參。

〔註29〕見〈愙齋集古錄序〉，《羅雪堂先生全集》初編·冊一·頁 34。

29〕。」正由於他洞燭了鐘鼎彝器的可貴價值，因此對古器彝銘的研究，亦下過許多的功夫。在〈三代吉金文存序〉中，他指出前人考釋古彝器文字，大多僅就一器加以考釋，而無綜會彝銘，分類考釋的著作〔註 30〕。因此，當前最刻不容緩的研究工作，即致力於古金文的通釋。

羅振玉共提出邦國、官氏、禮制、文字等四個方向，作為金文通釋研究的綱目：

（1）邦國：羅振玉研究發現，古器銘文所記國名：燕作「匽」、作「郾」；鄭作「奠」；芮作「內」；祝作「鑄」；滕作「塍」；薛作「胯」；莒作「筥」；蘇作「穌」、作「蘇」；邾作「鼄」；邶作「北」；與《左傳》、《國語》等史冊不同。因此，古器所記國名，可供史冊文字的比勘。

（2）官氏：羅振玉同時發現，古器銘文所記官名，也與史冊有所出入。如：司空作「司工」；女姓之任，本字作「妊」；隗，本字作「媿」；己，本字作「妃」。是何理由？也頗有研究空間。

（3）禮制：關於禮制方面的研究，羅振玉舉例認為，金文中所載射禮的儀節，足供考證《禮記》中的內容。

（4）文字：關於文字方面的研究，羅振玉認為可以提供文字繁衍變化、通假字、正俗字等的應用情形，多以用以訂正許慎《說文解字》的錯誤。

這些見解，以今日金文學的研究水準觀之，雖然尚稱簡略。不過，以當時的研究風氣而言，已經是啟迪門徑的宏觀遠識，也充分展現出羅振玉數十年浸淫於金文研究的卓然創見。

（二）實際運用

羅振玉研究金文所作的理論分類，自成體系，也提供了許多研究上的方便。然而在實際運用上，羅振玉有時也會出現與其理論不相吻合的情形。或許是因為涉足學術的領域較廣；或許是因為政治活動過於頻繁，因此心雖有餘，而力不能兼顧。本節即根據羅振玉的金文研究著作，剖析其中對於分類法的實際運用情形，並嘗試瞭解與其理論上的分類差異如何？

1、器物分類：

羅振玉著錄器物的著作，對其中所錄金文的分類方式頗不一致。

如：《夢鄣草堂吉金圖》的分類為：

〔註30〕見《羅雪堂先生全集》續編．冊二．頁 405；或七編．冊十七，頁 1。

〈卷上〉，鐘、鼎、鬲、簋、彝、敦、尊、卣、觶、瓠、爵、角、盦、車軛、
　　　古鍵、金鋪、不知名古器。

〈卷中〉，古兵、秦器。

〈卷下〉，漢器、魏器、蜀器（原目歸為一類）、六朝至明器。

同一書中，大致上是以器類聚，但有時單舉器名；有時又分為大類（如古兵）；甚至在分類上又夾雜著以時代作為區分的情形，標準十分多重。這種分類的方式，與呂大臨《考古圖》以來的古分類法沒有什麼差別〔註31〕。

又如：《雪堂藏古器物目錄》一卷，所藏金類分為：

〈藏金一〉，彝器：含鼎、鬲、甗、彝、敦、簋、簠、尊、壺、卣、瓠、觶、爵、角、勺、盤、盦。

〈藏金二〉，商周至明有文字諸器：含樂器、古兵、車馬器、宮室器、任器、權量、貨幣、符牌、官印、農器、券、不知名古器、梵像。

〈藏金三〉，無文字古器：含樂器、兵器、車馬器、任器、量度、古器范、明器、不知名古器。

分類雖未臻盡善，但是大致與〈與友人論古器物學書〉中所述的理論分類法相去不遠，算是比較有系統分類方式。

至於《三代古金文存》，是羅振玉蒐羅畢生所集的三代銘文，總成一書，將三代器分為鐘、鼎、甗、鬲、彝、段、簋、簠、豆、尊、罍、壺、卣、斝、盉、瓠、觶、爵、角、盤、匜、雜器、戈、戟、矛、雜兵等二十六類。除將器名「敦」修正為「段」外，在分類上並無創見，僅僅是羅列器名而已。

容庚、張維持認為，這種排列次序，隱然有依銅器作用分類的迹象。眾類前首先標舉「鐘、鼎」，正因為古代泛稱銅器為鐘鼎，所以以這兩種類目概括樂器與禮器，已較前人漫無標準之排列稍有進步〔註32〕。其實《三代吉金文存》成書於〈雪堂藏古器物目錄〉之後，這樣的籠統分類，從羅振玉的著述進程來看，其實應當算是一種退步的現象，而非如容、張二人說法，是「稍有進步」。

〔註31〕古分類法始自呂大臨《考古圖》十卷，依次為：〈卷一〉鼎屬。〈卷二〉鬲、甗、鬵。〈卷三〉簋屬。含敦、簠、簋、鋪、簋蓋等。〈卷四〉彝、卣、尊、壺、罍。〈卷五〉爵屬、豆屬、雜食器。含爵、瓠、舉、豆、鐙、盉、瓴等。〈卷六〉未標總名，共收盤、匜、盂、弩機、戈、削等器。〈卷七〉鐘、磬、鐸。〈卷八〉玉器。〈卷九〉、〈卷十〉皆收秦漢器。這樣的分類法，或以器為屬，或但列器名，或依用途歸類（如雜食器），或按時代區分，顯得漫無標準。

〔註32〕見《殷周青銅器通論》第三章・一節，民國47年（西元1958年）科學出版社《考古學專刊》丙種・第二號，頁22。

2、著書分類：

　　羅振玉認爲爲金石文字的著錄，以三代禮器及寰宇石刻爲大端。因此除了對石刻進行整理之外，對於金類的器物，也計畫區分爲「斷代爲書」、「依物分類」、「古器小品」等三個類別加以編次。羅振玉說：

> 其於古禮器及庶物銘識，則斷代爲書，若殷、若周、若秦、若兩漢、若新莽、若三國，至於六朝，各爲一集，名之曰「集古遺文」。又將爲依物分類之書，若貞卜文字、若古匋文、若古兵、若符牌、若古器物范、若鈔幣、若范金釋老氏象、若古明器、若泉布、若專甓、瓦當、璽印、封泥、鏡鑑之晚出者，各以類別，總名之曰「集古圖錄」。其不能賅於斷代、分類二錄中之小品，則仿前人《金石契》諸書之例，別爲一編，以會最之〔註33〕。

　　由以上的論述可知，凡是偏重在銘識著錄的禮器庶物，便斷代爲書。偏重圖象傳印的器物，便採依物分類的方式。凡不歸屬於前兩類的其他器物小品，則單獨歸爲一類。

　　除了前述三種著書分類外，羅振玉在著書時，還採用了以下五種分類的方法：

（1）斷代爲書：如《殷文存》、《三代吉金文存》、《秦金石刻辭》及《漢兩京以來鏡銘集錄》等。其中，《漢兩京以來鏡銘集錄》還兼用了「依物分類」的方法。

（2）依物分類：如《地券徵存》、《古鏡圖錄》、《古明器圖錄》、《古器物范圖錄》、《隋唐兵符圖錄》、《歷代符牌圖錄》及《四朝鈔幣圖錄》等。其中，《隋唐兵符圖錄》以下三書，兼採了「斷代爲書」的方法。

（3）古器小品：本類僅有《金泥石屑》一書。

（4）分地爲書：如《殷虛古器物圖錄》、《淮陰金石僅存錄》附〈附編〉、〈補遺〉（《楚州金石錄》附存目）、《兩浙佚金佚石集存》等。

（5）以堂名書：如《夢郼草堂吉金圖》、《續編》、《貞松堂吉金圖》、《雪堂藏古器物圖》、《貞松堂藏器墨影》、《續集》、《待時軒傳古別錄》、《雪堂所藏吉金文字》與《貞松堂集古遺文》、《補遺》、《續編》等。這類的圖書，都冠上了「夢郼草堂」、「貞松堂」、「雪堂」、「待時軒」之類的軒齋堂名，主要是取意於「私家藏庋」的意義。

　　加上了這五種類別，羅振玉在著述方面的實際分類，便得以窺見全豹。

〔註33〕見〈金泥石屑序〉，《羅雪堂先生全集》初編‧冊一，頁156至157。

3、銘文考釋方法之分類：

　　羅振玉雖然曾經立下宏偉的心願，希望綜會彝銘，分類考釋，著成《古金文通釋》之類的圖書，然而終其一生中在所著的書中，凡是涉及銘文考釋的作品，如：《矢彝考釋》、《雪堂金石文字跋尾》、《唐風樓金石文字跋尾》與《貞松堂集古遺文》、《補遺》、《續編》等，也都是承襲古法，僅就一器加以考釋，而未能實現償其宿願。

　　總之，羅振玉採用分類法攻治金文，雖然在實際運用上尚未達到盡善精當的地步，然而透過他多年研究的心得與努力，對於分類理論的建立，顯然是遠逾前修，具有不容忽視的貢獻。

四、治學成就

　　金文研究的開端，雖然可以溯自兩漢，當時的學者雖能注意到金文的價值，然而能致力於器物蒐集，以供研究的學者，並不多見。

　　到了北宋之後，歷經魏、晉、隋、唐等幾個朝代的演進，金文研究的風氣更形昌盛。先有劉敞就所收藏的 11 件古器，編成《先秦古器記》一書，成為金文學的開山之作。可惜該書未能流傳，只見於後人的著錄之中。其後的學者，大多重石而略金，編書著錄的器物，也是石多於金。二者之間，有時甚至相差十倍的數量，不成比例。如：歐陽脩《集古錄》〔註34〕蒐羅金石刻文達千卷之多；趙明誠《金石錄》，更有二千卷之多。這兩部宋代重要的金石學著作，金文所佔的數量，也只百分之一、二，而且只見銘文的收錄而已。專門研考吉金，且屬較為博洽精確的作品，則當首推呂大臨的《考古圖》。《考古圖》共收錄了古銅器 211 件，分別依器物的形狀，聘請優良的工匠繪圖，相當忠於原器。而且對出土的地點；經手過的收藏家，以至於器物的大小尺寸，都一一詳加注明。

　　呂大臨《考古圖》所創的體例，有四項特色：

（一）摹繪器形：藉由器形的摹繪，不惟可以得見歷代器物的形制，並且可以透過刻紋瞭解古代美術的成就。

（二）著明出土：藉由出土地點的紀錄，可以做為推考古代史地的輔證。

（三）著明藏家：藉由藏家的著明，可藉以做為辨別器物真偽的依據，也可以供研究者瞭解器物流傳的過程。

〔註34〕《集古錄》十卷，宋歐陽脩撰。跋尾共四百餘篇，以石刻為大宗。其子棐受遺命撰《集古錄目》二十卷別行，凡所採摭，具在目中。可惜未錄刻文，僅存名目而已。

（四）考辨名稱：藉由器物名稱考辨，可以與古籍中的繪圖相互印證，也可以與
　　　經傳典籍的記載相互參驗。

　　《考古圖》之後其後的著作有王黼《宣和博古圖》，王俅《嘯堂集古錄》〔註
35〕薛尚功《鐘鼎款識法帖》〔註36〕、王厚之《復齋鐘鼎新識》〔註37〕以及張掄《內
府古器評》〔註38〕等，都不及《考古圖》的精博。

　　金石學歷經元、明兩代的中衰之後，到了清代又再度興盛，學者輩出，相與
羅致古器，蒐集拓本。最初開始從事各家藏器蒐集，並編成專書的是阮元的《積
古齋鐘鼎彝器款識》〔註39〕；而成果最爲豐碩的則是吳式芬的《攈古錄金文》〔註
40〕。專門著錄一家藏器的著作，始於錢坫的《十六長樂堂古器款識考》〔註41〕，
終於端方的《陶齋吉金錄》〔註42〕。在此期間，致力於金文研究的學者雖然不少，
然而能在成就上超越宋人，足堪稱道者，不過吳式芬、吳大澂、陳介棋、孫詒讓、
程瑤田諸家而已。其中吳式芬雖對金文學精通，卻未能藉著金文的研究而旁通其

〔註35〕《嘯堂集古錄》二卷，宋王俅撰。是書編錄自商迄漢，共345器，摹其款識，附以
　　　　釋文，惟缺考證。

〔註36〕《歷代鐘鼎款識法帖》二十卷，宋薛尚功撰。是書錄自夏至漢，共511器，摹其款
　　　　識。其中夏器當爲吳、越器的誤認；而所錄商器中亦多周器。薛氏嗜古好奇，又深
　　　　通篆籀之學，因此能集諸家所長，而別其同異，頗有刊誤之功。自《考古圖》、《宣
　　　　和博古圖》以來，大多尚器物而略銘文。因此《四庫全書總目提要》將此二書列於
　　　　子部・譜錄類，與《古今刀劍錄》同觀；而列《歷代鐘鼎款識法帖》於經部小學類。

〔註37〕《復齋鐘鼎款識》一卷，宋王厚之撰。是書係採秦熺、朱敦儒等人所藏諸器，纂輯
　　　　拓本編印而成，共錄鐘鼎款識59種。

〔註38〕《紹興內府古器評》二卷，舊題張掄撰，《四庫全書總目提要》則認爲是「明代妄
　　　　人」剽竊《博古圖》的僞作。是書共錄196器，其中50器，見錄於《博古圖》。詳
　　　　見陳俊成《宋代金石著述考》，政治大學中文研究所64年（西元1975年）碩士論
　　　　文，頁84至91。

〔註39〕《積古齋鐘鼎彝器款識》十卷，清阮元撰。是書於嘉慶9年（西元1804年）印行，
　　　　乃阮氏合聚友人藏器拓本與自家所藏輯集而成，爲清代集私家藏器專書的開始。

〔註40〕《攈古錄金文》三卷，清吳式芬撰。本書專收先秦彝銘，而兼採原器精搨本及相傳
　　　　舊摹本摹寫而成，同時附錄諸家考釋。共錄1333器，略多於吳大澂《愙齋集古錄》
　　　　所收1144器，堪稱清代彝銘著錄最豐富的著作。

〔註41〕《十六長樂堂古器款識考》四卷，清錢坫著。乾隆48年（西元1783年），錢氏宦
　　　　遊關中，當時如有機會獲得商周秦漢古器，每得一器，便加以考釋。日久積稿漸多，
　　　　遂選擇其中足證文字源流與經史譌舛的作品，編輯成書，於嘉慶元年（西元 1796
　　　　年）印行，爲清代私家輯錄金文的開始。

〔註42〕《陶齋吉金錄》八卷、《續錄》二卷附《補遺》，清端方撰。端氏爲清代皇親國戚，
　　　　位高權重，所儲藏的吉金漸多之後，便於光緒34年（西元1908年）編印成書。其
　　　　後續有所得，又於宣統元年刊印《補遺》附錄於後，爲清代最晚著錄金文的著作。

他學問，藉以彰顯金文研究的價值，頗爲可惜。陳介祺所見、所藏的彝器甚富；對於器物眞贋的鑒別，堪稱卓絕；縷述關於彝器洗、刷、剔、劃、模搨與收藏的方法，亦屬精絕古今。可惜在學問的探求方面，貢獻有限。孫詒讓的治學領域涉獵較廣，因此在金文方面的研究，多半只是有餘力後的玩票性質。程瑤田雖然並非以金文名家，但是在器物形制考訂方面的成果，頗能證經。吳大澂除了精於鑒別外，對於文字器銘的考訂，也頗具心得。

羅振玉生當清末民初，有機會綜覽自宋代以來諸家學者的成就，折中棄取，觀其會通。不僅對器物文字的精研極具成果，在證經考史的學問上，也頗有創發。金文學的研究，至此邁向新的里程，金文學的價值也大爲提高。因此，羅振玉不僅堪稱清末的碩學大家，也是民國以來金文學的開路導師。

綜觀羅振玉在金文學方面的貢獻，較具開創價值與歷史意義的約有以下數端：

（一）著錄豐富冠絕前賢：

自宋代以來，金文著錄的書籍，以清代吳式芬《攈古錄金文》與吳大澂《愙齋集古錄》〔註 43〕爲最詳備。然合二書著錄的總數，不過收錄二千餘器。羅振玉於民國 19 年至 23 年間編成《貞松堂集古遺文》三編・二十二卷，收錄前人所未收的器銘共 2214 器。其中 118 器雖然已見於著錄〔註 44〕，但其餘未見著錄的部份，確實大量補足了前人的數量，成果豐碩。又民國 25 年所成《三代吉金文存》二十卷，專錄三代器銘共 4835 件，也是獨步學林的巨製。僅此二書，在著錄內容的豐富程度上，已經是宋代以來的學者所望塵莫及的成就，更爲民國以後的學者樹立了一座高聳的指標。

（二）首開商器鑑別法風氣與條例：

出土的吉金器物，固然可以用爲研究古代文化的素材，然而在實際運用之前，卻必須先有縝密的考證功夫，尤其是要確認器物的年代。而自宋代以來，學者大多輕忽器物的年代考訂。《考古圖》、《宣和博古圖》二書中，對於三代時期的銅器雖然偶有考訂，然而所列舉的方法往往空疏而不足爲據。清代學者著錄彝器，大多習慣以「三代器」爲名，而不細分商、周。潘祖蔭《攀古樓彝器款識》〔註 45〕

〔註 43〕參見註 7。
〔註 44〕參見王永誠撰《先秦彝銘著錄考辨》，國立台灣師範大學國文研究所，民國 67 年（1978 年）博士論文，頁 400。
〔註 45〕《攀古樓彝器款識》二卷，清潘祖蔭撰。是書共錄 50 器，兼摹器形銘文，并詳加

以後，尤爲如此，因此對商、周器的鑑別與年代考訂等研究，便缺少了可資遵尋的條例。清光緒 25 年（西元 1899 年），安陽殷商遺物出土，羅振玉鑑別研究之後，頗有心得，於是編纂《殷文存》一書，爲殷商器物的鑑別方法找到部份可供參考的鑑別條例：

> 惟書契文字出於洹陰，其地爲古之殷虛，其文字中又多見殷先公先王之名號，其爲殷人文字，信而有徵。若夫彝器，則出土之地往往無考。昔人著錄號爲商器者，亦非盡有根據。惟商人以日爲名，通乎上下，此編集錄，即以是爲嚫的，而象形文字之古者，亦皆入之。雖象形之字，或上及夏代日名之制，亦下施於周初，要之不離殷器者近是〔註46〕。

由這段敘述可知，羅振判定商器的標準，是依據商人「以日爲名」的命名方式〔註47〕與「古象形文」的字形特徵爲主。殷商時人以日爲名的說法，初見於《史記‧殷世家》司馬貞《索隱》引「皇甫謐語」〔註48〕，羅振玉在《殷文存》中所著錄的殷商銅器，如：「子父辛鼎」、「木父壬鼎」（卷上、四葉），即「以日爲名」的器例。又如「🐟鼎」、「🐟鼎」等（卷上、一葉），則爲用「古象形字」爲器物命名的例子。此外如「🐟父丁鼎」、「🐟父丁鼎」（卷上、三葉），則爲兼採以上二種方式命器的例子。

羅振玉的這套標準，雖然未稱允善，然而最重要的價值還在於他開了風氣之先。而羅振玉認定凡是殷虛出土的器物，必定皆可定爲商器的說法，也爲後來馬衡考訂《考古圖》中的「𤰔引觚」、「足跡甗」及「兄癸卣」等三器爲商器的成果，提供了觀念上的基礎〔註49〕。

考釋，同治 11 年（西元 1872 年）印行。按：潘氏於此書序文中稱許方濬益《綴遺齋彝器考釋》中不別商、周，而統名「三代彝器」的說法正確，可以糾自宋以來穿對附會的陋習。自此以後，清末學者著錄銅器，不區分商、周的情形便更加熾盛。

〔註46〕見《羅雪堂先生全集》三編‧冊一，頁 151。

〔註47〕「以日爲名」之說，羅先生於《增訂殷虛書契考釋》中解釋說：「商家以日爲名，殆即取十幹或十二枝一字爲之，不復加他字，金文中每有日甲、日乙等是也。」又說：「《白虎通》：『殷人以生日名子，不以子、丑爲名。』然卜辭中以十二枝爲名者不少。王亥以外，若寅尹，若且卯、父卯、娥卯，若上巳、中巳、妣巳、母巳，若戌與🐟戌，皆以十二枝名者也。」其說頗爲詳細。而殷人也有不以日命名的情形，羅振玉在《考釋》中也兼載了三十四個名字。

〔註48〕《史記‧殷世家》：「振辛，子微立。」《索隱》引皇甫謐說：「微字上甲，其母以甲日生故也。」

〔註49〕見《凡將齋金石叢稿》卷三，台北明文書局，民國 70 年（西元 1981 年）初版，頁 119。

（三）大量引用甲骨文互證金文。

甲骨文出土之後，根據甲骨文考訂金文，爲金文研究開闢新路的著作，首推孫詒讓《名原》一書〔註50〕。羅振玉繼孫氏之後，於清宣統 2 年刊印《殷商貞卜文字考》一書〔註51〕，已能根據甲骨文從事古史研究的工作。其中〈正名篇第二〉，便依據甲骨文與金文的字形，考辨許愼《說文解字》；更認爲甲骨文與金文可在文字的研究上相互發明。其說如下：

1、金文可辨明《說文》不足與學者爭議：

羅振玉認爲，出土金文可以解決文字學上的學者爭議：

> 許沐長言：「郡國往往于山川得鼎彝，其銘即前代之古文。」潘文勤公〈攀古樓彝器款識序〉言：「許書中，古文本於經文者必言『出』，不引經者皆憑古器款識。」吳清卿中丞〈說文古籀補序〉言：「許氏之書，籀書則多不如今之石鼓，古文則多不似今之古鐘鼎，亦不說某爲某鐘，某爲某鼎，字必響拓。以前古器無氈墨傳布，許氏未能徵。」兩說不同。
>
> 今以許書所載古籀，證以古金文字，合者殆寡，知吳說是也。

羅振玉根據出土的鐘鼎文字，用來比對許愼《說文解字》中的古籀，發現許愼應當根本未曾見過三代的鐘鼎器銘，從而也判定了學者對許書中是否確實引用「前代之古文」的爭論。

2、甲骨刻辭有助於古金文考釋：

羅振玉研究發現，金文中有些字的用法常見，卻難以明瞭其意義。甲骨文出土之後，引用甲骨文例與金文互證，便豁然開朗：

> 其有金文習見不可識，賴卜辭知之者。若金文中所記，干支有「乙子」（叔娟鼎）、「丁子」（史頌鼎）、「己子」（史伯郡父鼎）、「辛子」（魯公鼎）、「癸子」（格白簋）等，亦屢見卜辭中。從來金文家皆無確解，紛如聚訟。予近於獸骨刻辭中昇有連書干支列如表式者，首行爲「十臽、乙丑、丙寅、口卯、戊辰、己子、庚午、辛末、I申、癸酉」；次行爲「十

〔註50〕《名原》二卷，清孫詒讓著，光緒 31 年（西元 1905 年）印行。是書合金文、甲骨文、石鼓文、貴州紅巖古刻及說文中古籀互證，爲研究金文提示更多的材料。

〔註51〕《殷商貞卜文字考》一卷，清宣統 2 年（西元 1910 年）印行，乃羅振玉爲答日人林泰輔之問難而作。全書分爲考史、正名、卜法、餘說四端，體例簡明，爲羅振玉研究甲骨文最早的著作。民國 25 年（西元 1936 年）秋，羅福頤輯羅振玉在舊稿中修訂的文字，編成《補正》一卷，刊於《考古學社社刊》五期，可藉以校勘宣統 2 年的刊本。此二書後分別輯入《羅雪堂先生全集》三編·冊一與《續編》冊十三。

戌、乙亥、丙煜、口丑、戊寅、己卯、庚辰、辛子、I午、癸未」（以下
類推）。由是始知所謂「乙子、丁子、己子、辛子、癸子」者，即「乙巳、
丁巳、己巳、辛巳、癸巳」。有宋至今，數百年間，懷疑不能決者，一旦
渙然得確解，其愉快爲何如耶！刻辭中文字之有功於考釋古金文如此。

　　羅振玉從卜辭中的干支紀錄，互證鐘鼎器銘中一些奇異的干支搭配，如：「乙
子、丁子、己子、辛子、癸子」等，實際上「子」應爲「巳」的誤釋。對於能透
過甲骨與金文的對勘，解決自宋代以來懸宕數百年之久的大疑，羅振玉欣奮的心
情，洋溢於字裡行間。

3、甲骨、金文字形可相互印證

　　據羅振玉統計，以古金文互證甲骨文，十之六、七相合。〈正名篇〉所列舉甲
文習見的字，如：一、元、天……、亥等〔註52〕，共94字。罕見的字，如：余之
作「夲」、于之作「仟」……吉作「甴」等〔註53〕，共 33 字，都與金文的字形相
合。另外羅振玉還列舉了甲骨、金文中字形雖同，卻不可識的字，如：「盂鼎」中
的「夼」；「子抱孫父丁敦」中的「辻」；「父已卣」中的「甾」……等，共 14 個字。
足以證明甲骨文與金文同出一系。

　　民國 3 年，羅振玉著《殷虛書契考釋》，對於前說提出了修正，並且大量而有
系統地引用甲骨文與金文互證，頗有所得：

（1）由甲骨文中尋得商人「以日爲名」的通例，而爲民國 6 年（西元 1917 年）
　　　編次《殷文存》的斷代依據。

（2）考證發現鐘鼎彝銘中所載的地名，其中有四例可見於甲骨文中：「彳」（上、
　　　十七）、「召」（上、十八）、「肅」（上、十八）、「彿」（上、十九）。

（3）證實「散」即「斝」的誤釋。

　　　羅振玉考證經籍中多將「散」與「斝」別爲二種器物，實則「散」本「斝」
　　　字：

　　　　　《説文解字》：「斝从吅、从斗冂，象形，與爵同意。」按：斝从吅，
　　　不見與爵同之狀，从冂，亦不能象斝形。今卜辭斝字从𩰿，上象柱，下
　　　象足，似爵而腹加碩，甚得斝狀。知許書从冂作者，乃由𩰿而譌。卜辭
　　　从又，象手持之，許書所以之斗，殆又由此轉譌者也。又古彝文（金文
　　　家稱「雙矢彝」）有𠂇字，與此正同，但省又耳。其形亦象二柱三足一耳，

〔註52〕見《羅雪堂先生全集》三編・冊一，頁 340。
〔註53〕見《羅雪堂先生全集》三編・冊一，頁 340 至 342。

而無流與尾，與傳世古斝形狀脗合，可為卜辭⋕字之證。又古散字作🔣，
與⋕字形頗相似，故後人誤認斝為散。《韓詩》說諸飲器有散無斝，今傳
世古飲器有斝無散，大於角者，惟斝而已，故諸經中散字疑皆斝字之譌。
予嘗以此說質之吾友王君國維，王君然之，並謂寶雞所出銅禁備列諸飲
器，有爵一、觚一、觶一、角一、斝一，與少牢饋食禮之實二爵、二觚、
四觶、一角、一散，數雖不同，而器則相若，則散、斝信為一物。又《詩·
邶風·碩人》：「赫如渥赭，公言錫爵。」〈傳〉言：「祭有畀煇胞翟閽者，
惠下之道，見惠不過一散。」〈疏〉言：「散謂之爵，爵總名也。予謂此
爵字本當作斝，斝與赭為韻也。」〈傳〉云：『見惠不過一散。』則經本
當作「錫斝」，轉譌為散。後人因散字不得其韻，又改為爵。其實「散」
本「斝」字，斝、赭同部，不煩改爵也。其說至精確，著之以為吾說左
證。（中、三七）

　　羅振玉據甲骨文字形，並徵引經傳的說解，證實經籍中的「散」當為「斝」
的形誤。因此古經典載籍中將「散」、「斝」別為二種器名的譌誤，遂得到充分的
糾正。而王氏國維〈說斝〉〔註54〕一文，也是脫胎於這個基礎。

（4）駁正前賢金文考釋之誤，如：

　🔣　羅振玉認為，此字也見於古金文中，即吳大澂釋為「穗敦」、「穗尊」的
　　　器銘。然而該二器的銘文，敦文作「🔣」；尊文作「🔣」，與此當為同字。
　　　因此，吳氏釋為「穗」字未安。（上、十八）

　申　羅振玉認為，《說文》申，古文作「🔣」，籀文作「🔣」。吳大澂因篆文作
　　　「🔣」，遂以為「子🔣且乙角」中的「🔣」字；「盂🔣鼎」中的「🔣」字
　　　都是申字。實則「🔣」象兩手持杵形，雖不能確知為何字，但意義與舂
　　　字所從的「🔣」形相同，「🔣」字亦然，都不是申字。（中、四）

　師　羅振玉認為：此字「從宀束聲，師所止也。」後世假「次」為之，此字
　　　即是初字。〈丁田盤銘〉記載：「毋敢不即🔣」，意思是「不敢不至師次」。
　　　其中「次」字的字形與此正同（亦見「魯文旁尊」及「師嫠父鼎」）。前
　　　人釋為「師」字，應當為錯誤的解讀。《博古圖》中的〈博南宮仲鼎〉記
　　　載：「王在寒🔣」，又將此字誤釋為「帥」字。（中、十三）

類似的例證甚多，在此不逐一贅舉。金文研究至此而旁證大增，解讀也愈趨正確。

〔註54〕〈說斝〉，民國4年（西元1915年）王國維撰，見烏程蔣氏二十卷本《觀堂集林》
　　　　卷三。

羅振玉在金文學史中所扮演的承先啓後角色，也更加地彰顯出難以磨滅的地位與
價值。

第三章　羅振玉金文學著述輯纂

　　羅振玉畢生著述豐碩，有關金文學的述作約有五十餘種〔註1〕。依照這些著作的性質，可以歸納爲五種類別，分別爲：目錄類、圖象類、文字類、題跋類與雜著類。這些著作是羅振玉自光緒 10 年（西元 1884 年）至民國 29 年（西元 1940年）五十餘年間從事金文研究的總成果。由於這些著作中，除了少部份是專門爲了金文研究而作之外，大多數都是金石雜廁。這對專門研究金文的後學而言，卻也容易造成檢閱上的困擾與不便。因此本章披檢羅振玉所有關於金石的著作，採擷其中涉及金文研究的部份，依類輯纂。除用以彰表羅振玉傳布、研究的輝煌成果之外，亦可供有志從事金文研究的後學參考，免去諸多摸索期間的光陰浪擲。

一、目錄類

　　羅振玉的金文學著述，可供輯入目錄類者共有三種：
　　（一）《金石書錄》一卷；（二）《海外吉金錄》一卷、補遺一卷；（三）《雪堂藏古器物目錄》一卷。分別介紹於後：

（一）《金石書錄》一卷

　　此書成於清光緒 27 年（西元 1901 年），有民國 30 年（西元 1941 年）羅繼祖〈校記跋〉。
　　本書原爲羅振玉於光緒 26 年（西元 1900 年）及光緒 27 年（西元 1901 年）

〔註 1〕羅振玉著述中有關金文者共 51 種，其中有續編、補遺者，率皆與正編併列爲一種。
　　　總計有：目錄類 3 種；圖象類 13 種；文字類 9 種；題跋類 17 種；雜著類 9 種。又
　　　有與羅振玉所藏金文有關，而書不成於其手者，如《上虞羅氏雪堂所藏銅器拓本》
　　　與《貞松堂藏器墨影》三卷、《續集》三卷，本章中雖然一併介紹，然不計入著述
　　　總數之中。

年間未完成的殘稿，遲至民國 30 年（西元 1941 年）始由仲孫羅繼祖整理刊行，其間歲月俀傯近 40 年。

羅繼祖〈校記跋〉記述說：「《金石書錄》、先祖庚子、辛丑間手稿，與《置杖錄》同在一冊中。塗乙凌亂，每書下或注版本，或否。蓋隨見隨錄，草創未竟之本。凡書 77 種，雖未賅備，粗可成卷。謹略次其先後，刊入遺稿。」

本書所輯金石書目 77 種中，經汰去涉及石刻的部份，其專涉吉金與雜涉金石者共計 32 種，計為：

《金石史》一卷	明郭宗昌撰
《中州金石考》八卷	黃叔璥撰
《金石小箋》一卷	葉奕苞撰
《焦山鼎銘考》一卷	翁方綱撰
《吉金待問錄》一卷	朱楓撰
《淇泉摹古錄》一卷	趙希璜撰
《金石荊》不分卷	馮承輝撰
《金石一隅錄》一卷	叚嘉謨撰
《江寧金石待訪目》二卷	嚴觀撰
《清儀閣金石題識》四卷	張廷濟撰
《南漢金石志》二卷	吳蘭修撰
《求古精舍金石圖》不分卷	陳經撰
《益都金石記》四卷	段松苓撰
《上虞金石志》一卷	錢玫撰
《金石屑》四卷	鮑昌熙輯
《金石索》十二卷	馮雲鵬輯
《濟南金石志》四卷	馮雲鵷撰
《宜祿堂收藏金石記》六卷	朱士瑞撰
《金石學錄》四卷	李遇孫撰
《癖談》六卷	蔡雲撰
《山右金石錄》一卷	夏寶晉撰
《越中金石錄》一卷	沈復粲撰
《吳郡金石目》一卷	程祖慶撰
《齊候罍通釋》二卷	陳慶鏞撰
《二百蘭亭齋金石記》一卷	吳雲撰

《漢建安弩機考》一卷　　　　吳雲輯

《泉幣彙考》十六卷　　　　　唐與崑撰

《金石學錄補》三卷　　　　　陸心源撰

《東甌金石志》十二卷　　　　戴咸弼撰孫詒讓校補

《奇觚室吉金文述》二十卷　　劉心源撰

《古京遺文》一卷　　　　　　日本狩谷望之撰

《日本金石年表》一卷　　　　日本天保中西田直養撰

以上 32 種著述，大多注有版本，每書均有解題。首言卷數，次言作者時代，籍里與姓名，再言各書體例與內容大要，並一一評述。言簡意賅，鉤玄提要，對於諸書的得失有明晰的介紹。體例詳贍，極便考查。容庚撰述〈金石書錄目及補編序〉時，曾認爲專錄金石的圖書，當以葉銘於清宣統 2 年（西元 1910 年）所輯的《金石書目》〔註2〕爲最早。實則羅振玉此書的撰述年代更早，唯出版時間較晚，且所著錄的書也較少。然而是書中收有日人的著述，爲不見於其他金石書目，則是此書的另一特色。

（二）《海外吉金錄》一卷、《補遺》一卷

《海外吉金錄》一卷成於民國 9 年（西元 1920 年），有羅振玉〈庚申六月記〉一篇；《補遺》一卷成於民國 11 年（西元 1922 年），有羅振玉〈壬戌九月補遺記〉一篇。

自清光緒年間古器物大量出土以來，許多器物被盜奪流出海外；有些流入日本；部份流向歐美。羅振玉有感於此，於是撰輯本書，冀能提供國內學者參覈。他在〈庚申記〉中寫道：「往在海東，既輯我國古石刻之流出各國者爲《海外貞珉錄》，欲並錄我國古吉金之流出者，別爲一錄。顧以古器之入歐美者，不能詳悉其名，因是中輟。比返國逾年，見古器之入市舶者日益眾，合以往日所記，其數且逾二百。因以三日之力，寫定爲《海外吉金錄》。」其後，羅振玉獲得日本住友氏藏器印本，得知其中藏器又有續得者，於是續作《補遺》一卷。此二編所錄諸器，大多爲古代吉金流入日本的部份。至於流入歐美各國的部份，僅占總數的百分之一、二而已。

《海外吉金錄》一卷計列：鐘十、鐸一、鼎十三、鬲六、甗五、敦十四、彝九、簠六、簋一、尊十一、壺三、卣十七、觚二、觶二、罍三、角二、爵十九、盤三、匜一、盉二、符二、古兵一（矛一）、無文字古器（鼓一、尊一、卣一、鈴

〔註2〕見容庚〈金石書錄目及補編序〉，大通書局，67 年（西元 1978 年）初版，頁 51。

一、俎一）、秦器十五（鼎五、權九、劍一）、漢器四十四（鐘一、鼎十四、壺一、鍾五、鐸二、鉦鏤一、盤一、錠一、熨斗四、洗十、鐸一、小銅器二、弩機一）、蜀漢器一（弩機一）、晉以後器七（斧一、造象一、鐸三、金塗塔一、銅牌一）。

在分類上，「鐘鐸」為一類，「漢器與蜀漢器」為一類，總計 25 類，205 器。器目下分別注明字數；間注藏家、異名，器蓋有無、存佚及銘識為陽鑄的情形；同時在無文字的古器下，注明各器的形制尺度。

《補遺》一卷計：鐘一、鼎一、甗二、彝一、敦一、尊四、卣三、觚一、角一、爵四、盉一、漢以後雜器四（洗二、印鉤一、造象一）。總計 12 類，24 器（原著誤作計 25 器），器目下分注字數，偶而也對某些器物注明鑄器的年代。

此二編的分類，大類與小目混列，固有未妥。然而在羅振玉之前，尚無學者著錄海外吉金的圖書。因此此二編的成書，不僅拓展了蒐羅的範圍，更首開開海外吉金蒐集的風氣，功不可沒。

（三）《雪堂藏古器物目錄》一卷

本書成於民國 13 年（西元 1924 年），東方學會印行，有羅振玉自序。

羅振玉著錄本書時已 59 歲，其中所著錄的諸多器物，均為從 20 歲以來，近四十年間蒐羅、累聚的成果。他在〈自序〉中提及：「予冠即好蓄古器物，積四十年，始為之簿錄。約為四類：曰金、曰石、曰陶、曰雜器，都計其數，得二千有奇。」可知這部著作非僅為羅振玉個人一生中最早的金石藏目，也可以得窺他 60 歲前豐盛的金文收藏。

羅振玉著錄本書的動機，也可在〈自序〉中得知：「古器物之學，蓋萌芽於漢京……其蒐集古器物，始於梁之劉之遴；而輯古器物文字圖象為專書，則始於天水之世。宋代著錄彝器之外，凡任器若釜、甑、鐙、錠、匜、鑑之類，微論有文字與否，悉圖寫其狀，詳記其所出之地，藏器之人與重量尺寸，其法頗備。至我朝斯學益盛，然不免重文字而略圖象，貴鼎彝而忽任器，似轉遜於前世。及百年以來，乃始擴其範圍。……方今山川之寶，日出不窮，後之視今，亦猶今之視昔。今後所出，吾生猶及見者，當為補錄，吾生所不及見者，則冀後賢為我補之。此一編者，不過為斯學之引導而已。」

本目錄共分七類著錄，計列：

藏金一（彝器）：共收鼎二十四、鬲八、甗二、彝十二、敦十八、簋八、簠二、尊三、壺一、卣三、觚三、觶七、爵十六、角一、勺一、盤一、盉一，共 111 器（原著誤計為百有十器）。各目下分注銘文字數及器蓋存否，蓋上有銘文者，亦兼注字數。

藏金二（商周至明有文字諸器）：共收樂器十、古兵百二十二、車馬器十三、宮室器四、任器五十九、權量四十三、貨幣四十二、符牌二十一、官印五十六、農器六、朶二、不知名古器二十二、梵像五十三、共 453 器（原著誤計為 456 器）。各目下分注銘文字數，間注時代、書體、及器名的謬異。

藏金三（無文字古器）：共收樂器二、兵器五十八、車馬器六、任器七十、量度六、古器范二、明器十二、不知名古器一，共 157 器。器目下分別注明器制尺寸，間注器名品數及殘字。

藏石一：共 76 器。

藏石二：共 48 器。

藏陶：共 518 器、又殘四百餘器。

雜器：共 237 器（原著誤計為 187 器）、又小器五百餘器。

總計全書著錄二千五百餘器，其中金類居 721 器。歷代泉幣、歷代私印之外，明器中的人畜、車馬、田宅、井竈及殷虛甲骨外皆在其中。民國 12 年羅振玉所著「雪堂所藏古器物圖」僅錄 83 器（自題誤計為 67 件），與本目所錄的數相較，有著天壤之別。

絲編所錄金類 721 器，特色有三：

1、多有前人未曾著錄的古器物。如：有文字的矢簇、馬銜、三代的弩機、周秦的符、西漢權、彝器、機輪、斧弩等器的范、開關的籥、兵器中的蒺藜等類。

2、收有尤關考證的器物。如：以戈戟的鐏鐓，可考訂鄭注《周禮·廬人》「凡矜八觚」的誤謬。對於古勺，也可瞭解到其中有受一升與不及一升的差異。

3、可供確認前人不能定名的器物；若：車輨、若鉦、若鐃、若門鋪，均一一得到訂正。

二、圖象類

羅振玉的金文學著述，可供輯入圖象類者有十三種，計為：

（一）《隨唐兵符圖錄》一卷；（二）《歷代符牌圖錄》二卷、《後編》一卷；（三）《四朝鈔幣圖錄》一卷、附《考釋》；（四）《金泥石屑》二卷、《附說》一卷；（五）《古器物范圖錄》三卷、《附說》；（六）《古鏡圖錄》三卷、附《補遺》；（七）《古明器圖錄》四卷；（八）《殷虛古器物圖錄》一卷、《附說》一卷；（九）《夢郼草堂吉金圖》三卷、《續編》一卷；（十）《雪堂所藏古器物圖》一卷；（十一）《增訂歷

代符牌圖錄》二卷附《補遺》；（十二）《待時軒傳古別錄》一卷、《附說》一卷；（十三）《貞松堂吉金圖》三卷、《續編》四卷。

另附錄（一）《上虞羅氏雪堂所藏銅器拓本》；（二）《貞松堂藏器墨影》三卷、《續集》三卷。

總計十五種，分別介紹於後：

（一）《隨唐兵符圖錄》一卷

本書成於清宣統元年（西元 1909 年），有王國維《附說》一卷。

宣統元年，羅振玉編成《唐折衝府考補》，冀望補正勞經原所著《唐折衝補考》所未能輯入的唐代兵符。於是將個人所收藏的隋唐府兵符拓本附於勞書之後，以備參考。

本圖錄所載府兵符，計收：隋唐符十一、唐龜符一、唐魚符二。

附錄：唐魚符五、龜符三。

總計 22 符，全採拓本。前有目錄，除附錄中「唐左武衛將軍玉魚符」知材質為玉之外，其餘均未載明材質，未記左右，亦無考釋。然而參校《歷代符牌圖錄》前、後編，可知本編除龜符而外，其餘分別收有右符九、左符九，後並散入《歷代符牌圖錄》前、後二編中。

本編所載兵符不多，略可參考。王國維於宣統 3 年（西元 1911 年）有《附說》一卷，載於《國學叢刊》第三冊。除考述兵符左右數的制度外，也考訂出附錄諸符中，有兵符、交魚符、隨身符等。同時考證唐代「大和門外左龍武車第二」（本編目錄作「唐龍武軍龜符」）與唐代「鷹揚衛左紫輝第四」（本編目錄作「唐鷹揚衛左紫輝龜符」）二符皆屬贋作。此後王氏《附說》內容，分別刪定為〈隋銅虎符跋〉、〈偽周二龜符跋〉二文，載入《觀堂集林》中〔註3〕，可與本編一併參讀。

（二）《歷代符牌圖錄》二卷、《後編》一卷

《歷代符牌圖錄》二卷成於民國 3 年（西元 1914 年），有同年 9 月〈甲寅序〉；《後編》一卷成於民國 5 年（西元 1916 年），有同年 3 月〈丙辰序〉。

古兵符多為銅質，傳世器物雖少，但就考古價值而言，實有過於印璽。宋人始有著錄，首見於無名氏的《續考古圖》所收「漢濟陰虎符」及「唐廉州魚符」二品。清代開始出現專輯之書，如：瞿中溶《集古虎符魚符》一卷〔註4〕，翁大年

〔註3〕見烏程蔣氏二十卷本《觀堂集林》卷十五。
〔註4〕《集古虎魚符考》一卷，清瞿中溶編輯。其子樹鎬校刻本附於《集古官印考》後，又有百一廬金石叢書本。

《古兵符考》一卷〔註5〕等。羅振玉此二編圖錄，實爲承襲二家之後，發揚光大的著作。〈甲寅序〉中自述前編成書的動機與背景說：「予曩既得秦虎符，頗欲類聚藏本以爲專書，以補前藉所未備。而虞海內所藏，予或未盡知聞，故遲回者數歲，乃浮海以來，見聞益隘，恐不能復有增益，而中邦文獻日益陵替，今我不作，後來何述。因捊輯所有。由秦逮金，得符五十有二，又遼、金至明之銅牌，亦符類也，得墨本十有八。附益之，成《歷代符牌圖錄》二卷，皆取墨本精印，纖毫畢肖，可徵信傳後。」前編成書後一年（西元 1915 年），羅振玉遊歷山東、河南諸地，在洛陽境內獲得「盧龍縣銅牌」。返回上海之後，又集得「明錦衣衛旗尉牙牌」1 品。民國 5 年（西元 1916 年），羅振玉又在上海集得「東平守禦銅牌」。這 3 件牌品，都是前人未曾得見的稀品。過了不久，羅振玉又集得六舟上人及秀水王虞山、趙氏所集金石文字小品共五十餘冊。其中符牌墨本共六十餘品，剔除掉前編所已經著錄過的器品，尚存符牌 36 件；加上之前所得的三件牌品，共計 39 品。於是又再輯成《歷代符牌圖錄後編》一卷。總合前、後二編所載器品，誠如羅振玉〈丙辰序〉所說：「海內所藏，雖未敢謂畢萃於是，殆亦庶幾矣！」

　　《歷代符牌圖錄》共分上、下二卷著錄，兵各依時代編次：

　　卷上載符 52 品。計：秦虎符一、漢虎符八、新莽虎符三、晉虎符四、南朝宋虎符一、隋虎符十、唐魚符十七、武周龜符四、宋牛符一、金魚符一、玉麟府一。

　　卷下載牌 18 品。計：金牌二、遼牌一、西夏牌一、元牌一、明牌十三。

　　共收符牌 70 品，上起於秦，下迄明代。全採墨拓精印，銘識大多清晰可辨。書前有目錄，各符下注明左右，間記藏家及出土地。而於《隋唐兵符圖錄》所載錄的隋唐兵符 22 品，除附錄末所載「唐龜符二」爲贗作，不再收入；「隋美政府虎符一」載於《後編》外，其餘 19 品，均錄入此編中。其中「唐和川府魚符一」又重見於《後編》附錄，字跡較爲清晰，當是後出之精拓本。

　　《後編》一卷，亦分符、牌著錄，依時代編次。計：漢虎符一、新莽虎符一、涼虎府一、隋虎府一、唐魚符二、僞周龜符二、宋牌一、遼牌一、西夏牌一、明牌二十八。〈附錄〉唐魚符一。

　　總計載符牌 40 品，上起於漢，下迄明代。全書一如《前編》體例，除附錄的魚符一品外，都是《前編》所未曾著錄的器物。

〔註5〕《古兵符考略》一卷，清吳大年著，僅存殘稿。民國 5 年（西元 1916 年）羅振玉據殘稿寫定付印，並爲作序。序中歷述是書所收器數、內容、體例與考證得失，甚爲簡賅。此予後輯入〈雪堂校刊群書敍錄〉卷上（《羅雪堂先生全集》初編・冊一，頁 236 至 238）。

　　合二編所載器物，總計符 60、牌 49（後編序誤計作 46），共 109 品。民國 5 年以前羅振玉的符牌藏品，盡備於此。在著錄數量方面，也已遠遠超越瞿、翁二家，並大量補足了二家未曾收錄的藏品。羅振玉對於這方面的貢獻頗感自豪，因此在〈丙辰序〉中說：「瞿書僅收十有八品，且有贗作。翁目所載，符十有五、牌三十有二，合文同而字號異之重品，計之得牌四十有三，視瞿氏為備矣……。今合二家之書，以校予前後兩錄，予之所有，固多為二家所未見；而二家所有，而予無之者，亦什之一二〔註6〕。」合計此二編與瞿、翁二家所著錄的內容，經去同存異之後，所存錄的傳世符牌拓本，當在 120 品以上。

　　此二編的價值，除可彙見古代符牌拓本之外，並為羅振玉考訂明顧氏《印藪》中「上郡虎符」與吳氏《印統》中所錄「南海虎符」均為贗品的考證結果提供驗證上的方便〔註7〕。而於瞿、翁二氏昔日考證方面的疏失，羅振玉也在〈甲寅序〉中一一加以辨正：

　　　　考兩漢諸符，皆中間不書弟幾，而但書於兩側；魏晉以後，始於中間及兩側並書之……。又兩漢諸符以建初尺度之，長皆二寸許，無逾三寸者，新莽之符倍之，魏晉以後則大於漢，而小於莽。翁氏《兩漢金石記》載「五原太守符」乃至：「長三寸四分」，而中間剖別處書第一，有此兩徵，當是魏晉之符，而非漢符，然魏晉以後無五原郡，是此符亦贗作，此真贗之不別一也。《兩漢金石記》載〈驪男虎符文〉曰：「口口與驪男為為銅虎符第五。」翁氏謂魏、晉始有五等之封，而晉則伯子男以下不置軍，定為魏物。瞿考謂歷代虎符背文皆止云「與」，則驪男上不當有漫滅二字。今詳觀此符拓本，「與」上是「晉」字，與「丞邑男符」之稱「晉與丞邑男為虎符」正同，是為晉而非魏也。又「與」上加朝代，新莽諸符皆然，晉符蓋沿莽例。「高平虎符」稱「詔與高平大守為虎符」，其例又異，惟漢符與上無字，瞿氏乃謂與上不當有字，歷代皆然，此實考之未審。惟與上一字而空二格，則翁氏之誤耳，此朝代及制度之混淆二也。瞿氏謂漢虎符稱「與厶厶太守為虎符」，而「驪男虎符」作「為銅虎符」，蓋魏晉始有之。今觀「驪男符」拓本，明明無「銅」字，乃翁氏誤釋，非魏晉有之也。又瞿考載「右武衛和川府魚符」，其文作「武衛和

〔註6〕羅振玉於〈古兵符考略殘稿序〉中說：「予先後撰歷代符牌前、後二錄，所收雖倍于瞿、翁兩家之書，然兩家所有，而予無之者，亦十餘品。」是此所謂「什之一二者」，十餘品耳。

〔註7〕羅振玉所考，見〈歷代符牌錄序〉（《羅雪堂先生全集》初編・冊一，頁 144 至 145）。

川府」，云唐有左右武衛，隋《百官志》有武衛，定此爲隋符。然此符實是右武衛，右字在同字上，嘗見精拓本有之，尋常拓本往往失拓，此爲唐符而非隋唐，瞿氏所見本亦失拓右字耳，此箸錄辨釋之未確三也。如是之類，並爲缺憾。

羅振玉透過拓本的精審比對，考辨前人在釋文與制度論述上的錯誤，無形中大大增加了此二編的實證價值。可惜羅振玉對於古代兵符制度的考證文字已然失傳，否則將更加彰顯出器物傳布的重要。

（三）《四朝鈔幣圖錄》一卷、附〈考釋〉一卷

本圖錄成於民國 3 年（西元 1914 年），有〈甲寅九月自序〉〔註 8〕。

紙幣的製作，仿自《周官》的「里布」，而始自唐代的「飛錢」；宋代的「交子」。本書所收鈔幣及鈔版，皆爲金、元、明、清歷代的物品，因此稱之爲「四朝」。〈序〉中除歷述楮幣的源流，兼論其弊害之外；並考證其中文字，附於圖錄之後。

本圖錄共收圖象 17 品，依時代爲次，計：金銅版五、元銅版一、鈔幣二、明鈔幣一、清鈔幣及官票各四。前有總目，各品下分注藏家；後附〈考釋〉13 條。圖象中的最末四品：「十兩官票」、「大清一千五百寶鈔」、「一千寶鈔」及「五百寶鈔」，因爲都是在此書編定完成之後所得，因此沒有考釋。

本圖錄所錄鈔版及鈔幣雖數量不多，卻都是僅見的稀品。羅振玉在〈考釋〉中，對於其中文字、時代與歷來鈔版印造的制度均一一考證，甚有利於後學參考。

（四）《金泥石屑》二卷、《附說》一卷

本書成於民國 5 年（西元 1916 年），有羅振玉〈丙辰三月序〉。

羅振玉著書多有計畫，嘗以爲三代以來的金石文字，兩宋時期即已多有專書著錄，可惜大多未能詳備。及至清代，出土的古器物出益加豐富，金石學的研究也日益昌熾。因此羅振玉除致力於石刻文字的整理外，也有計劃地針對古代神器與庶物銘識加以編次，並分兩種方式進行：一、斷代爲書；二、依物分類。二十年間，編成的書甚夥。他在本書序文描述道：「頻歲以來，索居海外，頗事造述，於……斷代之書，成《殷文存》及《秦金石刻辭》；於依物分類之書，其成者曰《殷虛書契》，曰《齊魯封泥集存》，曰《歷代符牌錄》，曰《四朝鈔幣圖錄》，曰《古器物范圖錄》。其他則編第未竟，限于資力，不能旦夕究也。」民國 5 年春，當時羅振玉正寓居日本，過著著書遣日的生活。於是會撮所藏器物中不能賅於斷代、

〔註 8〕甲寅年即民國 3 年（西元 1914 年），羅振玉以大清遺老自居，因此民國以後，即取干支記年，不冠民國年號。

分類二錄中的古器物小品，獨立爲一類，編成此書。

本書所著錄器物計分上、下二卷：

卷上金類（金、銅、鉛、銀、鐵），共收「印子金」等 51 器。

卷下石類，共收 20 器。

總計全書共收 71 器。起於周代，下至明代，全用拓本。前有總目錄，器下間注藏家、熸佚的情形，不記尺寸大小。書後《附說》一卷，對各器物略作考證，頗有發明。

羅振玉素來視古器物爲性命的寄託，即使是至小、至粗的物品，也會保存下來，留作考古的依據。本書的編成，即爲平日心血的明證。本書著錄器物小品，雖然不及羅振玉所藏拓墨本的十分之一，然而其中常見世所罕見的稀品。縱使有些物品散失亡佚，然其圖文抄本，也都屬於難以求得的珍寶。可惜的是，羅振玉對於書中所錄未能細心分類，僅僅排比編次，否則將更便於查考。

（五）《古器物范圖錄》三卷、《附說》

本書成於民國 5 年（西元 1916 年），有〈丙辰三月上巳後二日自序〉。

古人製作器物，必定要先凍土鎔金，製成器范。器物鑄成之後，器范也隨之損毀。因此器范極難獲得保存，多年來從事古器物研究的學者，也鮮有器范的著錄。在羅振玉之前，古器物范得以傳世者，僅有「莽泉范」、「衛家瓦范」、「尚方鏡范」及「弩范」四品。經羅振玉陸續蒐求，又尋得了「銅斧范」、「日光鏡范」、「矢鏃沙范」、「師比沙范」、「銅惺范」等五品。只是當時羅振玉遭逢世亂國變，輾轉流徙之間，所藏諸范未能及時拓墨傳世。羅振玉對此忱然有感，而於〈丙辰序〉中敘述云：

> 予齋所藏，予知之，世莫得而知也。以視乾嘉士夫一器一物之出拓本千百，又爲文詠以表章之，數十百年間，器或已佚，而名得長存，其幸不幸爲何如哉？然以前人拓墨之勤，予求「衛瓦范」及「尚方鏡范」猶且三十年不可得，則予之所藏，其泯沒不必待至數十年後，又可知也。念之滋懼，用是亟施氈墨，又會最諸家所藏予有墨本者，釐分三卷，名之曰：《古器物范圖錄》，以廣其傳。

羅振玉亟於傳古的心情，洋溢於字裡行間。圖後另有「附說」，可供參研。

本書所藏古器物范共分三卷著錄：

卷上諸器物范：共收藏 15 品（含銅范母一）。

卷中古貨幣范：共收 11 品（含銅范母六、鐵范母一）。

卷下漢以後至六朝泉幣范：共收 41 品（含銅范母二十、鐵范母一）。

總共收器 67 品，內含銅、鐵范母 29 品。全書圖採拓本、無銘文。圖前有總目，目下注藏家，間注背文。書後《附說》23 條，皆為羅振玉器范研究的心得。

自來研究古器物范的學者甚少，主要的原因，即在於土范難以傳世，缺乏研究的憑據。即或偶有涉及器范研究的學者，亦難有機會編輯專書。羅振玉本書所蒐集的器范富贍，更在《附說》中考定了三代古器物范的製作方法與器物的製造方法，頗有發明，足為學者研究所資。不僅傳古之功不可沒，對金文學的研究領域，也有開疆闢土的功勞。

（六）《古鏡圖錄》三卷、附《補遺》

本書成於民國 5 年（西元 1916 年），有〈丙辰八月既望序〉。

羅振玉與古鏡的機緣，始於光緒 9 年（西元 1883 年）。當時羅振玉年僅十八，曾於淮安欽王鎮偶得一面古鏡，銘文鑄著：「家常貴富。」於是花了一千錢買回家中，從此開啓了蒐集古鏡的嗜好。平日喜愛將所藏古鏡取出來摩抄賞玩，玩賞之餘，深深地認為古鏡具有「刻畫精巧」、「文字瓌奇」與「辭旨溫雅」等「一器三善」的特質。每回如果有機會得見同好所藏的寶鏡，往往親施氈墨，然後再從前賢的著錄中，移錄銘辭，置於坐隅玩賞。此後的三十餘年期間，羅振玉所藏寶鏡，時有得失，能夠倖存下來的，也僅僅數十品而已。然而所拓錄下來的墨本，竟然多達三千紙。剔除其中複品之後，尚有二千。到了東渡日本之後，回想起三十年來蒐羅鏡鑑的嗜好是如此地深篤，而所藏器物卻都一一散亡。幸好墨本尚存，於是期待將墨本編印傳布的心願更加熾盛。於是取墨本中文字刻鏤精好者，並遴選部份僅有雕紋而無銘辭者，編成本書。此外，羅振玉於民國 18 年（西元 1929 年）刊印的《漢兩京以來鏡銘集錄》一卷、附《鏡話》一卷，若與此書互參，收效尤彰。

本書共分三卷著錄：

卷上：收鏡之有紀年者，依時代編次，由漢之元興，迄明之洪武，得 33 品。

計：漢十一、新莽一、吳八、晉五、齊一、宋三、金三、明一。

卷中以後，選錄文字刻鏤精好而無年月可據者。以品數繁多，因分中、下二卷著錄之。計：

卷中：69 品，皆有銘刻。

卷下：55 品，多有銘刻，僅卷尾數幀但有雕紋，而無銘辭。

另附錄 2 品，為羅振玉本書付印後所增補者，分別紀有年代，為當入卷上而未及收錄的藏品。

總計全書共收鏡 159 品，圖象或採攝影，或採墨本，印製甚為精美，書前有

總目錄，目下多注藏家，以爲參考。

本書所錄諸鏡，雖僅羅振玉所藏拓本的一部份，然多傳世的極品。如：卷上所錄「新莽始建國二年鏡」，爲西漢傳世僅見的有文字鏡。「齊建武五年鏡」，爲六朝僅見的傳世古鏡，極爲珍貴。又古鏡多爲正圓，偶有方形者。本書卷下所錄「西夏國書鏡」作正八邊形；「雙飛仙鏡」及「圓林鏡」作花瓣形，亦甚難得。此外，有文字諸鏡，依次排比，可供瞭解古鏡製作變化的沿革。無記年月的古鏡，也可以據此作爲參證，而考得鏡身的時代背景。

（七）《古明器圖錄》四卷

本書成於國民 5 年（西元 1916 年），有〈丙辰九月自序〉。

「明器」爲古人殉葬專製的器物，《古明器圖錄》中所輯錄的明器，大多出於羅振玉本人的收藏。羅振玉對於古明器的蒐集，始於清光緒 21 年（西元 1895 年），其後數年之間；陸續購入，最後竟然達到充盈几案，羅列室隅的地步。起初所收藏的古明器，僅限於唐代，漸漸才有了六朝與漢代者的古物。然而經二十餘年間的盜竊、損毀，到了民國 5 年的時候，只保存下三百多品。羅振玉於是選工寫影，裁汰重復，輯成此書。

本書所收明器，計分四卷著錄：

卷一俑之屬（附鬼神）：八十三器。

卷二任器、竈舍、井廄、杵臼、牛車之屬：三十八器。

卷三家畜之屬：四十器。

卷四壙塼附：二十四器。

總計八類，185 品（自序誤計爲 181 品）。各卷均依世次列，上自三代，下迄於唐。各器以實物影印，大部份爲陶土製品，也有部份爲銅製品。如：卷二銅竈及釜、甑、突等。可惜羅振玉對器物質地甚少注明，是以無法令讀者充分盡知何者爲金屬所製。

本書最大的價值，在於有助考定古代文化及器物形制。在清末考古研究的熱潮中，學者對明器的研究與蒐集均不甚重視，古來載籍中的記述也極爲罕見，羅振玉可說是這個研究領域中的先驅。因此，此書的出版，對喚起古明器研究的重視，深具啓導作用。可惜當時響應的學者無多，後繼乏人，以致大量出土明器流失海外。

（八）《殷虛古器物圖錄》一卷、《附說》一卷

本書成於民國 5 年（西元 1916 年），有〈丙辰四月自序〉。

　　清光緒34年（西元1908年），羅振玉初知甲骨出土之地爲洹水之濱的小屯，後讀宋人《博古圖》，在多件古器下注明出於「河亶甲城」。羅振玉認爲，河亶甲城就是洹濱小屯，也就是史上所稱的「殷墟」。宣統2年（西元1910年），羅振玉先後四次派遣他的胞弟米洹水邊上的殷墟，獲得了古器數十件，視爲重寶。本來希望假以暇日，細心考究，同時將器物寫影精摹，將成果與世人分享。然而又認爲殷墟所出的遺寶，應當不止於如此區區之數，因而計劃親自前往蒐求。民國3年（西元1914年）春，計畫實現，羅振玉親赴殷墟蒐求古器，卻僅獲得「珧璧」一品而已。至此羅振玉念及過去一段日子所獲得的殷虛遺物雖然多有殘斷，然而亦足以提供學者窺見古代良工製作的精美與古器的形制。於是親自督工寫影，輯成此書，圖後並附錄研究、考證的心得。

　　本書共收古器物56種（原書誤計作五十五），多爲骨、玉、齒、貝等材質的器物。圖象的大小長短，爲求存其原貌，全部依照原器的尺寸摩影。大形器物，便分爲數頁付印。對於無法依照原尺寸納入書頁篇幅中的特大器物，才加以縮印，並於附說中詳記原寸大小。本書所收56種古器物中，僅「彝器殘耳」一件，屬吉金製品。出自手工，而嵌以寶石，精巧無匹。羅振玉在〈附說〉中記述說：「古彝器斷耳，以銅爲之，花紋至工，而嵌以寶石，綠如翠石，不知爲何物（第三十九圖）。」可作爲原圖審閱時的參考。

　　本書的骨器，雕鏤花紋，多有與彝器相似之處，爲研究古器物形制難得的參考資料。又有所存獸骨，骨上所契刻的文字，與甲骨文實無二致，也可提供甲骨學者研究殷商文化的參考。

（九）《夢郼草堂吉金圖》三卷、《續編》一卷

　　《夢郼草堂吉金圖》三卷成於民國6年（西元1917年），有羅振玉〈丁巳十月自序〉。《續編》一卷成於民國7年（西元1918年），有羅振玉〈戊午八月自序〉。

　　羅振玉少好古器，畢生蒐羅的古器極多。四十歲左右，所蒐得的古器已多達充斥書室，無地措足的地步。可惜因時移事遷，幾經得失之後，古器易散難聚。羅振玉感慨之餘，不忍心古器就此祕藏不宣，於是取出所藏古器，影印器形圖象，希望能廣加流傳。此番心跡，在〈丁巳自序〉中細膩的描述說：

　　　　在京師六年，三移居。長物多於家具，每值遷徙，躬身監護，惟恐
　　有所損失。顧是時政綱日替，冷官末由報稱，思謝病退居江湖。顧此累
　　累者，不忍棄去，欲一一攜取，則陳篋數十歸裝，益不辨於是囊昔愛之
　　如護頭目者，至此益增吾累矣！及……攜孥浮海，圖書、長物古餘篋，
　　運之逾月乃竟，又棄其重大不易致者。既至海東，無所仰給，此古樂器，

稍稍出以易米，尋復悔之，更圖聚積。時丁桑海之變，士夫所藏乃大出，
北則盛伯及鐵雲藏器質於人者，往往充斥肆廛。予先後共得數十品，曩
之所失，乃得復償。……鑒於前人箸錄未成，而器已星散，乃課兒子輩
拓墨，編爲《夢䣄草堂吉金圖》三卷。

本書編成前後，羅振玉正旅居日本。書成不久，因國內近畿水災，殃及數省。
羅振玉眼見廣大災民頓失依賴，於是盡散隨身的值錢物品，換取錢財以圖賑卹災
民。在所出售的物品中，也有本吉金圖中所錄的部份古器。民國 7 年（西元 1918
年）春，羅振玉由日返國巡視災區，當地的古物商人以古器求售，於是羅振玉又
重新購得了一批古器物，約三十餘件。羅振玉將新得的古器物加以整理後，再增
添舊藏中尚未編入吉金圖的器物，編成《夢䣄草堂吉金圖續編》。對此羅振玉曾也
在〈戊午自序〉中感性地說：「物之聚于所好，殆如風之聚籜，忽聚忽聚，理之常
也。今予謀棄而獲存，處損而得益，此諸器既入予齋，不可不謀流傳之。」

《夢䣄草堂吉金圖》共分三卷著錄：

　卷上：計收鐘三、鼎十二（原著誤計作十）、鬲一、簋二、彝七、敲八、尊一、
　　　　卣一、觶四、觚一、爵七、角一、盦一、車轄一、古鍵一、金鋪一、
　　　　不知名古器二。共 17 類，54 器。

　卷中：計收古兵二十九（兵三、戈十一、戟四、劍二、矛二、鏃六、斧一）、
　　　　秦器十四（符一、權八、量五）等。共 2 類，43 器。

　卷下：計收漢器三十（纍一、量一、鍾三、鈁一、勺一、鼎四、洗三、鐙二、
　　　　熨斗一、錞一、車轄一、小器二、戈二）、魏器二（弩機一、鈴一）、
　　　　蜀器一（鉤一）、六朝至明器二十一（鉤一、造象九、鈴一、符一、銅
　　　　牌一、銅犁一、犁范四、銀定一、兵器一、銃一）。其中洪、魏、蜀器
　　　　爲一類；六朝至明器爲一類。共 2 類，54 器。

　　每卷前各有目錄，器目下分注已見著錄與否。已見著錄的古器，則注明所著
錄之書；未見著錄的古器，偶而注明藏家與出土。

　　《續編》一卷，計收秦以前諸器四十一（鐘一、鼎五、鬲二、甗二、簋五、
彝二、敲五、口一、尊一、壺一、卣一、觚一、爵三、戈一、矛二、弩機一、劍一、
族二、鉤一、不知名小器二、權一）、漢以後諸器二十七（鼎二、洗一、鑰一、纍
一、權一、承水槃一、鈴一、鉤十、小器四、殘器一、造象坐二、魚符一、銀定
一）。共 2 類，68 器。前有目錄，器目下無說明。如果所存的器物爲器蓋，則於器
目下注明一個「蓋」字。

　　總計二編共收 219 器，率皆首印圖象，次印銘文。不記尺寸形制，亦無考釋。

其中「楚鎛」、「洵城口」、「皮氏大鈴」（以上卷上）；「商句兵三」、「䣄戈」、「口司馬戈」、「金書雕戈」、「萊䣄戈」、「奇字斷劍」、「右鏃」、「貝鏃」、「𦅗北鏃四」（以上卷中）；「完字小器」、「千金氏小器」、「日入千金鈴」、「大幸半鉤」、「眞定帶鉤」、「西夏國書銅牌」（以上卷下）；「𤔲𤔲小戈」、「雒庫鐘」、「新莽嚘權」、「大吉利小鈴」、「宜月小器」、「官律所平小器二」、「口陽殘器」、「宋銀定」（以上續編）等 32 器，皆爲拓本，而與其他諸器的攝影圖片不同。

此二編中所收錄的藏器精品甚多，如羅振玉在〈丁巳自序〉中所述：「如商之勾兵、秦之虎符、鏤金之雕戈、異文之短劍、雞鳴之戟、夜雨之鑄，或爲並世所罕遘，或爲天水之舊藏。」又〈戊午自序〉自序云：「若昆吅之鐘、離庫之鑰、列國之弩機，新莽之水盤，或人間所僅見，或古器之殊尤。」此外，此二編中所收藏品，有許多是前人未曾著錄器物。對金文研究而言，實屬重要的著述。

就缺失而言：本書分類，正編中大類與小目混列，與《海外吉金錄》有相同的缺失。續編依時代先後列目，則較爲統一。又正編中所錄諸器，多有定名不洽當的情形。如：卷上所題「朕虎敦」，當釋爲「艅虎敦」〔註 9〕。又有器銘可識，卻闕而未釋者。如：卷上「口氏鼎」應釋爲「嬴氏鼎」〔註 10〕。又有其器己見前人著錄，而稱未見著錄者，如卷上「𦥑鼎」，嘗見於《西清古鑑》、《寧壽鑑古》及《攈古錄金文》等書〔註 11〕。此外，正編卷上所題「楚鎛」；卷中所錄「人日巳句兵」、「且日乙句兵」及「大凡日乙句兵」，銘文皆係僞刻〔註 12〕。凡此種種，皆爲疏失之處。

（十）《雪堂所藏古器物圖》一卷

本書成於民國 8 年（西元 1919 年），爲羅振玉東渡日本時，繼《夢鄣草堂吉金圖》之後，另選古器小品編次而成的圖錄。羅振玉在〈雪堂所藏古器物圖說序〉中說：「往歲避地海東，既編所藏古吉金爲《夢鄣草堂吉金圖》，復編他古器小品爲《雪堂所藏古器物圖》，付之影印。既竣工，適攜家返國，寓居津沽〔註 13〕。」則此編所輯古器小品，與《夢鄣草堂吉金圖》正、續編，可得窺羅振玉 54 歲前的收藏概況。

〔註 9〕見王永誠《先秦彝銘著錄考辨》，頁 372。

〔註 10〕見王永誠《先秦彝銘著錄考辨》，頁 371。

〔註 11〕見福開森《歷代著銘吉金目》，台灣商務印書館，民國 60 年（西元 1971 年）台一版，頁 821。

〔註 12〕見王永誠《先秦彝銘著錄考辨》，頁 373。

〔註 13〕羅振玉於民國 8 年（西元 1919 年）3 月自日返國，4 月卜居天津，則《雪堂所藏古器物圖》當即成於此時。

本書所收古器小品，共分六類著錄，計收：

陶類：九器（略）。

金類：收旋蟲一、鸞刀一、刀一、匕一、劑類一、斤類二、斤一、斧類一、
　　　戈類一、戈一、厽矛一、鋸一、丁一、小鈴一、釵二、笄二、尺一、
　　　師比一等二十一器。

玉類：二十三器（略）。

古器物范：四器（略）。

明器：八器（鉛戈一、餘略，又原著誤計作五器）。

雜器類：十八器（略，又原著誤計作六器）。

　　　總計全書共收六大類，83 器（原著誤計作六十七器）。其中金類佔 22 器。全
書概取實物影印，頗為精美。其中若有銘識，亦加以拓印。然而未記尺寸大小，
也無考釋。金類 22 器中，僅劑類與小鈴二器有銘識。書前列有總目，而無說明，
器數計算上也多有疏誤。

　　　本書大致根據器物材料分類，體例較善，各大類下的小目如果以「類」為名，
皆為羅振玉不能定名的器物。如金類下的「劑類」、「斤類」、「斧類」、「戈類」等
皆是。又劑類共有圖，實為二品，而羅振玉卻注為一品。經參酌《雪堂所藏古器
物圖說》，得知羅振玉以為那是古質劑的劑，二器為一套，就像符節有二半一般，
因此視為一器。尺也有二圖，應當是折斷的緣故，因此也不是二器。此外，如斤
類二品，各有二圖，用以顯示一器的正側二面。因此若閱讀此書，當參考羅振玉
民國 3 年（西元 1924 年）所著《雪堂所藏古器物圖說》，始能得其全貌。

（十一）《增訂歷代符牌圖錄》二卷、附《補遺》

　　　本書成於民國 14 年（西元 1925 年），影本收有〈宣統六年九月歷代符牌圖錄
自序〉〔註 14〕、〈乙丑十一月自序〉與〈宣統丙辰（西元 1916 年）三月歷代符牌
圖錄後編自序〉。

　　　本書為合《歷代符牌圖錄》前、後二編，益以民國 5 年至 14 年間所蒐得的符
牌而成。由羅振玉的四子羅福葆、五子羅福頤摹寫。全書分上、下二卷著錄，各
依時代編次：

　　卷上：載節符八十九品。計列國節六、秦虎符二、漢虎符十五、新莽虎符四、
　　　　　爵符一、晉虎符三、漢後隋前虎符十三、隋虎符十三、唐魚符二十三、

〔註 14〕「清宣統 6 年」即民國 3 年（西元 1914 年），羅振玉不奉民國年號，因此序名仍冠
　　　　遜清宣統的年號。

武周龜符七、金魚符二。

卷下：載牌六十六品。計北宋牌一、遼牌二、西夏牌五、南宋牌二、金牌二、
元牌一、明牌五十二（原目錄誤計作 53），不知時代牌一。

補遺：載列國符及漢代符各一。

總計符牌共 157 品，除《歷代符牌圖錄》前、後二編所載 109 品全數收錄之
外，總共增加 48 品。羅振玉畢生所蒐集的符牌拓本、摹本，盡在於此。書前列有
總目，符目下多注左、右，偶而也記收藏家；牌下也多記次第字號。

羅振玉編撰《歷代符牌圖錄》前、後二編時，對於前人著錄的摹本，一概不
予收錄。本圖錄改變體例，全數收錄。為求體例統一，因此也全部改用摹寫。在
精緻度上雖然不如前、後二編的拓本精美。然而線條與銘識清晰，亦足可觀。如
果將本圖錄與前、後二編合觀，收效更佳。

羅振玉根據本圖錄中所載符牌，認為可用以補正載籍疏謬的價值共有六點：

一曰節：《周禮・掌節》中記載節制僅「虎節」、「人節」、「龍節」三種，羅振
玉從「辟夫夫虎符」得知秦代以前的節，正同於秦漢以後的符。又從其
他各類節的形制文字，得知在《周禮》所載的虎節、人節、龍節之外，
還有牛形、馬形、鷹形、雁形等個類的節。

二曰爵符：過去研究新莽制度的學者，都不知道當時有爵符的形制。本圖錄
中所載新莽諸符中，有作爵形者，正足以補正載籍的不足。

三曰文字：漢太守以下諸虎符，都是將文字書寫在於背脊上，再從中二分。
古節及秦代的「新郪」、「陽陵」諸符，則為兩側文字相同，而不將文字
中分。西漢初年的「安國侯虎符」、「臨袁侯虎符」仍舊沿用此制，可見
書於背脊而中分的符制，是漢代中葉以後才改變的制度。在此之前的研
究者，尚不瞭解虎符有左、右側書的書寫方式，也賴本圖錄的圖象實例
得到補正。

四曰發兵之制：素來談及「符」的用途，都只知道為發兵之用，卻無法詳細
瞭解究竟該如何使用，載籍中也沒有提及。而本圖錄中所收錄的〈秦新
郪虎符銘識〉記載：「凡與士被甲用兵，五十人以上，公會王符乃敢行之；
燔燧事，雖毋會符，行也。」根據此段記載，秦代用符發兵的制度便瞭
然可知。

五曰龜符之制：虎、魚諸符，都是從背脊中分而為左右；龜符則由背甲及腹
甲上下判合，而刻字于背甲內側。然而傳世的龜符皆為背甲，腹甲則屬
罕見。因此龜符的實際應用如何？載籍中無法提供足夠的資訊。本圖錄

中載有一件腹甲，刻有一個「同」字，與背甲所刻的「同」字牝牡相合，雖僅一件，卻可以略補載籍的不足。

六曰明代銅牌字號：明代銅牌字號的形制，《明會典》雖然有所記載，然而以傳世的器物及拓本加以驗證，則有關形制與字號種類的記載，便出現記載過於簡略或錯誤的現象。因此本圖錄所收載的明代銅牌，多有可以補足前說的價值。

此外，本圖錄中所載符牌，雖不能囊括歷代所有的符牌。然而各代符牌的名稱、源流，舉凡自先秦的節，秦漢至隋代的虎符，唐宋的魚符，武周的龜符，降至元代以後的牌等，其間的遞邅變化，卻都有跡可尋。因此本圖錄的編成，對於符牌的研究考證，價值無限。王國維有〈秦新郪虎符跋〉、〈秦陽陵虎符跋〉、〈新莽四虎符跋〉、〈隋銅虎符跋〉、〈僞周二龜符跋〉與〈元銅虎符跋〉等六篇論文〔註15〕，對歷代兵符的形制考證詳備，多有發明。若與本圖錄相互參驗，收功益宏。

（十二）《待時軒傳古別錄》一卷、《附說》一卷

本書成於民國 17 年（西元 1928 年），書題「上虞羅福頤摹」，有羅福頤〈戊辰冬序〉，書後並有羅振玉所撰《附說》一卷。

本書爲羅振玉五公子羅福頤稟承父命摹寫而成，〈戊辰冬序〉云：「古金文有錯金銀爲文不可施氈墨者，家大人病其不能流傳，每命以花乳石樞刻，久之得十種。已又得唐封泥墨書硃印，文字黯淡，不可影照，復命樞刻於末。總得十二種，家大人謂爲『下眞一等』，各爲題識。」

本書一卷，依時代編次，計：

三代二（魚七一、距末一）。

秦二（虎符二）。

漢六（虎符一、爵一、車飾一、金馬書刀三）。

唐二（略）。

共收 12 器，文字與圖象，皆摹刻精美，受羅振玉稱美爲「下眞一等」。圖前有總目，各目下分注字數及藏家，其中「秦新郪虎符」與「甲兵虎符」已見錄於《增訂歷代符牌圖錄》（甲兵符在《增訂歷代符牌圖錄》中係以「陽陵虎符」之名見錄）。《附說》各器 1 條，共 12 條。

本書所錄器物雖僅 12 件，且圖象全出摹刻，有異眞品。然而所收諸器的價值，可於《附說》中一一得知，因此亦不失爲羅振玉的重要著作之一。

〔註15〕該六篇論文並見於烏程蔣氏二十卷本《觀堂集林》卷十五。

（十三）《貞松堂吉金圖》三卷、《續編》四卷

《貞松堂吉金圖》三卷成於民國 24 年（西元 1935 年），有〈乙亥仲秋自序〉。《續編》四卷爲羅振玉未刊的遺稿，現僅存書目，內容不詳。

自民國 6 年（西元 1917 年）至民國 7 年（西元 1918 年），羅振玉相繼編成《夢郼草成吉金圖》及《續編》之後，便興起一個念頭。他認爲金石的壽命，有時不如楮墨拓本。因此一旦將器形拓本編印、流傳之後，則器物的聚散，應當任其自然的存滅，不必僅爲個人私藏。因此民國 8 年（西元 1919 年）由日返國之後，便想藉著販賣古器，做爲「京旗生計維持會」的資金來源，用來救助孤苦無卹的災民。然而恰逢當時的國內戰亂頻仍，民生凋敝，古器物自然也乏人問津。因此得以出售的古物，不及一成。

有趣的是，羅振玉在古器物收藏方面的心路歷程，可謂一波三折。他原想藉著古物販售以籌集資金，可惜事與願違。後來卜居天津期間，由於曾在友人家中親眼見過「靜敲」上精美豐富的文字，極爲珍愛，於是又以重金收購。京津一帶的商人得知後，便不時地帶著古器物來向他求售。羅振玉本想要以無力收購來謝絕，然而當地古物商卻以容許延期償金的方式交易，使得羅振玉一時難以峻拒，對於所喜愛的古器物，偶而也會加以選購。輾轉到了民國 17 年（西元 1929 年）底，羅振玉遷居旅順，大批古物頓時又成爲舟車運輸的累贅，這使得羅振玉對收藏古物的意念又幾乎完全打消。

在旅順居住期間，河南殷墟出土許多器物，一直乏人問津。古物商又紛紛去信給羅振玉，瀝陳商場經營的艱難，希望他能出資選購，以求渡過難關。此時羅振玉心中幾經交戰，於是又重心開啓了古物蒐集的念頭。他在〈乙亥自序〉中說：「曩者予謀斥舊藏予活人，所願既不克償，今茲所見，宜雲煙等視，何注意爲。顧念古物有盡，若不得所歸，至可矜惜，且以是時購求，殆亦利濟之一端。」他將購藏古物的行爲，當作是一種行善的義舉。其實，與其說是受到行善心理的驅使，不如說是他對古物打從眞心喜好的結果。就這樣繼事蒐集的結果，羅振玉又獲得了三代器一百多件；秦漢以後的器物數十件。加上昔日在天津時期所得的舊藏，爲數也頗可觀，於是命五子福頤將這些古器物圖像編次成書。至於《續編》的成書情形，由於該書未得流傳，因此成書的經過也無從得知。

本書共分三卷著錄：

卷上：計收鐘二、鼎二十三、鬲三、彝五、段四、簋二、尊一、壺三、卣二、盉一、瓠十二等三代器。共 11 類，58 器。

卷中：計收觶十三、爵二十一、盤一、雜器十四（鐵一、鐘蓋一、會一、鍾

一、匕二、權一、量一、馬節一、符鈎一、車輨一、車鍵一、馬銜二)、兵器二十八(勾兵四、戈九、戟六、矛二、劍二、匕首一、戈鐓三、弩機一)等三代器。共5類,77器。

卷下:計收秦權詔版三、漢器三十七(鼎六、壺二、鈁一、鐙四、洗二、酒𨟻一、鍪一、符一、勺一、師比一、杖首一、篠調一、書刀四、鈴四、戟一、弩機二、鉛券四)、晉宋以降器十九(鍋一、鐃一、造象十一、造象銅牌二、界牌三、銀定一)。附錄四(三代及漢石刻各一、唐封泥一、宋木榻一)。共4類,63器。

總計全書共收198器,前有總目,器目下僅分記字數,未言是否見於著錄,亦不載藏家。各器率皆首印圖象,次拓銘文,不記形制尺寸,亦無考釋;器物圖象多以攝影刊印爲主,偶而也採用拓本,體例同於《夢郼草堂吉金圖》。

從本書所錄,可窺見羅振玉自民國8年(西元1919年)至民國24年(西元1935年)間收藏的情形,其中不乏前所未見的稀世珍品。〈乙亥自序〉中舉例說:「若䍐氏之鑰、中鑵之蓋、魚鼎之匕、𠫑量、郜權、馬節、馬銜、匕首、酒𨟻與夫金馬書刀,並爲前賢所未睹,考古所取資。」又此編的目錄,分類以時代爲綱,體例亦較精密。唯附錄四器,不屬吉金,與書名雖屬不類,不過亦無礙宏旨。此外,羅振玉在〈乙亥自序〉中所稱引的「靜敨」,於總目中卻列入「彝類」,並定名爲「靜彝」,實有未當。

附錄

(一)《上虞羅氏雪堂所藏銅器拓本》

本書莫榮宗《羅雪堂先生年譜》著錄於民國12年癸亥(西元1923年)。由於該書未見傳存,因此詳細的內容難考。

民國24年《考古學社社刊》第二期〈社員著作及印書介紹〉曾記載本書著成的緣起說:「上虞羅氏所藏古器物素冠海內。八年前,閩縣陳承修先生,曾發起向羅氏磋商集拓流傳,由周君希丁施墨,得三十部。同人分索,供不應求。」根據這段記載,則本書當成於民國16年,與莫氏年譜所著錄的年代不同,不知何是何非?在此暫依據莫氏之說。本書因缺乏其他相有關資料,因此全書的內容體例如何,也無從得知,誠爲憾事。否則此書所收拓本,係全部出自羅振玉的藏器,非僅可藉此得窺羅振玉五十八歲以前所藏銅器的概況,更有助於吉金圖象、目錄的研究與比勘。

（二）《貞松堂藏器墨影》三卷《續集》三卷

　　《貞松堂藏器墨影》與《續集》相繼成於民國 20 年（西元 1931 年）。最初出版時，《貞松堂藏器墨影》僅精拓十部，每部份爲三冊；《續集》也僅拓十部，每部同樣分爲三冊。而今該二部書均不見傳存，內容體例分別見於《北平燕京大學考古學社社刊》第二期〈社員著作及印書介紹〉及第三期〈社員出版新書介紹〉。

　　民國 12 年癸亥（西元 1923 年），陳承修發起向羅振玉磋商，將所收藏的古器物加以集拓流傳。經羅振玉首肯之後，遂請周希丁施墨精拓，編成《上虞羅氏雪堂所藏銅器拓本》一書。此後八年期間，羅振玉續有所得，北平考古學社同仁於是再度商得羅振玉的同意，將前書未曾施墨收錄的藏器再予編錄，編成《貞松堂藏器墨影》。因此本書與八年前所編的《上虞羅氏雪堂所藏銅器拓本》互爲姊妹之作。不久之後，考古學社同仁再取得羅振玉所藏及續得的藏品，編爲《續集》三卷，對前二編所未能錄者再加補充。

　　　　本書前集計收：鐘二、鼎十九、鬲三、彝四、敦六、簠三、壺四、卣三、盉一、瓿九、觶十三、爵二十二、盤一、雜器九（不詳）、漢以來器十六（不詳）等。共 15 類，115 器。

　　　　《續集》計收：鐘二、鼎十三、鬲三、彝十、敦八、簠五、簋一、尊一、壺三、卣一、瓿十二、觶五、爵十一、角一、雜器五（不詳）、兵器十（不詳）、秦漢以下器七（不詳）。共 17 類，99 器。

　　總計先後二集共收 214 器，一概採用原器拓印成書。

　　本書又名《羅振玉藏三代金文拓本》，觀書中所錄藏器，三代以外，還兼收了部份秦漢器。若以「三代」爲名，名實不能相符，因此仍以《貞松堂藏器墨影》爲書名較佳。

三、文字類

　　羅振玉的金文學著述，可供輯入文字類者共有九種，計爲：

　　　　（一）《淮陰金石僅錄》一卷、《附編》一卷、《補遺》一卷、（《楚州金石錄》一卷、附〈存目〉）；（二）《秦金石刻辭》三卷；（三）《殷文存》二卷；（四）《兩浙佚金佚石集存》一卷；（五）《地券徵存》一卷；（六）《漢兩京以來鏡銘集錄》一卷、附《鏡話》一卷；（七）《貞松堂集古遺文》十六卷、《補遺》三卷、《續編》三卷、《續補》一卷；（八）《雪堂所藏吉金文字》；（九）《三代吉金文存》二十卷。

　　另附錄《金石萃編補正》四卷。總計十種，分別介紹於後：

（一）《淮陰金石僅錄》一卷、《附編》一卷、《補遺》一卷
（《楚州金石錄》一卷、附《存目》）

《淮陰金石僅存錄》成於清光緒 10 年（西元 1884 年），有羅振玉〈甲申六月自序〉。《附編》成於光緒 17 年（西元 1891 年），有〈辛卯自序〉，並附有光緒 18 年（西元 1892 年）12 月王錫祺〈跋〉。《補遺》亦成於光緒 17 年，兼有羅振玉與王錫祺〈跋〉。

民國 7 年（西元 1918 年）又撮合正錄、《附編》與《補遺》中的其中二器，將書名更為《楚州金石錄》，重新刊行。

「楚州」之名始於唐代，《新唐書·地理志》云：「楚州，淮陰郡。」唐代的楚州，也就是宋代的淮陰郡。淮陰是江北的大郡，自古即是文物薈萃的重鎮，出土過許多的吉金樂石，可惜流存下來有限。羅振玉旅居當地多年，曾花費許多的心血來蒐尋古器物。所獲得的金石器物達數十種，大多是前人未曾著錄孤品。於是羅振玉對這些古器物細加考覈之後，彙編成卷。題為「僅存錄」，主要是用以表達對已佚者不可更睹的感嘆，更冀望僅存者得以永遠保存流傳。

本書正錄收金石刻文 19 品，其中金類佔了 9 品（鐘一、銅尊一、銅罍下盤一、銅罍一、銅尊下盤一、象尊一、銅爵二、罏一）。器物的年代歷經唐、宋、金、元四朝，編輯體例係以器為類，各器目後詳記尺寸大小及書體、字數，次錄款識，部份附有考證，體例與王昶的《金石萃編》相同。

《附編》共收金石目錄 17 品，其中金類僅「銅柱銘」一品，器名後略有考證，惟不錄款識。篇後附有「淮陰已佚諸碑」的目錄，共 13 種，體例亦同。

《補遺》共錄金石刻文 89 品，其中金類僅佔 3 品（銅造象一、印一、鐵鐘一），其餘都是塼文，體例也與正錄相同。

民國 7 年更名發行的《楚州金石錄》，共錄器 30 品，正錄、附編所收錄的器物全數收入；而「東嶽廟鐵鐘款識」與「移相哥大王印」二品，則採自《補遺》。其後所附《楚州金石存目》，則與《附編》所附錄的內容完全相同。

本書為羅振玉涉足金文學以來的首部著作，草成之初，尚未年滿二十。可見他的聰穎慧識，實屬不凡。王錫祺嘗評論說：「羅君叔薀，上虞人也。旅居淮陰，嗜金石成癖，藏碑版千餘通、杅、洗、盤、敦、當、瓦之屬稱是。念淮陰金石之椒佚蕩缺，口涎手胝，摹拓椎搨，悉心考證。正往史之失，補志乘之遺，必云抗衡阮儀徵、翁大興、王青浦、孫陽湖所不敢知。然於金石，可繼張力臣、吳山夫；於淮陰可繼張毅文、范詠春。此錄一出，僅存者永存，夫豈祺之幸，不亦淮之人之幸耶。」對初出茅廬的羅振玉而言，可說是推崇備至。

（二）《秦金石刻辭》三卷

本書發表於民國 3 年（西元 1914 年），有羅振玉〈甲寅九月自序〉。

秦代傳世的文字，素來僅能在泰山刻石等秦代刻石中略窺一斑。到了秦代權量出土後，爲秦代文化的研究，增添了可貴的材料。光緒 28 年（西元 1902 年），羅振玉首次在端方的官宅中見到權量上的秦刻文字，摩挲良久，愛不釋手。於是與端方暢談當時國內秦器的收藏情況，並表達希望將傳世的秦代金石刻辭集輯成爲專書的想法。他想用新得的「秦陽陵虎符」，以求換得端方所藏的秦代權量墨拓。當時端方雖然慨然應允，可惜因故延宕未果。不久之後，辛亥革命事起，端方在革命事件中死難，羅振玉也渡海遠走日本，昔日交換墨拓的宿願，終究未能得償。羅振玉到了日本之後，檢視隨身帶往日本的藏本，大致上還算完備，再加上昔日得自端方的部份藏器墨本，於是集錄而成本書。不過羅振玉最感遺憾的事，仍是本書雖然如願輯成，卻終究未能取得端方所收藏的秦刻權量墨本。

本書共分三卷著錄：

卷上金四十三品：符一、權十四、量九、詔版十八、戈一。

卷中石三品：（略）。

卷下陶七品：（略）。

共 3 類、53 器，書前有總目，器目下分注舊藏家，分類尚稱一致。

本書上所收，全部採用經羅振玉考訂認爲是秦代金石器物的拓本，對於秦代文物的研究，極便參考。可惜未附考釋，是爲美中不足。

（三）《殷文存》二卷

本書成於民國 5 年（西元 1916 年），而發表於民國 6 年（西元 1917 年），有羅振玉〈丁巳三月自序〉。

本書爲傳拓殷代吉金文字的專書，在本書之前，殷代文字僅見於宋代以來所留存的傳世彝器之中。清代末年殷墟甲骨大量出土，殷代文字的可見度也隨之遽增。羅振玉躬逢其盛，加上個人素來對於古文字的雅好，於是著成斷代著錄的專書。先是民國元年（西元 1912 年）與民國 5 年（西元 1916 年）選取出土甲骨陸續編成的《殷虛書契前編》與《殷虛書契後編》，並且加以考釋；其後又聚集彝器拓本中的殷代文字，輯成本書二卷。不過殷墟甲骨的著錄，在斷代方面疑問較少。但對於彝器文字的著錄，則比較難以釐定。對於這樣的差異，羅振玉在〈丁巳三月自序〉中也無奈的表示：「……書契文字出於洹陰，其地爲古之殷虛，其文字中又多見殷先公、先王之名號，其爲殷人文字，信而有徵。若夫彝器，則出土之地，往往無考，昔人著錄號爲商器者，亦非盡有根據。」不過，羅振玉在面對這樣的

難題時，也從殷代「以日爲名」的命名現象中，尋得一則可供依循的斷代通例：「惟商人以日爲名，通乎上下，此編集錄，即以是爲準的。而象形文字之古者，亦皆入之。雖象形之字，或上及夏氏日名之制，亦下施於周初，要之不離殷器者近是。」雖然這則通例並不算嚴謹，尤其是可能觸及夏末或周初的部份。然而，殷代文字自此有了專錄行世，斷代研究也開始有了初步成果，本書的編著，自有其可貴的價值。

本書共分二卷著錄：

卷上：錄鼎八十一、鬲五、甗八、段三十三、彝四十九、尊六十九、壺五、卣一百三十二。

卷下：錄爵二百三十六、角十五、觚二十八、觶四十七、斝十、罍四、兕觥二、盉十七、般三、匜七、盦三、豆一。

總計共 20 類，755 器。各器但錄銘文，未附圖象，亦無考釋。書前有總目，備載器名而已。

本書爲一部銘文豐富的斷代專書，斷代標準以殷人「以日爲名」與「古象形文字」爲依據。此一標準于省吾在〈續殷文存序〉中加以駁議說：「《殷文存》中，如「叔向段」、「同卣」，考其時，均在成康之後。既非殷文，亦非周初。蓋以日爲名，正沿用於西周中葉。」此外，本書中還有部份疏失：

有彝銘重出的編錄疏失，如：卷上「聯乍文癸尊」重出於觶；「書尊」重出於卣；卷下「𩵋父辛盉」重出於鬲等皆是。

有誤識其器的情形，如：卷上「𩵋父乙卣」實爲盉；「𩵋受且丁卣」實爲尊，這是因爲未見原器的緣故。

還有器物定名不當的情形，如：卷上「乍父丙鼎」當定名爲「疋虫窒鼎」；「乍父丁鼎」當定名爲「諶鼎」。

另外，本書卷下所收〈丁罍銘文〉，當係僞刻〔註16〕。

（四）《兩浙佚金佚石集存》一卷

本書成於民國 6 年（西元 1917 年），有羅振玉〈丁巳十一月自序〉。

光緒 24 年（西元 1898 年），羅振玉陪同友人遊歷上海，見過隋軒舊藏書《唐般若波羅蜜多心經》銅磬拓本之後，開始認眞地收藏兩浙的佚金佚石。在蒐羅的過程中，也曾遭遇過頗多曲折。經過了多年之後，羅振玉將所蒐得的藏品取出檢視，想起蒐羅過程中的種種困難，所得器物也都來之不易。於是著手選工拓印，

〔註16〕參見王永誠《先秦彝銘著錄考辨》，頁 379。

希望將所藏加以留傳，以嘉惠兩浙留心鄉邦金石文物的學者，因而得以編成此書。

本書收唐、宋、元、晉四朝的器物拓本共 9 品。其中金類佔了 5 品，計有：「唐般若波羅蜜多心經銅磬」、「佛說阿彌陀經銅罄」、「宋嘉興府新鑄銅漏銘」、「奉化銅漏銘」、「元上虞銅漏銘」等。書前有目錄，器目下分注舊藏家。

本書所收雖然都是唐、宋以後的器物，在考古方面的價值有限，但對方志的研究而言，也算略有小補。

（五）《地券徵存》一卷

本書成於民國 7 年（西元 1918 年），有羅振玉〈戊午十月跋〉。

歷來傳世的地券甚少，學者亦大多不甚注重，因此也從來沒有過專書。羅振玉在所收藏的墓葬品中，對於歷代地券偶有所得，於是對其上的文字進行校寫，集輯成書，並在〈戊午十月跋〉考證說：「古者喪墓之有地券，不知所自始。以予平生所見，傳世之最先者，當漢之建初；近者，訖於明之天啟。其刻辭雖有增損因革，而大悑率相類。其形製則古今頗殊，其以玉者，形如方；以鉛者如簡；其以專者，率先者小而後者大，或代專以石，然什一二而已。」

本書所收地券共 19 品，自漢迄明（含高麗地券一），各以時代先後為次。其中屬於金類者，僅有「漢孫成買地鉛券」及「漢房桃枝買地鉛券」2 品，其餘的都是玉券與磚券。各券目後分注尺寸大小、書體、字數、質地與存佚。偶而也注明藏家及出土地；銘識以楷書寫錄。書前有總目，也部份還注明了製作年代，可供參檢。

本書為地券專書的濫殤，其中金類的材質雖然較少，然而從漢以下的地券形制、源流與銘辭的因革，可藉此略見一斑。

（六）《漢兩京以來鏡銘集錄》一卷、附《鏡話》一卷

本書成於民國 18 年（西元 1929 年），有羅振玉〈己巳夏自序〉，為羅振畢生研究銅鏡的總成果。

光緒 9 年（西元 1883 年）羅振玉得到了生平中的第一面古鏡，對於鏡上的刻畫精巧；文字瓖奇與辭旨溫雅極感喜愛。往後的數十年間，廣搜博求的結果，所累積的墨本漸漸豐富，便開始計劃將所藏編為輯集古鏡銘的專書。於民國 5 年（西元 1916 年）編成了《古鏡圖錄》。完成之後，本想再附刻鏡銘之未入錄的部份，結果卻因事中輟。延至民國 17 年，羅振玉在次遷徙遼東。翌年，才開始將藏鏡與諸家的墨本加以處理，命長孫繼祖集錄，並自草〈鏡話〉49 則附於卷後，本書才終底於成。

　　錄中所集鏡銘共 193 則，上起漢代，下至於金。少則 10 字，多近 200 字，全部由羅振玉以楷書親手抄錄。書後所附《鏡話》49 則，詳述歷代以來的鏡制；稀世罕見的珍品，也都特別加以標注。

（七）《貞松堂集古遺文》十六卷、《補遺》三卷、《續編》三卷、《續補》一卷

　　本書正編成於民國 19 年（西元 1930 年），有羅振玉〈庚午孟冬自序〉；《補遺》三卷成於民國 20 年（西元 1931 年），有〈辛未九月自序〉；《續編》三卷成於民國 22 年（西元 1933 年），有〈癸酉仲夏自序〉；《續補》一卷亦成於民國 22 年（西元 1933 年），其書未見。

　　金文的著錄，始於宋代，歷元、明二代中衰，至清代而大盛。清代金文的著錄，始於錢坫的《十六長樂堂古器款識》與阮元的《積古齋鍾鼎彝器款識》。著錄最豐復的著作，當屬吳大澂的《愙齋集古錄》與吳式芬的《攟古錄金文》。其中《攟古錄金文》所集，雖然達到一千餘器，然而大多是承襲前人成果，再加上個人增益的部份而成。民國 17 年（西元 1928 年）冬，羅振玉彙集三十年來蒐集所得，踵事前修，命子福頤、孫繼祖細加摹寫，舉凡《攟古》、《集古》二錄以前諸書所未曾著錄過的銘文，一併錄入書中，輯成正編十六卷。〈庚午孟冬自序〉中記錄本編成書的背景說：「此編所載，多出晚近，前人所未及見。計其都數，亦埒于兩家。惟頻歲以來，關雒榛蕪，椎埋滿地。中州歲出古器不下千餘；關中秦文公墓比聞櫂溫韜之厄，亦得古器盈百；承之以禁，其禁視匋齋所藏寶雞所出，尤巨且精。顧或流出重瀛；或淪于盜窟，倉史妙跡，末由得窺。則此編所載，亦非敢云備。」正編完成後續有所見，又陸續完成《補遺》與《續編》。羅振玉三十年間所得見，且為前人未曾著錄的古器墨本，大抵具在本書諸編之中。

　　本書正編分十六卷著錄，依時代編次，計：

　　三代：鐘三十、句鑃一、鉦鐲一、鐃六、鼎二百四十六、鬲四十一、甗十八、彝一百、殷一百二十九、簠二十五、簋十八、尊六十二、罍五、壺三十一、卣八十一、罍十六、盉十八、觚三十五、觶七十四、爵一百二十四、角八、盤十四、匜二十七、雜器四十一（錡一、冰鑑一、罐盍一、虙二、會一、盧一、鑑一、鋪二、鬵三、盆一、盒盍一、鈕一、鍾一、鐘鈎一、匕二、符一、權二、勺一、量一、劑二、車鑾二、車轄一、車鍵一、馬銜二、符鈎一、雜小器七）、戈三十六、戟二十三、矛二十、劍十六、矢鏃十四、矢括三、弩機四、雜兵六（鐵二、距末二、匕首一、斧一）。

　　秦：權六、量四、詔版一。

漢至魏晉：鼎三十七、壺五、鐙二十二、度量衡器二十、鍾十二、鈁六、洗
　　四十四、鉤十一、雜器四十九（鐘二、鉦一、錞于二、匜一、缶一、
　　扁一、錭四、銚一、卣一、鐎斗一、鑑一、熨斗四、書刀三、農器四、
　　鈴九、鈴范一、杖首一、葆調一、小器二、啟馬印一、雜銅器六、銅
　　牌一）、鉛卷七、兵器五（戟二、矛一、劍格二）、弩機二十。

六朝至元：符六、銀五。

總計 1525 器。編中銘識全採摹寫，間注舊藏家及曾見著錄之處。編前有總目，各器目下注明字數。凡存有器蓋者，也一併加以注明。

《補遺》分三卷著錄，依時代編次，計：

三代：鐘三、鼎三十八、鬲七、甗四、彝二十二、𣪘十、簠一、簋一、尊十五、罍二、壺九、卣二十五、斝二、盉三、觚十六、觶十一、爵二十五、䚢一、匜一、雜器三（鐸一、鈴二）、兵器六（句兵二、戈二、戟一、矛一）。

秦：權量四。

漢：鼎十七、壺十二、鐙四、權量器八、洗四十三（原目錄誤什作四十六）、帶鉤四、雜器二十六（鐘一、錞于一、律管一、栖二、盤一、區一、雜銅器五、銅錢一、平一、籌十二）、兵器八（戟一、斧一、弩機六）。

漢以後器四（虎府一、魚符一、鶴符一、牌一）

總計 335 器（原序誤計作三百三十八，目錄誤計作三百三十七），體例同於正編，惟總目下未註字數。

《續編》分三卷著錄，亦依時代爲次，計：

三代：鐘十三、鼎六十八、鬲七、甗五、彝十七、𣪘二十二、簠四、簋三、尊十七、罍二、壺六、卣二十三、斝二、盉九、觚十三、觶二十八、爵六十九、角一、盤六、古兵七（矛一、戈一、戟一、劍格一、戈鐏一、弩機二）、權一。

漢：鼎二、鐙三、壺二、洗十六、雜器二（熨斗一、栖一）、弩機四（原目誤計作五。）

宋：符牌一。

總計 350 器（原序及目均誤計作三百四十五器），體例全同於正編。

以上三編所收，總計 2214 器。除其中 181 器散見於《西清古鑑》、《續鑑》甲、乙編及《寧壽鑑古》外，其餘都未見前人收錄。因此本書誠如羅振玉〈癸酉自序〉所說：「足補諸家所未備」。

本書所錄，凡前書器名爲「敦」者，全部正名爲「𣪘」。不過收錄爲彝器的部

份，仍有多器有待正名。此外，多有命名不當的情形。如：正編卷一「鉦鐵」當作「余冉鉦」；「日在庚句鑃」當作「郤龤月鉦」。卷五「南宮毁」當作「保侃母簋」。卷六及《補遺》卷上「白懋父毁」當作「小臣謎簋」；《補遺》卷上「禦鼎」當作「我鼎」。《續編》卷中「禦簋」實為「我鼎」的器蓋；「壃不卡卣」當作「寰子卣」。

　　還有一些鑑別上的疏誤，如：正編卷一「子鐃」；卷三「郜史碩文鼎」；卷四「齋不趄作厞伯鬲」、「中龔父甗」；卷七「叔爽父作文考尊」等，皆屬贋品〔註 17〕。

　　另外，在器銘考釋方面，也不乏可議之處〔註 18〕。

（八）《雪堂所藏吉金文字》

　　本書成於何時，由於其書不傳，難於詳考，僅見著錄於莫榮宗《羅雪堂先生著述年表》及《羅雪堂先生年譜》。據《年譜》記載：「民國 22 年癸酉（西元 1933 年）成《雪堂所藏吉金文字》。」據此知此書成於民國 22 年。

（九）《三代吉金文存》二十卷

　　本書成於民國 25 年（西元 1936 年），有羅振玉〈丙子重九自序〉。各卷頁首題「集古遺文第二」。

　　辛亥革命，王國維隨羅振玉東渡日本，專攻古文字學。在羅振玉的引導之下，編成〈宋代金文著錄表〉與〈國朝金文著錄表〉，嘉惠古金文研究學者，備供查考。接著羅振玉又對王國維表示，前人對於古彝器文字，往往僅就一器加以考釋，而無綜會傳世古器文字，加以分類通考的作品。應當分列「邦國」、「官氏」、「禮制」、「文字」等四類，撰寫《古金文通釋》一類的書。王國維對這番見解極表讚同，本打算立即著手進行。然而由於隻身先行返國，這項研究工作也只好暫時停擺。返回上海之後，王國維發現在當地集書甚難，想要進行金文通釋的工作，確有實際上的困難。於是去函給羅振玉，建議不如將所藏墨本加以整理，無論是否曾經前人著錄，都先行彙輯成書，日後即可根據此書進行通釋的研究工作。當時，羅振玉接受了這項建議，只因人事紛擾，使得這項工作又一再延宕。民國 16 年（西元 1927 年），王國維自沉於北平頤和園魚藻軒，使得通釋金文的構想終究是化為泡影，未能如願以償。直到民國 24 年（西元 1935 年），羅振玉念及四十年的辛苦蒐集，慨然有感於「今日不作，來者其誰乎？」於是盡取舊藏墨本，命五子福頤分類彙編，督工拓印。經過一年多的編輯工作，完成了本書二十卷。因此本書可說是羅振玉畢生所集三代金文拓本的總集，更是自宋以來殷周三代金文集大成的

〔註 17〕參見容庚《商周彝器通考》，哈佛燕京學社，西元 1941 年鉛印本，頁 215。
〔註 18〕參見王永誠《先秦彝銘著錄考辨》，頁 405～408。

皇皇鉅編。

　　本書以器爲類，共分二十卷著錄，計：鐘一百一十四（含鎛一）、鼎八百三十三、甗七十二、鬲一百二十一、彞三百九十五、敦四百二十九、簠九十一、簋六十、豆十二、尊二百七十一、罍二十六、壺一百一十三、卣三百三十八、斝五十二、盉六十三、觚二百二十四、觶二百五十六、爵七百一十二、角三十三、盤六十三、匜六十八、雜器一百六十一（鐘鈎一、句鑃四、鉦鐃一、鏡二十六、鐸一、鈴三、盂五、盆一、盒二、甀一、甌一、匜一、鉶一、鑪四、鍑一、鐺一、鐏一、盅一、不知名器一、鍾二、瓿三、罐蓋一、壺二、䤿五、錡一、鋪二、釜二、盧一、鍪二、鑑三、鑄客銅器三、鎬一、㮮銅器一、梧一、量三、勺八、刀二、匕二、冊冊中一、農器三、𤱶武軍銅器一、杖首一、節六、鈎二、權三、門鋪五、車軎四、車鍵三、鑾七、馬衝二、銅牌二、小器十九）、戈一百三十四、戟六十、矛四十六、雜兵九十一（匕首一、劍二十、劍格三、劍珌一、斧十二、矢族三十七、矢括三、弩機一、弩牙三、距末三、戈鐏五、銅梃一、左鍾肖銅器一）。

　　總計 26 類，4835 器。所錄諸器，全採拓本，未附考釋。各卷前均有目錄，器目下注明字數。

　　本書所錄拓本，睥睨當世。不論是內容之豐富，鑑別之嚴謹與印刷之精美，都是私家拓印流傳古金文字首屈一指的著作。因此本書成書以來，備受金文學家推崇，也是研究金文的學者所不可或缺的要籍。本書中所收拓本，固有許多曾經見於舊錄，然而更不乏舊錄未見的器墨。如：「𫝀鐘」、「龕卡止白鐘」、「妥鼎」等，不勝枚舉。

　　不過，本書的著錄內容雖然經過謹嚴的鑑別，然而由於器類實在龐雜，因此譌誤之處也是在所難免。有些是形制上的錯誤，如：所題「齊孟姜鼎」實應爲匜；「延彞」實應爲盤……等。還有命名不當的情形，如：「楚公鐘」當作「楚公旁止鐘」；「卡氏鐘」當作「士父鐘」……等。還有部份贗品攙雜其中，且已見於舊錄之中，如：「吳生鼎」、「齊不起鬲」、「令彞」、「豐姞敦」、「土子申甗」、「陳逆甗」、「卡爽父尊」、「征中且觶」、「歸父盤」、「𢆶父癸匜」、「且乙戈」、「且日己戈」、「且日孔戈」與「大兄日乙戈」……等皆是〔註19〕。

附錄

（一）《金石萃編補正》四卷

本書未見刊行。

民國 30 年（西元 1941 年）羅振玉的孫子羅繼祖編成《貞松老人遺稿》甲集，於「附錄三」〈貞松老人著述總目〉中將本書列入「未刊目」。茲根據該著述總目的記載，附錄於此。

按《金石萃編》爲王國維所撰，羅振玉本書應是根據該書的內容而有所補正。由於其書未見刊行，因此內容大要也無從得知。又羅振玉於清光緒 11 年（西元 1885年）曾作《金石萃編校字記》一卷，唯所校內容皆爲碑版文字，與金文不甚相關，是否即爲本書的四卷之一，亦未可知。

四、題跋類

羅振玉的金文學著述，可供輯入題跋類者共有十七種，計爲：

（一）《面城精舍雜文》二卷；（二）《唐風樓金石文字跋尾》一卷；（三）《雪堂校刊群書敘錄》二卷；（四）《雲窗漫稿》一卷；（五）《雪堂金石文字跋尾》四卷；（六）《松翁近稿》一卷、附《補遺》；（七）《丙寅稿》一卷；（八）《雪堂所藏金石文字簿錄》一卷；（九）《矢彝考釋》一卷；（十）《丁戊稿》一卷、附《校記》；（十一）《遼居稿》一卷；（十二）《遼居乙稿》一卷；（十三）《松翁未焚稿》一卷；（十四）《車塵稿》一卷；（十五）《後丁戊稿》一卷；（十六）《大雲書庫藏書題識》四卷；（十七）《貞松老人外集》四卷、《補遺》一卷。分別介紹於後：

（一）《面城精舍雜文》二卷

本書分甲、乙兩編，各一卷。甲編成於清光緒 17 年（西元 1891 年），有羅振玉〈辛卯仲秋自序〉；乙編成於光緒 21 年（西元 1895 年），有〈乙未陬月自序〉。

本書應爲羅振玉早期的著作之一，雖然名爲「雜文」，實則內容多爲敘跋，因此列入題跋類中介紹。內容大致不出經史，諸子與金石、字書的範疇。甲編輯文 53 篇、乙編輯文 45 篇，共計 98 篇。其中可供金文學研究參考的內容有四篇，茲列目於下：

甲編：

〈錢文考〉

〈淮陰金石僅存錄序〉

乙編：

〈釋卣〉

〈石鼓文跋〉

此四篇除〈石鼓文跋〉與〈釋卣〉二篇徵引金文考釋文字之外，餘二篇雖未直接涉及金文的研究，然而〈錢文考〉一文，對羅振玉所收藏的十六枚古錢詳加考證，可補大越史記的不足。而〈淮陰金石僅存錄序〉論述方志金石學的起源，亦有參考的價值。

（二）《唐風樓金石文字跋尾》一卷

本書成於清光緒 33 年（西元 1907 年），有羅振玉〈丁未正月自序〉。

羅振玉初治金石學時，年僅十六。此後每有所遇，必定隨時筆記，以致累積的心得也逐漸增多。年長之後，由於輾轉遷徙，使得篋中所存的稿件喪亡大半，也因此萌生了輯集成書的念頭。光緒 32 年（西元 1906 年）的冬天，羅振玉選擇了一些自認有傳存價值的題記一百多則，命長子福成寫定，輯成了此書。因此本書中所收的題跋作品，可以代表羅振玉在四十二歲以前研究金石文字的心得與成績。

書中所輯題跋文字共 105 則，其中與金文相關的部份共有 55 則，分列如下：

〈盂鼎跋〉（重見《雪堂金石文字跋尾》，以下簡稱「雪金跋」）

〈毛公鼎跋〉（重見「雪金跋」）

〈舀鼎跋〉（重見「雪金跋」）

〈克鼎跋〉（重見「雪金跋」）

〈頌鼎跋〉（重見「雪金跋」）

〈師奎父鼎跋〉（重見「雪金跋」）

〈大蒐鼎跋〉

〈南宮鼎跋〉

〈羞鼎跋〉

〈荷貝父丁鼎跋〉

〈周憲鼎跋〉

〈叔我鼎跋〉

〈宗周鐘跋〉

〈兮仲鐘跋〉（重見「雪金跋」）

〈井人鐘跋〉（重見「雪金跋」）

〈邵鐘跋〉

〈遣小子敦跋〉（重見「雪金跋」）

〈師西敦跋〉

〈且己敦跋〉

〈同敲跋〉（重見「雪金跋」）

〈大敲跋〉

〈宗婦敲跋〉

〈子立敲跋〉

〈不娶敲跋〉（重見「雪金跋」）

〈卿彝跋〉（重見「雪金跋」）

〈白彝跋〉（重見「雪金跋」）

〈從彝跋〉（重見「雪金跋」）

〈重屋彝跋〉

〈糾彝跋〉

〈子父己爵跋〉

〈旅爵跋〉

〈目父癸爵跋〉（重見「雪金跋」）

〈丁酉角跋〉（重見「雪金跋」，器名作「丁未角跋」）

〈癸文乙卣跋〉

〈女婦卣跋〉（重見「雪金跋」）

〈亞形卣跋〉

〈矩尊跋〉（重見「雪金跋」）

〈吳尊跋〉

〈睘尊跋〉（重見「雪金跋」）

〈虢季子白盤跋〉（重見「雪金跋」）

〈散氏盤跋〉（重見「雪金跋」）

〈中龏父甗跋〉

〈齊侯甀跋〉

〈弭仲簠跋〉

〈陳猷釜跋〉

〈嬋妊壺跋〉

〈嬭鐸跋〉

〈白人刀跋〉

〈古銅具跋〉

〈四朱泉跋〉

〈秦孝公量跋〉（重見「雪金跋」）

〈漢孫成買地卷跋〉（重見「雪金跋」）

〈金宣撫使銅魚符跋〉（重見「雪金跋」）

〈明神機銃匙跋〉（重見「雪金跋」）

在此 55 則跋尾中，其中 27 則後經改訂，重收於《雪堂金石文字跋尾》。改訂前後，文字頗有出入，可一併參考。

本書題跋主要以《說文》為津梁，並參引諸家之言加以考證，自成一說。其中有以金文應證許說正確的部份，如：〈毛公鼎跋〉的「說非」即是。也有引用金文訂正說文誤謬的部份，如：〈兮仲鐘跋〉的「說卩」；〈井人鐘跋〉的「說臣」皆是。考辨詳博，多所發明，為羅振玉金文學中重要著作之一。

（三）《雪堂校刊群書敍錄》二卷

此書成於民國 7 年（西元 1918 年），有王國維〈戊午六月既望序〉。

羅振玉於民國 7 年以前所校刊的書籍，多達二百五十餘種，九百餘卷。對於其中比較特殊的書籍，也都一一撰寫敍錄。民國 7 年的夏天，羅振玉彙集多年來校刊諸書的書敍、題跋，總計 174 篇，編成此書。其中與金文研究相關的部份，共有 21 篇，列目於下：

〈殷虛書契考釋序〉（宣統甲寅 12 月作）

〈墨林星鳳序〉（民國 5 年丙辰 9 月作）

〈秦金石刻辭序〉（宣統甲寅 9 月朔作）

〈歷代符牌錄序〉（宣統 6 年 6 月作）〔註20〕

〈歷代符牌後錄序〉（宣統丙辰 3 月晦作）

〈古器物范圖錄序〉（民國 5 年丙辰 3 月作）

〈金泥石屑序〉（民國 5 年丙辰 3 月作）

〈四朝鈔幣圖錄序〉（宣統甲寅 9 月作）

〈古明器圖錄序〉（民國 5 年丙辰 9 月作）

〈古鏡圖錄序〉（民國 5 年丙辰 8 月既望作）

〈夢鄣草堂吉金圖序〉（民國 6 年丁巳 10 月作）

〈夢鄣草堂吉金圖續編序〉（民國 7 年戊午 8 月朔作）

〈兩浙佚金佚石集存序〉（民國 6 年丁巳 11 月作）

〈海外吉金錄序〉（民國 9 年庚申 6 月作）

〈雪堂金石文字跋尾序〉（民國 9 年庚申 8 月作）

〔註20〕見本章二、目錄類〔註12〕。

〈古兵符考略殘稿序〉（民國 5 年丙辰 4 月作）

〈權衡度量實驗考序〉（宣統乙卯 4 月作）

〈金石萃編未刻稿跋〉

〈陶齋金石文字跋尾跋〉（民國 4 年乙卯 9 月作）

〈簠齋金石文考釋跋〉（宣統 5 年作）

〈地卷徵存跋〉（民國 7 年戊午 10 月作）

此 21 篇序跋作品，就數量而言雖屬有限，然而每一篇作品所觸及的研究領域，都具有無比寬闊的開拓空間，也都足以供後學者潛心鑽研，成一家言。尤其是在這些作品中，可以充分得窺羅振玉一生刊行圖書與蒐集古器的心路歷程。羅振玉的胸襟、識見與學養，更在這些作品中展露無遺。

（四）《雲窗漫稿》一卷

本書成於民國 9 年（西元 1920 年），有羅振玉〈庚申六月二十七日自序〉。

本書所載雜稿共 30 篇，大多是羅振玉東渡日本時所作，舊作較少。其中有文字考釋；有前人傳記；有墓誌銘；有序跋。內容所涉不一，部份作品注有寫作日期。與金文學研究有關的部份共有七篇，列目於下：

〈釋爰〉

〈釋篇〉

〈愙齋集古錄序〉（民國 6 年丁巳 8 月作）

〈台州金石錄序〉（民國 5 年丙辰 8 月作）

〈金蘭坡先生尙友圖小象卷跋〉（民國 6 年丁巳 8 月作）

〈陶齋吉金錄及續錄跋〉（民國 8 年己未 11 月作）

〈與友人論古器物學書〉

以上七篇，皆爲羅振玉對於金文的研究心得與見解。其中〈與友人論古器物學書〉中，對於金文學的研究方法、目標；器物的分類等學術問題，都有明確而詳贍的見解，極據參考價值。

（五）《雪堂金石文字跋尾》四卷

本書成於民國 9 年（西元 1920 年），有羅振玉〈庚申八月自序〉。

清光緒 33 年（西元 1907 年），羅振玉輯成《唐風樓金石文字跋尾》之後，又有續作，於是根據該書加以改訂，而成本書。

本書共分四卷，所輯題跋共 215 則。而有關吉金文字的部份，都編錄在卷一，共 45 則，分別列目如下：

〈昆夷王鐘跋〉

〈克鐘跋〉（重見《貞松堂集古遺文》，以下簡稱「貞松」）

〈兮仲鐘跋〉（採自《唐風樓金石文字跋尾》，以下簡稱「唐風跋」，又錄入「貞
　　　　　　松」）

〈丼人鐘跋〉（採自「唐風跋」）

〈盂鼎跋〉（採自「唐風跋」）

〈䚄鼎跋〉（採自「唐風跋」）

〈頌鼎跋〉（採自「唐風跋」，又錄入「貞松」）

〈師奎父鼎跋〉（採自「唐風跋」）

〈克鼎跋〉（採自「唐風跋」，又「貞松」另有考述，可與此互參）

〈聾鼎跋〉

〈乙亥鼎跋〉

〈昶伯鼎跋〉（重見「貞松」，器名作「昶伯䵼鼎」）

〈朕虎敦跋〉

〈豐姞敦跋〉

〈虎敦跋〉

〈的白口敦蓋跋〉

〈叔向父敦跋〉

〈遺小子敦跋〉（採自「唐風跋」）

〈同敦跋〉（採自「唐風跋」，又錄入「貞松」）

〈不毀敦跋〉（採自「唐風跋」）

〈卿彝跋〉（採自「唐風跋」）

〈從彝跋〉（採自「唐風跋」，又錄入「貞松」，器名作「作從彝」）

〈鬳白彝跋〉

〈史秦鬲跋〉（錄入「貞松」）

〈弭仲簠跋〉（採自「唐風跋」）

〈寏侯作叔姬簠跋〉

〈鄭義羊父簠跋〉

〈矩尊跋〉（採自「唐風跋」）

〈睘尊跋〉（採自「唐風跋」）

〈女婦卣跋〉（採自「唐風跋」）

〈祖父觚跋〉

〈ⵐ觚跋跋〉（錄入「貞松」）

〈羊乙爵跋〉

〈目父癸爵跋〉（採自「唐風跋」）

〈丁未角跋〉（採自「唐風跋」，器名作「丁酉角跋」）

〈虢季子白盤跋〉（採自「唐風跋」）

〈散氏盤跋〉（採自「唐風跋」）

〈嬗妊壺跋〉（採自「唐風跋」）

〈秦孝公量跋〉（採自「唐風跋」）

〈莽量跋〉

〈漢孫成買地卷跋〉（採自「唐風跋」）

〈金魚符跋〉（採自「唐風跋」）

〈明神機銃匙跋〉（採自「唐風跋」）

以上 54 篇跋尾，除其中 37 篇採錄自《唐風樓金石文字跋尾》外，另有 8 篇又錄入民國 19 年（西元 1930 年）所輯的《貞松堂集古遺文》中。重見於《唐風樓金石文字跋尾》的作品，內容多經刪裁，如：〈盂鼎跋〉刪去「釋昏」、「釋服」、「釋鑒」、「釋勹」、「釋𦎫」等五節；〈毛公鼎跋〉刪「釋豕」一節；〈克鼎跋〉僅存「釋墊」一節，其餘部份則盡數刪削，為全書中內容刪裁最多的作品。此外，在文辭方面也偶見潤改，字句上的損益，或多或少略有修訂，較《唐風樓金石文字跋尾》的內容顯得更加精審。至於重見於《貞松堂集古遺文》的 8 篇則，則無甚刪改。

（六）《松翁近稿》一卷、附《補遺》

本書成於民國 14 年（西元 1925 年），有羅振玉〈乙丑仲冬自序〉。所附《補遺》則成於次年丙寅（西元 1926 年），有羅振玉〈丙寅歲朔跋〉。

《松翁近稿》所收諸文，大致為羅振玉自民國 9 年（西元 1920 年）至民國 14 年（西元 1926 年）約五年間的作品。羅振玉在〈乙丑自序〉中略述成書的背景說：「往歲庚申（西元 1920 年），徇兒輩之請，編第平生文字四百八十首，分甲、乙、丙、丁四編，為《永豐鄉人稿》。由庚申至今，忽又六年，所作又得五十九首；又檢笥得舊作三篇，合之總逼篇六十二，編為《松翁近稿》。」合《補遺》中的 8 篇，則本編共收作品 70 篇，其中部份記有撰寫日期。與金文研究相關的作品，共有七篇，列目如下：

〈增訂歷代符牌圖錄序〉（民國 14 年乙丑 11 月作）

〈雪堂藏古器物目錄序〉（民國 13 年甲子 4 月作）

〈璽印姓氏徵跋〉（民國 14 年乙丑 9 月作）

〈說文古籀補跋〉（民國 10 年辛酉仲冬作）

〈秦公敦跋〉

〈漢安國侯虎符跋〉（民國 14 年乙丑 12 月作）

〈後魏虎符拓本跋〉（民國 14 年乙丑 12 月作，收入《補遺》。）

　　以上七篇，皆爲序跋作品，或爲各書題記，或作器物考訂，頗多創見。如：考證「秦公敦」爲周器；在銘文的鑄造技術上爲每字一笵，然後拼合多笵而成文。以活字的概念思考，算是我國活字版印刷的濫觴。在見解上實發前人所未發。

（七）《丙寅稿》一卷

　　本書成於民國 16 年（西元 1927 年），有羅振玉〈丁卯正月自序〉。

　　民國 15 年歲次「丙寅」（西元 1926 年），羅振玉的諸位兒輩秉持孝道，撮集當年中父親所作的新作與尚未刊行的舊稿，總得 90 篇，於次年刊行。

　　《丙寅稿》所收 90 篇中，與金文學研究相關的作品共有八篇，列目於下：

〈攻吳王監拓本跋〉

〈漢王口卿買地鉛券跋〉（《貞松堂集古遺文》器名作「王未卿買地鉛券」）

〈樊利家買地券跋〉

〈房桃枝買地鉛券跋〉

〈朱書買地鉛券跋〉

〈劉伯平鎮墓券跋〉

〈晉壽升拓本跋〉

〈宋朱雀鐃拓本跋〉

　　此 8 篇以鉛券研究爲主，有買地券、有鎮墓义、還有壽升、雀鐃等，多爲世所罕見的珍品。在研究成果上，有足以啓發後學之處。各器的銘文，部份見於《三代吉金文存》、《貞松堂集古遺文》與《地券徵存》諸書。

（八）《雪堂所藏金石文字簿錄》一卷

　　本書發表於民國 16 年（西元 1927 年），有羅振玉〈丁卯六月自序〉。

　　本書的撰述時間，可溯自民國 6 年（西元 1917 年）夏天。當時羅振玉還遠在日本，每日與其三公子福葆撿視所收藏的金石器物新舊墨本，並校勘其間異同。每當有所發現，便逐一錄簿。當校勘的工作進行到一未時，福葆不幸去世，使得這項工作就此中輟。直到民國 16 年（西元 1927 年），才將這些舊有的稿件付梓。

　　本書所考訂的內容，以周代至隋代的石刻碑版爲主，所收金類僅「曶鼎」一

品，未錄銘文。器目下注有「未剔本」三字，並注記云：「此鼎舊藏鎮洋畢氏靈巖山館，畢氏籍沒，此鼎遂亡，故拓本甚難得。然鼎藏畢氏時，文字已為俗工剔損，此為出土時之初拓，雖文字不如已剔之清晰，而精湛不失本來面目。已剔本則字畫多失真，變成鈍滯，不足觀矣！」由注記中所述可知，書中所陸「智鼎」拓本，為傳世拓本中的善品，拓墨的時間，甚至較收藏家畢氏擁有的時日更早。

書前有總目，依時代編次，目下注記所收拓本的類別。

（九）《矢彝考釋》一卷

本書成於民國 18 年（西元 1929 年），有羅振玉〈己巳七月既望跋〉。

本書為考釋「矢彝」一器的專書，首摹器形，次摹器蓋銘文，然後再逐句考釋。末附跋尾，並附「矢尊」的圖形及銘識。此種體例，為羅振玉金文學著作中所僅見。

（十）《丁戊稿》一卷、附《校記》

本書成於民國 18 年（西元 1929 年），有羅振玉〈自序〉與〈己巳季冬校記〉。

本書所收文稿，皆為民國 18 年以前的作品。其中尤以民國 16 年丁卯（西元 1927 年）與民國 17 年戊辰（西元 1928 年）兩年的作品為主，因此書名題作《丁戊稿》，以為標記。全書文稿共六十餘篇，部份記有撰作日期，其中與金文學研究相關的內容，共有十篇，列目於下：

〈克鼎跋〉

〈史頌鼎跋〉（民國 17 年戊辰冬作，民國 18 年己巳仲秋再版）

〈罕氏膚作善會跋〉

〈中鐘蓋跋〉

〈魚匕跋〉

〈距末跋〉

〈漢敬武主家銅銚跋〉（民國 16 年丁卯仲冬作）

〈金馬書刀跋〉

〈安昌車飾跋〉

〈新莽爵符跋〉

此十篇題跋，或考證器物出土地點；或考釋銘文；或詳器物形制；或探論史實。文辭精審，見解深入。其中〈魚匕跋〉一文對於「匕器」有詳審的考訂，最富創見。在經籍之中，「匕」的器名常見，然而後人卻大都不能確知匕的形制。即使後世有了出土實物，卻又不能察知那即是「匕」器。此器經羅振玉考訂之後，

名物相符，名得其實。又如〈新莽爵符跋〉，於新莽爵符的制度有深入的探討，同樣是本書的精華所在。

（十一）《遼居稿》一卷

本書成於民國 18 年（西元 1929 年），有羅振玉〈己巳冬自序〉。

書中所輯諸文，皆為先生於民國 17 年戊辰（西元 1928 年）12 月移居遼東（旅順）以後所作的序跋。根據其中注記有撰寫日期的作品推估，最早始於民國 18 年己巳 2 月，最晚可至次年庚午元日。與羅振玉自序所述：「百餘日間，遂得小文七十首。」略有出入。全書共 71 篇，其中與金文學研究相關的作品有 7 篇，列目於下：

〈漢兩京以來鏡銘集錄序〉（民國 18 年己巳 7 月作）

〈矢彝考釋跋〉（民國 18 年己巳 7 月既望作）

〈楚王鐘跋〉

〈伯晨鐘跋〉

〈矢𣪘跋〉

〈唐楊文幹造像小銅碑跋〉

〈崔愼由端午進奉銀鋌影本跋〉

此 7 篇中，有些考釋銘文；有些查考年代；有些則辨明史實，多所創獲。

（十二）《遼居乙稿》一卷

本書成於民國 20 年（西元 1931 年），有羅振玉《辛未二月自序》。

羅振玉自民國 17 年（西元 1928 年）底徙居遼東（旅順）時，曾計畫每一年閱讀群經一遍，以求能夠修身寡過。然而由於喜好隨筆為文，因此仍然著述不輟。民國 19 年庚午（西元 1930 年），一年之間又累積了 74 篇文稿。羅振玉四公子福葆擔心文稿日久失散，於是親手抄寫成卷，而成本書。其中與金文學研究相關的作品，共 25 篇，列目於下：

〈貞松堂集古遺文序〉

〈璽印文字徵序〉

〈商方鼎跋〉

〈文父丁鼎跋〉

〈盂鼎跋〉

〈作冊大方鼎跋〉

〈矢王鼎跋〉

〈趞曹鼎跋〉

〈釱侯之孫鼎跋〉

〈競彝跋〉

〈衛彝跋〉

〈矢彝跋〉

〈小臣宅彝跋〉

〈矢敦跋〉

〈靜段跋〉

〈揚敦跋〉

〈師麥敦跋〉

〈師兌敦跋〉

〈番君召簠跋〉

〈農尊跋〉

〈得罍跋〉

〈國差罉跋〉

〈臣辰作癸父禾跋〉

〈攻吳王夫差監跋〉

〈𦥑距末跋〉

　　此 25 篇中，除〈貞松堂集古遺文序〉與〈璽印文字徵序〉二篇外，其餘皆爲器銘的考釋。有些內容固然是旁徵博引；也有部份內容不失精簡扼要，要皆頗具創見。

（十三）《松翁未焚稿》一卷

　　本書成於民國 22 年（西元 1933 年），有羅振玉〈癸酉端陽自序〉。

　　本書中共收 84 篇文稿，爲羅振玉自十六歲至六十八歲，五十餘年間的散稿。書名題爲「未焚」的用意，當如〈癸酉端陽自序〉所述：「予年十六始志於學，雖履境艱屯，而志氣彌厲。私意方來歲月且久長，苟不致夭折者，於古人所謂三不朽之一，或薄有成就。而中更國變，轉徙流離。日月逝於上，體兒衰於下，行年已六十有八矣。平昔所懷，百不償一，皓首遯荒，仍終日蜷伏書叢中。予署其端曰：『未焚稾』，蓋予意虛耗歲月於此，固焚棄不足惜者也。」本書中與金文學研究相關的作品計有 4 篇，列目於下：

　　〈釋亞〉（附圖及尺寸大小）

　　〈釋鏊〉（附圖）

〈集古遺文補遺序〉（民國 20 年辛未 9 月作）

〈雪堂所藏古器物圖說序〉（民國 22 年癸酉 2 月作）

　　前二篇屬於器形、器名的探討。以《說文》為基礎，兼採諸家論述，輔以實物為證，最後綜論個人心得，頗具參考價值。後二篇為序文，則分見於該二書卷首。

（十四）《車塵稿》一卷

　　本書成於民國 23 年（西元 1934 年），有羅振玉〈甲戌仲秋自序〉。

　　本書成書時，羅振玉追隨遜帝溥儀，任職於偽滿洲國剛好一年。其間奔走道途，不遑安處，因此書名題為「車塵稿」。全書共收文稿 83 篇，其中與金文學研究相關的作品有 5 篇，列目於下：

〈古文間存於今隸說〉

〈古器物識小錄序〉（民國 20 年辛未仲夏作）

〈徐王義楚鍴跋〉

〈魯大師徙匜跋〉

〈宋公戈跋〉

　　此 5 篇中，以〈古文間存於今隸說〉為最具創見。文中共舉 54 字為例，旁引博徵，蔚然可觀。清末民初頗具獨創性的大書法家沈曾植讀後大為讚嘆，稱許為乾嘉以來小學研究作品中獨具創意的佳篇。其他如〈徐王義楚鍴跋〉，可以補《春秋》的失載；〈宋公戈跋〉詳細存錄下彝銘中曾經出現的古載籍人名，都是極富啟導價值的作品。

（十五）《後丁戊稿》一卷

　　本書成於民國 27 年（西元 1938 年），有羅振玉〈戊寅冬自序〉。

　　民國 18 年（西元 1929 年），羅振玉既取丁卯（西元 1927 年）、戊辰（西元 1928 年）兩年的文稿，輯為《丁戊稿》一卷。九年之後，羅振玉又取丁丑（西元 1937 年）、戊寅（西元 1938 年）兩年的文稿，輯成本書。因而將書名題為「後丁戊稿」，以示區別。羅振玉在〈戊寅自序〉中描述成書的背景云：「自去歲懸車謝客，痾疾餘生，一歲之中，病恒居半。意欲焚棄筆硯，不復更為文字。乃結習未忘，復得雜文六十一首，命次孫承祖編寫為一卷。長孫繼祖復於予往歲日記中得舊文未刊者二十一首，總得九十二首。」可知本書所收文稿，除丁丑、戊寅兩年的稿件外，還雜有在此之前的舊文，部份文稿並注有撰作日期。其中有關金文學研究的作品有 13 篇，列目於下：

〈釋止〉

〈釋行〉

〈釋奚〉

〈說文鐲、鈴、鉦、鐃四字段注訂〉

〈說文錠、鐙二字段注訂〉

〈鸞和考〉

〈貞松堂吉金圖序〉（民國 24 年乙亥仲秋作）

〈三代吉金文存序〉（民國 25 年丙子重九作）

〈滿州金石志跋〉（民國 26 年丁丑夏作）

〈滿州金石志別錄序〉（民國 25 年丙子長夏作）

〈俑廬日札跋〉（民國 23 年甲戌 10 月作）

〈貨布文字考跋〉（清光緒 34 年戊申正月作）

〈戚觶跋〉

此 13 篇中，除書序跋尾之外，也有引金文以訂正《說文》段注的疏失，或考究古器物名稱的內容，都具有參考價值。

（十六）《大雲書庫藏書題識》四卷

本書成於民國 32 年（西元 1943 年），成書時羅振玉已辭世三年，有羅繼祖〈癸未孟春跋〉。

「大雲書庫」為羅振玉於辛亥革命之後遠赴日本，在京都宅邸「永慕園」中所建起的一座書屋，書屋的命名，取意自庫中所收藏的敦煌寫本《大雲無想經》。書屋中的藏品，全部運自羅振玉在中國的收藏。除了碑拓、金石、甲骨……之外，僅僅圖書即達五十萬冊，是一座極具專業性質的大型書庫。

羅振玉粗具規模的藏書，始自清光緒 29 年（西元 1903 年）。由於當時廣州孔氏「嶽雪樓」中的藏書後人無法守成，羅振玉於是耗費大筆積蓄予以購置。此後的數十年間，羅振玉四處流離遷徙，藏書也時散時補。由於羅振玉對於個人所收藏的圖書，常常會在簡耑加以題識。在羅振玉去世之後，長孫羅繼祖於是將這些多年來所累積的題識輯集刊行。

本書所輯題識共計 190 則，羅繼祖在跋尾中記述成書的緣起與書體性質說：「此《題識》四卷，為曩歲錄自藏書簡耑。詳於版刻源委，體製得失，類宋人解題。置雜書中，久且失其處。先祖不復措意，以本隨筆疏記，非有意撰述。繼祖竊檢得之，按目以稽，已間有散失。或割貽同好，不盡庫中物；亦有原錄偶遺者，因悉錄以益焉，釐次成卷。」其中與金文學研究相關的書目題識有三篇，列目於下：

〈金石錄〉三十卷（宋趙明誠撰，明葉林宗鈔本）題識

〈金石文〉七卷（明徐獻忠撰，傳錄雍正乙印錢塘施氏舊鈔本）題識

〈神器譜〉五卷（明趙士禎撰，日本翻刻明本）題識

此 3 篇對於金文學的研究而言，裨益雖不足道，卻也有助於廣增見識。如〈金石文七卷題識〉云：「李氏《金石學錄》曾著錄是書〔註21〕，其實此書乃古文選之類，于金石學無裨也。」足見也有助於備考。

（十七）《貞松老人外集》四卷、《補遺》一卷

此二編並成於民國 32 年（西元 1943 年），有羅繼祖〈癸未中秋前五日跋〉與〈癸未季冬羅氏福頤補遺跋〉。

《貞松老人外集》所收的文稿，為羅振玉長孫羅繼祖歷次參與圖書繕校時，輯錄羅振玉所棄錄的文稿而成，總成三卷。後來又增錄了《詩稿》一卷，於是成為四卷。其後，羅振玉五公子羅福頤為編寫〈遺文彙目〉，在校錄其父平日所訂諸稿與《外集》所錄內容時，竟又檢得往日遺佚的序跋共 38 篇，於是另行編成《補遺》一卷。各篇或記撰述年月；或未記，而多為先生三十歲以後作品。其中與金文學研究相關的作品有 28 篇，列目於下：

《貞松老人外集》部份：

〈漢隸辨體序〉

〈說文二徐箋異序〉（宣統二年四月作）

〈冠單樓吉金圖序〉（民國 28 年己卯夏作）

〈藝術叢編序〉（宣統丙辰四月既望作）

〈齊侯壺舊拓本跋〉（光緒三十四年戊申三月作）

〈毛公鼎初拓本跋〉（光緒三十三年丁未冬作）

〈大敦跋〉

〈王子申簠跋〉

〈散氏盤跋〉（民國 17 年戊辰冬作）

〈匋齋藏廢禁全器墨本跋〉（民國 14 年乙丑端午作）

〈雞鳴戟跋〉

〈燕弩機跋〉

〈下宮車輨跋〉

〈異文劍跋〉

〔註21〕金石文七卷見著錄於金石學錄卷二（台灣商務印書館人人文庫一四三八號頁 25）。

〈郜權跋〉

〈元封二年雒陽武庫鍾跋〉（民國 14 年乙丑五月作）

〈上黨戈跋〉（民國 14 年乙丑六月作）

〈古銅貝跋〉

〈四朱貝跋〉

〈北魏造象跋〉（宣統二年正月作）

〈佛說阿彌陀經銅磬跋〉

〈印入牌出銅牌跋〉

〈關帝廟銅香爐款識跋〉

〈答人問學篆書二篇〉

《補遺》部份：

〈石交錄序〉（巳卯春作）

〈題袁中舟藏盤爵墨本〉

以上 28 篇，以性質而言，略可區爲二類：一爲「書目題序」，由本類作品而可以得窺羅振玉致力於金文學的見解、抱負。二爲「吉金器銘跋尾」，由本類作品可以深知羅振玉考訂器銘的功力。全書內容豐富，雖然多爲羅振玉視如敝蓰而不願錄存的述作，實則對足以啓發後學之處極多。

五、雜著類

羅振玉的金文學著述，可供輯入雜著類者有九種，計爲：

（一）《眼學偶得》一卷；（二）《置杖錄》；（三）《俑廬日札》一卷；（四）《雪堂所藏古器物圖說》一卷；（五）《古器物識小錄》一卷、《補遺》一卷（六）《郊居脞錄》。

另附錄（一）《讀積古齋鐘鼎彝器款識札記》（二）《陸庵積古金文札記》（三）《古兵器考釋》。分別介紹於後：

（一）《眼學偶得》一卷

本書成於清光緒 17 年辛卯（西元 1891 年），有羅振玉〈辛卯九月自序〉。

本書書名取《顏氏家訓》卷三〈勉學〉中所說：「談說制文，援引古昔，必須眼學，勿信耳受」的意旨；而以「偶得」二字謙虛表達並非有意於述作，僅爲勤苦之餘的心得而已。羅振玉志學甚早，雖然自長成以來，經常苦於家計，然而在爲家計忙碌之於，仍然勤奮力學，手不釋卷。光緒 17 年夏，當時年僅二十六歲的

羅振玉，常常向一些藏書家借書研讀，每天都可以讀完數十卷的內容。讀過之後，如果有所心得，便會一一加以箚記。同年的秋天，羅振玉將自己數月以來所累積的文稿加以整理，編爲一卷，即成本書。

本書爲箚記式雜著，逐條排列，而無類目標題。除小學的探討外，兼及經史。同時見解獨出，舉證確鑿。其中與金文學研究相關的內容數則，如：論《說文》「今」字；「桌」之籀文「菓」字；論「秦嶧山刻石」中「乃降專惠」的「專」字；論「跳山漢建初買地券」中的「迲」字；論「干祿字書」之「甾」字；以及論陸心源《金石學錄補》的疏誤等，皆對金文學的研究頗有貢獻。

（二）《置杖錄》

本書成於清光緒 26 年（西元 1900 年），有羅振玉〈庚子暮春自序〉。

本書所輯文稿，爲羅振玉於清光緒 26 年春天所作的箚記。〈庚子暮春自序〉提及書名的取意說：「遠取丈人置杖之文，近師南村輟耕之意。」因而將書名題爲《置杖錄》。所謂「丈人置杖」，指的應該是《論語・微子》中老農植杖耘草，勤於農事的典故。「南村輟耕」指的則是元末明初的文學家陶宗儀（字南村）撰寫《南村輟耕錄》的故事。孫作在〈輟耕錄序〉中描述說，陶宗儀隱居松江時，耕植自給。每回勞動之後，便在樹蔭下摘葉寫作，然後貯存在破甕中，並且埋在樹下。經過了十數年後，挖出破甕，竟成三十卷的書。羅振玉自述成書構想係取意於這兩個故事，似乎頗爲希望藉由本書標誌個人在忙於生計之餘，仍不忘時時研究，努力著作的心跡。

全書錄存殘稿 21 則，逐條比列，既無標題，亦無類目。其中可資金文研究的內容雖然有限，然而對吳大澂《說文古籀補》的補釋，以及駁《說文》中釋「父」的錯誤，皆有開創性的參考價值。

（三）《俑廬日札》一卷

本書成於清光緒 34 年（西元 1908 年），有羅振玉〈戊申歲暮自序〉。後經修訂，而於民國 24 年（西元 1935 年）再版，於是書後增附同年 10 月的〈甲戌十月跋〉。

羅振玉於光緒 32 年丙午（西元 1906 年）奉調京師，於是攜家北上。藉著這個機會，得與京師中的二三同好溫習舊學，談論金石書畫。見聞所及，並經常隨筆記錄。本書所輯文稿，就是羅振玉往光緒 32 年到光緒 34 年間研究吉金古物與真跡善本的心得。

本書中所收錄的箚記作品，共 284 則。採逐條比列的方事編排，既無標題，

亦無類目。內容雜涉古彝器、車器、度量器、尺、鼓、古鏡、鏡范、造像、錢幣、璽印、碑刻、甎、瓦、陶器、明器及金石書籍等十幾種類別。性質上與《簠齋筆記》〔註22〕、《天壤閣雜記》〔註23〕相近。其中與金文學研究有關的內容，計有 110 則，頗資參考。

（四）《雪堂所藏古器物圖說》一卷

本書成於民國 13 年（西元 1924 年），有羅振玉於民國 22 年（西元 1933 年）所作〈癸酉二月自序〉。

民國 8 年（西元 1919 年），羅振玉編成《雪堂所藏古器物圖》一卷後，又計劃再作《圖說》，附於圖後，付梓重刊。民國 13 年夏，羅振玉雖然已經撰成《圖說》，然而因為諸事紛擾，使得全書的重刊工作延誤，最後只好單冊出版。

本書文稿採逐條編列，不見標題，也無分類。其中內容，或考器形，或定器名，或論器物使用方法，或正典籍所載的圖形，多有發明。如探究旋蟲的形制，因而瞭解古人的懸鐘，有直、斜兩種掛法。探究鐵釘的形制，也得知自古以來有「賤鐵貴銅」的價值觀，都是發前人之所未發的佳作。《雪堂所藏古器物圖》中所收錄的金類 22 品，於本圖說中，共分為 14 則加以說明。

（五）《古器物識小錄》一卷、《補遺》一卷

《古器物識小錄》成於民國 20 年（西元 1931 年），有羅振玉〈辛未仲夏自序〉。《補遺》一卷，未見刊行，不知其詳。

本錄以輯刊未有文字的古器為宗旨，羅振玉在〈辛未仲夏自序〉中對刊行宗旨與心路歷程有詳細的描述：「我朝國家承平垂三百年，古器日出，故名物之學超越前代。然乾嘉諸儒大抵偏重文字，古器物無文字者，多不復注意，予恆以為憾。往備官京師，每流覽都市，見古器無文字人所不注意者，如車馬器之類，見輒購求。復以暇日為之考訂，而筆記之，擬為《古器物識小錄》，先後得數十則。旋經國變，棄置篋中。頃兒子輩撿笥得之，錄為一卷，得八十餘則。」至於《補遺》一卷，〈貞松老人著述總目〉列於「未刊目」，故據以附備於此。

錄中共收考辨文字 80 則，標目明確，論證精審，內容簡明扼要。其中有關於金文學研究的文稿有 75 則，列目於後：

〔註22〕《陳簠齋文筆記‧附手札》一卷，清陳介祺著，有滂喜齋叢書四集二十七冊本。臺北新文豐出版社於民國 75 年（西元 1986）編入《石刻史料新編》。

〔註23〕《天壤閣雜記》一卷，清王懿榮著，有光緒 21 年靈鶼閣叢書本，《王文敏公遺集》（劉承幹編）第二冊本。臺北新文豐出版社於民國 74 年（西元 1985）編入《叢書集成新編》。

古器有蓋	爵	觶
勺	黃目	尊
異制斝	異制爵	爵
銅俎	匕	鬲
甗	彝	異制敦
簠簋	圓敦	長足敦
盉	鐘側懸	鐘枚開孔
鐘枚	異制鐘	旋蟲
楚鎛	鉦鐲	鐃
異制戈	郾戈	商句兵二
玉戈	雞鳴戟	厹矛
銅刀	鸞刀	刀
削	金馬削刀	異制削
鎌	矛二	鐵鐏
殳鐓	有字族	矢族三
族范	族有溝	矢括
弩機	弩望刻度	三代弩機
異制弩機	蒺藜	馬銜
車鑾二	旂鑾	金鋪
釭	杖首	鍪
盤匜	莽承水盤	鐎斗
梧	鑑	冑
車軛二	金劑	鎮墓文

此 75 篇分類考究器物名稱、使用方法、同類器比較、器質沿革與器制變化等
項目，爲羅振玉畢生論究最專深，範疇最寬廣，系統最完整的金文學論著。雖然
書名以「識小」題端，其實爲用至大。對後學的啓迪，有著既深且廣的影響。

附　錄：

（一）《讀積古齋鐘鼎彝器款識札記》

（二）《陸庵讀古金文札記》

（三）《古兵器考釋》

以上三編，並見於《貞松老人遺稿》甲集‧《附錄》三‧〈貞松老人著述總目〉「未
完目」，據以附錄於此。

第四章 羅振玉金文學著述繫年

　　本章取羅振玉的金文學全部著述，依照其成書的時間先後，以次序列。對於每書的成書年月、版本與《羅雪堂先生全集》諸編的收錄情形均酌加說明，藉供參考。

清光緒 10 年甲申（西元 1884 年）十九歲

《淮陰金石僅存錄》一卷

　　清光緒十年木活字本

　　民國 18 年小方壺齋叢書第三集鉛字本

　　按：此書成於是年 6 月，後輯入《羅雪堂先生全集》五編・冊一。民國 7 年
　　　　重加修訂，更名為《楚州金石錄》，有《嘉草軒叢書》民國 7 年日本影
　　　　印本，《羅雪堂先生全集未收》。本書第三章入「文字類」介紹。

光緒 17 年辛卯（西元 1891 年）二十六歲

《淮陰金石僅存錄附編》一卷、《補遺》一卷

　　民國 18 年小方壺齋叢書第三集鉛字本

　　按：《附編》與《補遺》均編成於是年夏，後輯入《羅雪堂先生全集》五編・
　　　　冊一。民國 7 年重加修訂，更名刊行的《楚州金石錄》所附〈楚州金石
　　　　存目〉，內容與此附編相同。本書第三章入「文字類」介紹。

《眼學偶得》一卷

　　光緒十七年刻本

　　按：此書成於是年孟秋，後輯入《羅雪堂先生全集》五編・冊一。本書第三

章入「雜著類」介紹。

《面城精舍雜文甲編》一卷

　光緒十七年刻陸庵所著書本

　讀碑小箋、面城精舍雜文甲編合訂本

　面城精舍雜文甲、乙編合訂本

　按：此編成於是年仲秋，後甲、乙編合訂本輯入《羅雪堂先生全集》三編・
　　冊一。本書第三章入「題跋類」介紹。

光緒 21 年乙未（西元 1895 年）三十歲

《面城精舍雜文乙編》　一卷

　光緒二十一年刻陸庵所著書本

　光緒二十一年石印本

　面城精舍雜文甲乙編合訂本

　按：此編成於是年正月，後與甲編合訂輯入《羅雪堂先生全集》三編・冊一。
　　本書第三章入「題跋類」介紹。

光緒 26 年庚子（西元 1900 年）三十五歲

《置杖錄》

　民國 36 年貞松老人遺稿丙集鉛印本

　按：此書於《貞松老人遺稿甲集》附錄三〈貞松老人著述總目〉列未完目。
　　然而此書卷首有羅振玉〈庚子暮春序〉，今從其序。後與《丁未消夏記》、
　　《郊居脞錄》、《欹枕錄》、《雪翁長語》及《曝書漫筆》等五種殘稿並輯
　　入《雪堂先生全集》續編・冊五《貞松老人遺稿丙集》・《松翁賸稿》卷
　　二。本書第三章入「雜著類」介紹。

光緒 27 年辛丑（西元 1901 年）三十六歲

《金石書錄》一卷

　民國 36 年貞松老人遺稿丙集鉛印本

　按：此書所收乃羅振玉於清光緒 26 年庚子（西元 1900 年）與光緒 27 年辛
　　丑（西元 1901 年）兩年間的手稿，當時並未刊行。民國 30 年辛巳（西
　　元 1941 年）秋始由長孫羅繼祖校記刊行，唯該刊本如今已不見。後輯

入《羅雪堂先生全集》續編‧冊五《貞松老人遺稿》丙集《賸稿》卷一。
經考《大雲書庫藏書題識》四卷，體例雖然與此書相類似，然而《大雲書庫藏書題識》意在題識，不在書目，故本書第三章入「題跋類」介紹；此書意在書目，不在題識，故入「目錄類」介紹。

光緒 33 年丁未（西元 1907 年）四十二歲

《唐風樓金石文字跋尾》一卷

　光緒三十三年鉛印本

　按：此書成於是年正月，民國 9 年（西元 1920）修訂更名為《雪堂金石文字跋尾》四卷重刊。重刊本後來輯入《羅雪堂先生全集》初編‧冊二《永豐鄉人丙稿》。本書第三章入「題跋類」介紹。

光緒 34 年戊申（西元 1908 年）四十三歲

《俑廬日札》一卷

　國萃學報第五卷一至十三號美術篇本

　民國 22 年七經堪叢刊本

　民國 23 年容庚鉛印本

　民國 23 年影印本

　民國 24 年羅振玉重訂本

　按：此書成於是年歲暮；民國 24 年重訂本，乃由羅振玉口述，長孫羅繼祖手記，修訂而成。後輯入《羅雪堂先生全集》五編‧冊十七。台北文海出版社《重刊國萃學報》，自第五十期起於「美術篇」連載此書。五十九期中輟，六十期續，六十一期又輟，六十二期載完，總計分載於十一期中。與莫榮宗《羅雪堂先生著述年表》中所列《國萃學報》第五卷一至十三號「美術篇」本的卷次、期號均不相同。備載於此，以為參考。本書第三章入「雜著類」介紹。

宣統元年己酉（西元 1909 年）四十四歲

《隋唐兵符圖錄》一卷

　宣統三年國學叢刊石印本第一冊

　按：此書成於是年冬，成書後二年方始印行，附於宣統 3 年《國學叢刊》第

一冊《唐折衝府考補》一卷之後。後輯入《羅雪堂先生全集》四編・冊三《國學叢刊》。本書第三章入「圖象類」介紹。

民國 3 年甲寅（西元 1914 年）四十九歲

《秦金石刻辭》三卷

　民國 3 年楚雨樓叢書本

　民國 3 年永慕園叢書本

　民國 3 年影印本

　按：此書成於是年 9 月，後輯入《羅雪堂先生全集》六編・冊二。本書第三章入「文字類」介紹。

《歷代符牌圖錄》二卷

　民國 3 年眘古叢刻本

　民國 3 年影印本

　民國 14 年東方學會影印本

　按：此書亦成於是年 9 月，後輯入《羅雪堂先生全集》五編・冊三。民國 14年東方學會影印本為《後編》、《補遺》合刊的增訂本。後輯入《羅雪堂先生全集》七編・冊二。

《四朝鈔幣圖錄》一卷、**《考釋》**一卷

　民國 3 年影印本

　民國 6 年四時嘉至軒叢書本

　按：此書亦成於是年 9 月，後輯入《羅雪堂先生全集》四編・冊一。本書第三章入「圖象類」介紹。

民國 5 年丙辰（西元 1916 年）五十一歲

《古器物范圖錄》三卷、**《附說》**一卷

　民國 5 年自影印本

　民國 5 年上海倉聖明智大學藝術叢編影印本

　民國 5 年楚雨樓叢書初集本

　按：此書成於是年 3 月，《羅雪堂先生全集》未收；《藝術叢編》影印本乃依據民國 5 年自影印本重行影印。本書第三章入「圖象類」介紹。

《殷虛古器物圖錄》一卷、**《附說》**一卷

民國 5 年影原器精印本

民國 5 年上海倉聖明智大學藝術叢編本

富晉重印本

按：此書成於是年 4 月，後輯入《羅雪堂先生全集》續編・冊六。本書第三
　　章入「圖象類」介紹。

《金泥石屑》二卷、《附說》一卷

民國 5 年楚雨樓叢書本

民國 5 年自影印本

民國 5 年上海倉聖明智大學藝術叢編影印本

按：此書成於是年 6 月，後輯入《羅雪堂先生全集》續編・冊十三。《藝術
　　叢編》影印本乃依據民國 5 年自影印本重行影印。本書第三章入「圖象
　　類」介紹。

《歷代符牌圖錄後編》一卷

民國 5 年香古叢刊本

民國 5 年影印本

民國 14 年東方學會影印本

按：此編成於是年 6 月，乃續民國 3 年《歷代符牌圖錄》二卷的著作，後輯
　　入《羅雪堂先生全集》七編・冊二。民國 14 年東方學會影印本為《前
　　編》與《補遺》合刊的增訂本，後亦輯入《羅雪堂先生全集》七編・冊
　　二。本書第三章入「圖象類」介紹。

《古鏡圖錄》三卷、附《補遺》

民國 5 年楚雨樓叢書本

民國 5 年自影印本

按：此圖錄成於是年 8 月，後輯入《羅雪堂先生全集》續編・冊六。莫榮宗
　　所輯《羅雪堂先生著述年表》作「《補遺》一卷」，實則《補遺》僅收二
　　器，不自成卷。羅振玉〈古鏡圖錄序〉云：「此書就舊藏墨本遴選，亦
　　有近歲得之同好者。書既編定，印過半矣，南陵徐積餘觀察乃昌復郵贈
　　所藏建安元年及至元四年鏡墨本至。不及列入，爰補附於後，以誌友朋
　　嘉惠。」可證《補遺》不自成卷，且知補遺亦成於是年 8 月。本書第三
　　章入「圖象類」介紹。

《古明器圖錄》四卷

民國 5 年自影印本
民國 8 年上海倉聖明智大學藝術叢編影印本
西元 2003 年江蘇古籍出版社影印本

按：此編成於是年 9 月，後輯入《羅雪堂先生全集》續編・冊六。《藝術叢編》影印本與江蘇古籍出版社影印本均據民國 5 年自影印本出版。本書第三章入「圖象類」介紹。

民國 6 年丁巳（西元 1917 年）五十二歲

《殷文存》二卷

民國 6 年楚雨樓叢書本
民國 6 年自影印本
雪堂影印本
民國 6 年上海倉聖明智大學藝術叢編影印本

按：〈金泥石屑序〉云：「於斷代分類之書，成《殷文存》。」考〈金泥石屑序〉成於民國 5 年（西元 1916 年）3 月，因此《殷文存》的成書時間當更早。而《殷文存》羅振玉在自序中題為「丁巳三月」，與〈金泥石屑序〉所記不同。今從羅振玉自序所記時日，列於本年著述之中。此書後輯入《羅雪堂先生全集》三編・冊一。本書第三章入「文字類」介紹。

《夢郼草堂吉金圖》三卷

民國 6 年雪堂影印本
民國 6 年自影印本

按：此書成於是年 10 月；民國 7 年有《續編》一卷，後一併輯入《羅雪堂先生全集》三編・冊四。本書第三章入「圖象類」介紹。

《兩浙佚金佚石集存》一卷

民國 6 年四時嘉至軒叢書
民國 6 年影印本

按：此書成於是年 11 月，後輯入《羅雪堂先生全集》六編・冊十。本書第三章入「文字類」介紹。

民國 7 年戊午（西元 1918 年）五十三歲

《雪堂校刊群書敘錄》二卷

民國 7 年鉛印本

民國 9 年永豐鄉人稿刻本

　　按：此書成於是年 6 月，後輯入《羅雪堂先生全集》初編・冊一《永豐鄉人
　　　　乙稿》。本書第三章入「題跋類」介紹。

《夢鄣草堂吉金圖續編》一卷

民國 7 年自影印本

　　按：此書成於是年 8 月，乃續民國 6 年《夢鄣草堂吉金圖》之作，後一併輯
　　　　入《羅雪堂先生全集》三編・冊四。本書第三章入「圖象類」介紹。

《地券徵存》一卷

民國 7 年雪堂磚錄四種石印小字本

　　按：此書成於是年 10 月，後輯入《羅雪堂先生全集》五編・冊三《雪堂磚
　　　　錄》。本書第三章入「文字類」。

民國 8 年己未（西元 1919 年）五十四歲

《雪堂所藏古器物圖》一卷

民國 12 年影印本

　　按：羅振玉〈雪堂所藏古器物圖說序〉稱此書成於攜眷自日返國前，按羅振
　　　　玉自日返國時在民國 8 年（西元 1919 年）3 月，則此書當成於民國 8 年
　　　　3 月以前。而莫榮宗《羅雪堂先生著述年表》將此書譜列於民國 12 年，
　　　　當是以影印本刊行之年為準。此書後輯入《羅雪堂先生全集》續編・冊
　　　　六。莫榮宗《羅雪堂覺生著述年表》所載「十二年玻璃版新印本」作三
　　　　卷，與諸家著錄卷數不同，不知何所本。本書第三章入「圖象類」介紹。

民國 9 年庚申（西元 1920 年）五十五歲

《海外吉金錄》一卷

民國 11 年永豐鄉人雜著刻本

　　按：此書成於是年 6 月，民國 11 年有《補遺》一卷，後一併輯入《羅雪堂
　　　　先生全集》初編・冊三《永豐鄉人雜著》。本書第三章入「目錄類」介
　　　　紹。

《雲窗漫稿》一卷

民國 9 年永豐鄉人稿刻本

按：此書成於是年 6 月，後輯入《羅雪堂先生全集》初編‧冊一《永豐鄉人甲稿》。本書第三章入「題跋類」介紹。

《雪堂金石文字跋尾》四卷

民國 9 年永豐鄉人稿刻本

按：此書成於是年 8 月，乃據光緒 33 年《唐風樓金石文字跋尾》修訂而成，後輯入《羅雪堂先生全集》初編‧冊二《永豐鄉人丙稿》。本書第三章入「題跋類」介紹。

民國 11 年壬戌（西元 1922 年）五十七歲

《海外集金錄補遺》一卷

民國 11 年永豐鄉人雜著刻本

按：此編成於是年 6 月，乃續民國 9 年《海外吉金錄》而作，後一併輯入《羅雪堂先生全集》初編‧冊三《永豐鄉人雜著》。本書第三章入「目錄類」介紹。

民國 12 年癸亥（西元 1923 年）五十八歲

《上虞羅氏雪堂所藏銅器拓本》四冊

民國 12 年希丁周康元手拓

按：此書未見流傳，《羅雪堂先生全集》亦未收，今據莫榮宗《羅雪堂先生著作年表》列錄。本書第三章入「圖象類」介紹。

民國 13 年甲子（西元 1924 年）五十九歲

《雪堂藏古器物目錄》一卷

民國 13 年東方學會鉛印本

按：此編成於是年 4 月，後輯入《羅雪堂先生全集》四編‧冊一。民國 8 年《雪堂所藏古器物圖》所錄僅有 83 器（自題誤作六十七器），而此目錄所載已近二千，二者相去甚遠。本書第三章入「目錄類」介紹。

《雪堂所藏古器物圖說》一卷

民國 22 年遼居雜著乙編石印本

按：此書成於是年 6 月，書成多年後，至民國 22 年（西元 1933 年）始付梓印行。此書乃為民國 8 年《雪堂所藏古器物圖》而作，後輯入《羅雪堂

先生全集》初編・冊六《遼居雜著乙編》。本書第三章入「雜著類」介
紹。

民國 14 年乙丑（西元 1925 年）六十歲

《增訂歷代符牌圖錄》二卷、附《補遺》

　　民國 14 年東方學會影印本

　　按：此編成於是年 11 月，乃據民國 3 年及 5 年所撰《歷代符牌前、後錄》
　　　　增訂而成。圖像出於摹寫，不如前、後錄搨本影印精良。後輯入《羅雪
　　　　堂先生全集》七編・冊二。本書第三章入「圖象類」介紹。

《松翁近稿》一卷、附《補遺》

　　民國 14 年鉛印本

　　民國 15 年石印本

　　按：羅振玉於〈丙寅稿自序〉中云：「乙丑歲暮，既編印庚申以後文字七十
　　　　篇為《松翁近稿》。」其所謂 70 篇者，乃合正稿 62 篇及《補遺》8 篇而
　　　　言。知正稿與《補遺》皆成於是年歲暮，後一併輯入《羅雪堂先生全集》
　　　　續編・冊一。本書第三章入「題跋類」介紹。

民國 16 年丁卯（西元 1927 年）六十二歲

《雪堂所藏金石文字簿錄》一卷

　　民國 16 年東方學會石印本

　　按：此編成於是年 6 月，後輯入《羅雪堂先生全集》續編・冊五，本書第三
　　　　章入「題跋類」介紹。

《丙寅稿》一卷

　　民國 16 年鉛印本

　　按：此書成於民國 15 年丙寅（西元 1926 年），而於 16 年丁卯正月付梓，有
　　　　〈丁卯正月序〉，今從其序，序列於此。後輯入《羅雪堂先生全集》續
　　　　編・冊一，唯《全集》總目著錄為「三卷」，與此鉛印本不同。本書第
　　　　三章入「題跋類」介紹。

民國 17 年戊辰（西元 1928 年）六十三歲

《待時軒傳古別錄》一卷、《附說》一卷

民國 17 年石印本

按：此編成於是年冬，後輯入《羅雪堂先生全集》七編·冊二。本書第三章
入「圖象類」介紹。

民國 18 年己巳（西元 1929 年）六十四歲

《漢兩京以來鏡銘集錄》一卷、附《鏡話》一卷

民國 18 年遼居雜著石印本

按：此集錄成於是年夏，後輯入《羅雪堂先生全集》初編·冊四《遼居雜著》。
《鏡話》一卷亦成於是年。本書第三章入「文字類」介紹。

《矢彝考釋》一卷

民國 18 年遼居雜著石印本

按：此書成於是年 7 月，後輯入《羅雪堂先生全集》初編·冊四《遼居雜著》。
本章第三章入「雜著類」介紹。

《丁戊稿》一卷、附《校記》

民國 18 年鉛印本

按：此書成於是年 8 月至 12 月間，乃集輯丁卯、戊辰兩年（民國 16、17 年）
所作文稿而成，因以「丁戊稿」名篇。書末附有《己巳季冬校記》一篇，
併收入《羅雪堂先生全集》續編·冊一。唯《全集》總目著錄分為〈宋
史曹輔傳注〉與〈序跋〉二卷，卷數與此鉛印本不同。本書第三章入「題
跋類」介紹。

《遼居稿》一卷

民國 18 年石印本

按：此書於民國 18 年時已有石印本刊行，並收有是年冬的〈自序〉一篇。
然而稿中所收〈漢石經殘字集錄四編自序〉題為「庚午元日作」，即民
國 19 年（西元 1930 年），較羅振玉自序更晚，其原因不得其解。今從
其序，列目於此。此書後輯入《羅雪堂先生全集》初編·冊三。本書第
三章入「題跋類」介紹。

民國 19 年庚午（西元 1930 年）六十五歲

《貞松堂集古遺文》十六卷

民國 19 年石印本

民國 20 年石印本

按：此書成於是年 10 月，由羅振玉五子羅福頤摹寫付印。後輯入《羅雪堂先生全集》初編・冊十至十三。本書第三章入「文字類」介紹。

民國 20 年辛未（西元 1931 年）六十六歲

《遼居乙稿》一卷

民國 20 年石印本

按：此書成於是年 2 月，後輯入《羅雪堂先生全集》初編・冊四。本書第三章入「題跋類」介紹。

《古器物識小錄》一卷

民國 20 年大連墨緣堂鉛印本

民國 23 年遼居雜著丙編石印本

按：此書成於是年仲夏，而書名則早於民國 13 年（西元 1924 年）的〈雪堂藏古器物目錄序〉中初定。該序中云：「予冠歲即好蓄古器物，積四十年，始為之簿錄。……予於此學，有所記述，別為《古器物識小錄》，以與此目並行。」著述心意，早已萌芽。後輯入《羅雪堂先生全集》初編・冊七《遼居雜著丙編》。本書第三章入「雜著類」介紹。《補遺》一卷，《貞松老人遺稿甲集》附錄三《貞松老人著述總目》列於「未刊目」中。

《貞松集古遺文補遺》三卷

民國 20 年石印本

按：此編成於是年 9 月，乃續民國 19 年《貞松堂集古遺文》十六卷而作。後輯入《羅雪堂先生全集》初編・冊十三。本書第三章入「文字類」介紹。

《貞松堂藏器墨影》三卷、《續集》三卷（又名《羅振玉藏三代金文拓本》）

民國 20 年大連墨緣堂拓印本

按：本書失傳，《羅雪堂先生全集》亦未收。唯民國 24 年（西元 1935 年）6 月北平燕京大學《考古學社社刊》第二期〈社員著作及印書介紹〉與同年 12 月第三期〈社員出版書籍介紹〉，有本書著作背景及著錄內容的簡介。本書第三章入「圖象類」介紹。

民國 22 年癸酉（西元 1933 年）六十八歲

《貞松堂集古遺文續編》三卷

民國 23 年蟬隱廬石印本

按：此編成於是年 5 月，乃續民國 19 年（西元 1930 年）《集古遺文》十六卷及民國 20 年（西元 1931 年）《集古遺文補遺》三卷而作。《羅雪堂先生全集》未收，本書第三章入「文字類」介紹。

《松翁未焚稿》一卷

民國 22 年遼居雜著乙編石印本

按：此書成於是年 5 月，後輯入《羅雪堂先生全集》初編·冊七《遼居雜著乙編》。本書第三章入「題跋類」介紹。

《雪堂所藏吉金文字》

民國 22 年羅先生手拓本

按：本書今已失傳，《羅雪堂先生全集》亦未收，今據莫榮宗《羅雪堂先生著述年表》備錄於此，不知其詳。本書第三章入「文字類」介紹。

《貞松堂集古遺文續補》一卷

民國 22 年刊行本

按：本書今已失傳，《羅雪堂先生全集》亦未收，今據羅福頤《三代秦漢金文著錄表》引用書目備錄於此，未知其詳。本書第三章入「文字類」介紹。

民國 23 年甲戌（西元 1934 年）六十九歲

《車塵稿》一卷

民國 23 年遼居雜著丙編石印本

按：此書成於是年 8 月，後輯入《羅雪堂先生全集》初編·冊七《遼居雜著丙編》。本書第三章入「題跋類」介紹。

民國 24 年乙亥（西元 1935 年）七十歲

《貞松堂吉金圖》三卷

民國 24 年墨緣堂影印本

按：此編成於是年仲秋，後輯入《羅雪堂先生全集》六編·冊七。本書第三章入「圖象類」介紹。此外本書另編有《續編》四卷，為羅振玉未刊的

遺著，《貞松老人遺稿甲集》附錄三《貞松老人著述總目》列於「未刊目」。

民國 25 年丙子（西元 1936 年）七十一歲

《三代吉金文存》二十卷

　　民國 25 年百爵齋影印本

　　民國間上虞羅氏鉛印本

　　按：此書成於是年 9 月，後輯入《羅雪堂先生全集》七編・冊十七至二十。本書第三章入「文字類」介紹。

民國 27 年戊寅（西元 1938 年）七十三歲

《後丁戊稿》一卷

　　民國 30 年貞松老人遺稿甲集鉛印本

　　按：此書成於是年冬，乃集輯丁丑、戊寅（民國 26、27 年）所作的文稿而成。為別於十年前的《丁戊稿》，因而以「後稿」名篇。後輯入《羅雪堂先生全集》續編・冊二《貞松老人遺稿甲集》。本書第三章入「題跋類」介紹。

民國 29 年庚辰（西元 1940 年）七十五歲

　　按：羅振玉於是年辭世，享壽七十有五。羅振玉畢生著述豐富，其中與金文學相關的著述，或著錄文字；或摹影器形；或輯集序跋；或論述專題，舉凡有關於金文器物銘文等各方面，無所不涉。內容龐涉，體例多殊，成績斐然。這樣的成就，倘非學力、財力與個人興趣所趨使，難可與相匹儔。羅振玉辭世之後，尚存未刊的遺作之者若干。除部份遺作後由子孫輩相繼輯錄出刊外；尚有迄未刊布流傳的存稿。以下別為「已刊」、「未刊」、「未完」三目，將羅振玉的遺作分別列目於後：

一、已刊目：

《貞松老人遺稿外集》四卷、《補遺》一卷

　　民國 32 年貞松老人乙集鉛印本

　　按：此書刊行於民國 32 年（西元 1943 年）孟秋，由羅振玉五子羅福頤校訂，

長孫羅繼祖編輯而成。此書廣蒐羅振玉一生中未刊行的序跋與詩文，分為五卷成編，後輯入《羅雪堂先生全集》續編・冊四《貞松老人遺稿乙集》。本書第三章入「題跋類」介紹。

《大雲書庫藏書題識》四卷

　民國 32 年貞松老人遺稿乙集本

　按：莫榮宗《羅雪堂先生年譜》稱本書成於民國 29 年庚辰（西元 1940 年），不知何所本。而據羅繼祖民國 32 年癸未所作此書〈孟春十日跋〉，知本書為羅振玉辭世後，由其親手檢校、刊印。今從其跋，序列於此。後輯入《羅雪堂先生全集》續編・冊四《貞松老人遺稿乙集》。本書第三章入「題跋類」介紹。

《郊居脞錄》

　民國 36 年貞松老人遺稿丙集本

　按：此書殘存 17 則，於民國 36 年（西元 1947 年）刊入《貞松老人遺稿丙集》・《松翁賸稿》卷二《殘稿六種叢鈔》，後輯入《羅雪堂先生全集》續編・冊五。本書第三章入「雜著錄」介紹。

二、未刊目：

《貞松堂吉金圖續編》四卷

《金石萃編補正》四卷

《古器物識小錄補遺》一卷

　按：以上三書並見於《貞松老人遺稿甲集》・附錄三《貞松老人著述總目・未刊目》，本書第三章依次入於「圖象類」、「文字類」與「雜著類」備考。

三、未完目：

《讀積古齋鐘鼎彝器款識札記》

《陸庵讀古金文札記》

《古兵器考釋》

　按：以上三書並見於《貞松老人遺稿甲集》・附錄三《貞松老人著述總目・未完目》，本書第三章並入「雜著類」備考。

〈附錄〉 羅振玉金文學著述繫年表

繫　年	著　述
清光緒 10 年甲申 （西元 1884 年）十九歲	《淮陰金石僅存錄》一卷
清光緒 17 年辛卯 （西元 1891 年）二十六歲	《淮陰金石僅存錄附編》一卷、《補遺》一卷 《眼學偶得》一卷 《面城精舍雜文甲編》一卷
清光緒 21 年乙未 （西元 1895 年）三十歲	《面城精舍雜文乙編》一卷
清光緒 26 年庚子 （西元 1900 年）三十五歲	《置杖錄》
清光緒 27 年辛丑 （西元 1901 年）三十六歲	《金石書錄》一卷
清光緒 33 年丁未 （西元 1907 年）四十二歲	《唐風樓金石文字跋尾》一卷
清光緒 34 年戊申 （西元 1908 年）四十三歲	《俑廬日札》一卷
清宣統元年己酉 （西元 1909 年）四十四歲	《隋唐兵符圖錄》一卷
民國 3 年甲寅 （西元 1914 年）四十九歲	《秦金石刻辭》三卷 《歷代符牌圖錄》二卷 《四朝鈔幣圖錄》一卷、《考釋》一卷
民國 5 年丙辰 （西元 1916 年）五十一歲	《古器物范圖錄》三卷、《附說》一卷 《殷虛古器物圖錄》一卷、《附說》一卷 《金泥石屑》二卷、《附說》一卷 《歷代符牌圖錄後編》一卷 《古鏡圖錄》三卷、附《補遺》 《古明器圖錄》四卷

民國 6 年丁巳 （西元 1917 年）五十二歲	《殷文存》二卷 《夢郼草堂吉金圖》三卷 《兩浙佚金佚石集存》一卷
民國 7 年戊午 （西元 1918 年）五十三歲	《雪堂校刊群書敘錄》二卷 《夢郼草堂吉金圖續編》一卷 《地券徵存》一卷
民國 8 年己未 （西元 1919 年）五十四歲	《雪堂所藏古器物圖》一卷
民國 9 年庚申 （西元 1920 年）五十五歲	《海外吉金錄》一卷 《雲窗漫稿》一卷 《雪堂金石文字跋尾》四卷
民國 11 年壬戌 （西元 1922 年）五十七歲	《海外集金錄補遺》一卷
民國 12 年癸亥 （西元 1923 年）五十八歲	《上虞羅氏雪堂所藏銅器拓本》四冊
民國 13 年甲子 （西元 1924 年）五十九歲	《雪堂藏古器物目錄》一卷 《雪堂所藏古器物圖說》一卷
民國 14 年乙丑 （西元 1925 年）六十歲	《增訂歷代符牌圖錄》二卷、附《補遺》 《松翁近稿》一卷、附《補遺》
民國 16 年丁卯 （西元 1927 年）六十二歲	《雪堂所藏金石文字簿錄》一卷 《丙寅稿》一卷
民國 17 年戊辰 （西元 1928 年）六十三歲	《待時軒傳古別錄》一卷、《附說》一卷
民國 18 年己巳 （西元 1929 年）六十四歲	《漢兩京以來鏡銘集錄》一卷、附《鏡話》一卷 《矢彝考釋》一卷 《丁戊稿》一卷、附《校記》 《遼居稿》一卷
民國 19 年庚午 （西元 1930 年）六十五歲	《貞松堂集古遺文》十六卷

民國 20 年辛未 （西元 1931 年）六十六歲	《遼居乙稿》一卷 《古器物識小錄》一卷 《貞松集古遺文補遺》三卷 《貞松堂藏器墨影》三卷、《續集》三卷 （又名《羅振玉藏三代金文拓本》）
民國 22 年癸酉 （西元 1933 年）六十八歲	《貞松堂集古遺文續編》三卷 《松翁未焚稿》一卷 《雪堂所藏吉金文字》 《貞松堂集古遺文續補》一卷
民國 23 年甲戌 （西元 1934 年）六十九歲	《車塵稿》一卷
民國 24 年乙亥 （西元 1935 年）七十歲	《貞松堂吉金圖》三卷
民國 25 年丙子 （西元 1936 年）七十一歲	《三代吉金文存》二十卷
民國 27 年戊寅 （西元 1938 年）七十三歲	《後丁戊稿》一卷
民國 29 年庚辰 （西元 1940 年）七十五歲	遺著： 一、已刊目： 《貞松老人遺稿外集》四卷、《補遺》一卷 《大雲書庫藏書題識》四卷 《郊居脞錄》 二、未刊目： 《貞松堂吉金圖續編》四卷 《金石萃編補止》四卷 《古器物識小錄補遺》一卷 三、未完目： 《讀積古齋鐘鼎彝器款識札記》 《陸庵讀古金文札記》 《古兵器考釋》

第五章 羅振玉金文學研究貢獻萃要

　　羅振玉對於金文學的貢獻，主要可分三個層面。第一個層面是圖書、文獻的蒐集與保存；第二個層面是將所收藏的金石器物與拓本刊布流傳。這兩個層面，若非對古物有著深切的熱愛，並兼具雄厚的財力，實在難以做到。以民國初年羅振玉在日本京都所建置的「大雲書庫」來說，除了豐富的古器物之外，僅僅圖書就達到五十萬冊，並且都是頗具專業性質的藏書。就私人的圖書館藏而言，不論質量均屬龐大。而這些器物與圖書，是在動盪不安的社會背景下運往日本。在輾轉運載的過程中，燬損、散失的部份，更不知幾何？羅振玉的收藏實力，可見一斑。再就羅振玉所刊布的圖書來看，除了《貞松堂集古遺文》、《三代吉金文存》所錄的吉金拓本，遠逾前修，冠絕當世外。其它的著述，如：《隋唐兵符圖錄》中所錄藏品，大多前所未見；《古明器圖錄》的問世，頓時成為此一研究領域的先驅。第三個層面則是對於金文與相關器物的研究。羅振玉在這個層面所下的功夫其實頗深，也時有劃時代的創見。可惜這方面的成就，卻往往在甲骨研究與文獻傳布的豐功偉業遮蔭下，零散地蟄伏在各個著作的角落中。其實羅振玉在金文的研究方面，眼界與目標都是非常清晰而明確的。他在〈愙齋集古錄序〉中寫道：

> 予弱冠治金石文字之學，私以為金石文字者，古載籍之權輿也。古者大事勒之鼎彝，故彝器文字，二古之載籍也；唐以前無彫板，而周秦兩漢有金石刻，故周秦兩漢之金石刻，彫板以前之載籍也。載籍愈遠，傳世愈罕，故古彝器之視碑版為尤重焉。……吾人對三代列邦古彝器，是不啻不下堂而觀三古列國之寶書也。生三千年之後，而神游三千年以前，得據以補詩書之所遺佚，訂許鄭語儒之譌誤，豈非至可快之事哉！
> 〔註1〕

〔註 1〕見《羅雪堂先生全集》初編・冊一，頁34。

羅振玉將上古的吉金文字，視為載籍的濫觴，價值甚至超越後世的經籍。因此他認為這些傳世的吉金文字，足可據以「補詩書之遺佚」；更可以「訂許鄭之譌誤」，且確有成果。因此本章分別萃選出羅振玉散論中的金文研究成果，別為經學、史學與文字三個部份加以介紹，以利有志斯學的研究者，做為研究上的參酌。

一、經學貢獻萃要

（一）《唐風樓金石文字跋尾》所錄〈宗婦敲跋〉中，引用敲銘校正《周禮・夏官》：「鼓戒三闋，車三發，徒三刺」的「刺」，當為「列」的形誤。

（二）《丁戊稿》所錄〈史頌敲跋〉中，兼引敲銘與〈矢方彞銘〉為證，校正《周書・酒誥》：「越百姓里居」的「居」，當為「君」的形誤。

（三）《雪堂金石文字跋尾》所錄〈不娶敲跋〉中，考論敲銘「大臺戟」中的「戟」字，當即《詩經・閟宮》：「薄伐玁狁」；《周易・說卦傳》：「雷風相薄」與《荀子・天論》：「寒暑未薄而疾作」等諸文中「薄」字的假借。而《詩經・蓼蕭序》：「外薄四海。」《釋文》作「敷」，則又是戟的形譌。而「戟」字於「虢季子白盤」中又或從干作「博」。

（四）《丁戊稿》中所錄〈魚匕跋〉中，藉個人所藏的「無龍匕」，考論匕在形制上有「取胾」與「取魚」的區別。糾正《陶齋吉金錄》以匕為勺的錯誤。同時自信地說：「匕之為物，知而名之，蓋自予始也。」

（五）《後丁戊稿》所錄〈鑾和考〉中，考訂鑾在鑣，和在衡的器用方式。證明《史記・禮書集解》所引〈服虔注〉：「鑾在鑣，和在衡」的說法正確。辨正《詩經・蓼蕭傳》所言：「在軾曰和，在鑣曰鑾」；《禮記・經解注》引《韓詩內傳》所說：「鑾在衡，和在軾」的偏失。

（六）《遼居乙稿》所錄〈靜敃跋〉中，據敃銘辨正《禮記・射義》所述：「天子將祭，必先習射於澤。澤者，所以澤士也。已射于澤，而後射于宮。」在順序上的倒置。

（七）《古器物識小錄》所錄〈鸞刀〉一節中，以實物證實「鸞在柄末」，考正《公羊傳・何休注》所言：「鋒有鸞」的錯誤。

（八）《古器物識小錄》所錄〈鐓鐏〉一節中，以實物考訂《周禮・廬人鄭注》所言：「凡矜八觚」，乃指矜下的「鐏」而言，也就是下端的筒套。鐏有八觚，因而統稱為「矜八觚」，為前人的疑問提供了一種解答。

（九）《俑廬日札》中，以純為牛形的犧尊實物，考正《詩經・魯頌・閟宮》・毛〈傳〉所注：「有沙飾也。」以及《禮記・禮器》鄭〈注〉所述：「畫尊作

鳳羽婆娑然，故謂娑尊。」二者說解的錯誤。

此外，如考辨「鐲、鈴、鉦、鐃」等器形制上的別異與器用〔註2〕，訂定「厽矛」、「黃目」等器的器名〔註3〕等，都是根據出土實物爲論述的基礎，信而有徵。

二、史學貢獻萃要

史志爲前人垂後，後人識古的津梁。因此想要稽考前事，觀古通今，史志可說是提供了最豐富而有系統的便利。然而歷代的史志，雖然信而有徵的材料不在少數，然而其中也不乏出於述史者個人私意，或者礙於見聞所造成的偏差記載。引用吉金器銘以考證史事，功效卓著。這一點，羅振玉在〈愙齋集古錄序〉與〈藝術叢編序〉中已再三論及。羅振玉在吉金古器方面的收藏既多，便經常藉由所藏的方便，考釋器銘，補正史書的闕誤，成果同樣豐碩。

（一）《雪堂金石文字跋尾》中引「頌鼎」銘文，得見斸字从炱，从羋（戰字之首）。又引「白誓敲」，斸字作「𤿎」，省單增言。「大師虘豆」作「𤿎」，又从旂省。「歸父盤」作「𩰬」，又變言爲口。而不論从言或从口，皆有所祈禱的意義。藉此論證古代祈禱之事起於征戰；並用以補許書所闕收的「斸」字；辨正吳大澂說字「从止从斤」的錯誤。

（二）《唐風樓金石文字跋尾》所錄〈糾彝跋〉中，依據貝的銘文中有「臼」、「用」等異構，因而認爲字形作「臼」者，象天然貝形；而作「用」者，則象人工所製的貝形。同時藉由以骨貝實物，證明古人所用的貨貝，有些是以人工製造，未必都是天然產品。

（三）《古器物識小錄》所錄〈杖首〉一節中，以實物及文字考訂三代至漢的人們都是使用短杖。圖畫中有許多長杖過手的圖象，則爲後代的用制。

（四）傳統書法都是自上而下，自右而左的「右行」。然而在《俑廬日札》中，依據器銘行款，證實古代金文的書寫有「左行」的例子。殷墟甲骨文中也有此例，比古金文更早。

（五）《俑廬日札》中考「空首布」亦爲「瘞錢」，三代時期已經如此，因而辨正前人以爲瘞錢的風習始於漢的錯誤認知。

（六）《俑廬日札》中依據出土的「方尖足小布」所記地名，推知造幣的時代大約始於晚周亡國。當時的列國中，趙國造幣最多；燕國最少；而楚國不自行

〔註2〕見〈說文鐲鈴鉦鐃四字段注訂〉，《羅雪堂先生全集》續編·冊二，頁393至395。
〔註3〕「黃目」、「厽矛」二器的訂定內容，並見於《古器物識小錄》。

鑄幣。

（七）《遼居乙稿》所錄〈師嫠敦跋〉中，考釋敦銘：「命女嗣乃祖舊官『小輔』。」
認爲「小輔」爲官名。此一官名，《周禮》雖然沒有載錄，然而以「師嫠」
的敦名加以探究：「師」爲官銜；「嫠」爲人名。因此「小輔」可能是隸屬
於春官的樂師。

（八）《遼居乙稿》所錄〈師兌敦跋〉中，依據敦銘記載：「王乎內史尹冊命師兌
正、師龢父嗣左右走馬、五邑走馬。」認爲「走馬」爲一種官名。

（九）《俑廬日札》中，依據所藏的蜀國弩機，考知蜀國的尺度標準，完全遵照
漢代的舊制。此一發現，補足了史冊中失載蜀國度量衡制度的缺憾。

（十）《丁戊稿》所錄〈新莽爵符跋〉中，依據所收藏的「新莽爵符」器文，補足
了史冊中未見爵符形制記載的缺憾。同時參引《漢書‧王莽傳》中的記述，
推論新莽時期，發兵除賜虎符之外，或許還別賜爵符。不過，在形制上爵符
僅有一符，與虎符可有數符略不相同。

（十一）《雪堂金石文字跋尾》所錄〈嬗妊畫跋〉中，依據所收藏的實物，考證「畫」
就是古時的「車轉」。同時徵引《說文》中訓「畫」爲車軸端的說法，認
爲《方言》中所說的「轉」，以及《史記‧田單列傳》中所說的「鐵籠」，
就是這類器物。

（十二）《遼居稿》所錄〈矢敦跋〉中，依據敦銘：「王代楚伯。」證實周代楚國
已受封爲伯爵。而《史記‧楚世家》僅言楚曾在夏、殷時代受爲侯伯，周
成王時僅封熊繹「子男之田」，從未記載周代時期楚國已受封爲伯爵。藉
由敦銘的研究，可補史記的缺載。

（十三）《丁戊稿》所錄〈漢敬武主家銅銚跋〉中，認爲此器爲漢代嗣平侯張臨
的家器，依據器銘所署年代爲漢元帝「初元五年」（西元前 44 年），證實
《漢書》〈張湯傳〉與〈薛宣傳〉中所記載漢元帝妹妹敬武公主最初下嫁
於張臨，張臨死後，又改嫁薛宣的史實不虛。然而對〈薛宣傳〉中記載張
宣死後，其子張況與公主私亂的情節，則辨正認爲應當是出自王莽的肆意
詆毀。

（十四）《雪堂金石文字跋尾》所錄〈莽量拓本跋〉中，依據量銘拓本，校勘史志
記載的疏誤。首先校定了《隋書》中的脫誤：根據〈律曆志〉記載，後魏
景明年間，并州人王顯達所獻的古銅權有「虞帝始祖，德帀于新」的銘文，
其中的「新」字誤作爲「辛」。此外又校定〈律曆志〉中所記載的量銘：「龍
集戊辰直定」，脫漏了「戊辰」二字。其次驗證了《高僧傳》卷五〈道安

傳〉的記載：高僧道安曾在市集中見到有人持銅斛出售，所敘述的銘文大意，與此量的器銘吻合。第三是驗證了《後漢書‧隗囂傳》的內容：〈隗囂傳〉記載上將軍隗囂移檄昭告各郡國，列數王莽罪狀，檄中有「造作九廟，窮極土作」等用語。唐章懷太子李賢注說：「莽九廟，一曰黃帝太初祖廟，二曰虞帝始祖昭廟。」與此器的銘文：「黃帝初祖，德帀于虞；虞帝始祖，德帀于新。」等語正相吻合。

三、文字學貢獻萃要

漢字的使用，淵遠流長。過去對於漢字的瞭解，幾乎只能仰賴東漢許慎的《說文解字》一書，甚至被奉爲文字學界的聖經。清代末年甲骨文出土之後，爲文字學的研究打開了一扇大門。龐雜的研究材料紛紛現世，文字的研究年代，也順勢推向了商代。在此因緣際會之下，加上部份舊有與不斷發掘的商周鐘鼎彝器，文字學的研究，頓時像是添入了源頭活水，蓬勃發展。原本被定於一尊的《說文解字》，開始有了較大的討論空間；鐘鼎款識的考釋，也多了一種字形比對的利器。可惜的是，甲骨文剛剛出土的年代，由於文字與內容都還不爲人們所瞭解。加上去今邈遠，字形多變。想要深入考釋，作爲文化研究的應用素材，還是必須先經由《說文》籀、篆與商周金文的比對，才能達成。因此，就時代而言，以周代爲主的鐘鼎銘文，便成爲溝通上下，連結甲骨文字與周秦小篆之間的重要橋梁。三者之間，看似各自成體，卻又是缺一而不可。金文對於文字學研究的重要性，實在是不言而喻。因此羅振玉在《殷虛書契考釋》中說：「今日得以考求古文之眞，固非由許書以上溯古金文；由古金文以上窺卜辭，不可得而幾也。」〔註4〕正是對金文價值的深切體認。

因此，本節區分「藉金文研究成就甲骨學之貢獻」與「徵引金文以訂正說文」二目，列述羅振玉屬於文字學方面的金文研究貢獻。

（一）藉金文研究成就甲骨學之貢獻

羅振玉深知考釋甲骨卜辭有其困難，要解決這些困難，必須遵循由《說文》、金文上溯甲骨文的途徑，方能成事。因此在〈殷虛書契考釋序〉中明言：

予從事稍久，乃知茲事實有三難。……今欲袪此三難，勉希一得，

〔註4〕見《增訂殷虛書契考釋》卷中，台北藝文印書館，民國75年（西元1986年）四版，頁79。

乃先考索文字以爲之階。由許書以溯金文，由金文以窺書契。

正由於這一層的認知，羅振玉在研究甲骨文時，便經常引用金文互證甲骨。如此不僅甲骨卜辭的內容得到應證，金文中懸而未決的問題，也隨之迎刃而解。如《殷文存》中論及商器鑒別的問題，即與商代卜辭中「以日爲名」的命名方式互證而得。又如《殷商貞卜文字考》的〈正名篇〉中，羅振玉從卜辭中的干支紀錄，證實鐘鼎器銘中一些奇異的干支搭配，如：「乙子」、「丁子」、「己子」、「辛子」、「癸子」等，其中的「子」，實際上都是「巳」的誤釋。此外〈正名篇〉中還統計了金文與甲骨文在字形上大多可以相互驗證的情形，證明甲骨文與金文確實同出一系〔註5〕。

有了金文研究的基礎，進一步協助羅振玉在甲骨文研究上取得了重大的成就。他在《殷虛書契考釋》中自述研究的成果，共有六端：

1. 「帝系」：羅振玉研究發現，商代帝系自武湯傳至帝辛，在司馬遷的《史記》，總共記錄了三十世。而卜辭者中所見的商代帝系，卻僅有二十三世。《史記》稱太丁未立爲帝，而卜辭中所記載的祭祀禮牲，隆重的程度卻儼然如同帝王。又大乙、羊甲、卜丙、卜壬，都與史傳所載異文；而庚丁作「康祖丁」；武乙稱「武祖乙」、文丁之稱「文武丁」，都與過去所瞭解的商代帝系不同。

2. 「京邑」：商代的遷都活動，前期八次，後期五次。羅振玉從卜辭瞭解到，盤庚以前的活動，都詳載於《尚書》的書序中。而小辛以下的活動，則常見錯誤認知。洹水的殷墟，舊說都認爲是河亶甲所遷。經卜辭驗證之後，才知是武乙遷居來此，帝乙又再遷離。又《史記》記載說是盤庚之後，商的國號改稱爲「殷」。然而卜辭之中，不僅不見「殷」字，反而屢次提及「入商」。田獵、外出所到的地方，都稱「往」、「出」，只有前往「商」的時後獨言「入」。可知文丁、帝乙的世代，國號仍然稱「商」。《尚書》稱「戎殷」，當是稱邑名，而非稱國號。

3. 「祀禮」：羅振玉研究發現，卜辭中所得見商代的祭禮，與周代大爲不同。不僅名稱繁雜，意義也多難以明瞭。祭人鬼所用的祭品，同樣會比照紫戔牢罰等祀禮，數量完全視占卜的結果而定。「王賓」一語，後來成爲《尚書‧洛誥》的語源；祭祀時薦用騂牡，也不是在周初的鎬京始創。

4. 「卜法」：羅振玉從卜辭瞭解到，商人卜祀，十干之日，都各自依照先祖與十干相合的名來行祭。其有爽者，則依爽名。又大事貞龜，餘事骨卜。舉凡這類的特殊卜法，都是前人所未曾聽聞的發現。

〔註5〕參見本書《第一章 羅振玉所治金文學》‧〈四、治學成就〉所述內容。

5. 「官制」：卜辭中所記錄的商代卿事名銜，與《詩經》中雅、頌的名稱相同。大史的職銜，亦明載於《周禮・春官》。甚至帝王身邊的近臣，都與周制相符。因此羅振玉斷定周公所制作的「六典」，大多本於殷商的舊制。

6. 「文字」：就文字的書寫應用而言，羅振玉發現「召公奭」的名字，應該寫作「奭」，而非「奭」；鳥鳴的「鳴」字，从雞而不从鳥。「隹」、「鳥」二字並無差別；「子」與「巳」的用法則有不同；「牝」「牡」等字，字形的偏旁或牛、或羊，甲骨文中是任意安置，並不固定；「牢」「牧」等字形，道理亦同。此外，透過甲骨文字的認知，可以瞭解大、小篆都與古文相同。古文的造字精神，偶然也可以在今隸中見到〔註6〕。

　　《殷虛書契考釋》之後，羅振玉又作了《殷虛書契待問編》。在〈序〉中對於考釋的甲骨文的成果日趨豐碩，頗感自豪說：「宣統甲寅（西元1914年），予考釋殷虛文字，得可讀之字，不逾五百。今年夏爲之校補，乃增至五百四十餘，合重文得千八百有奇。」又說：「今日所不知者，異日或知之；在我所不知者，它人或知之。予往昔撰考釋所識之文，再逾歲而增什一。吳中丞說文古籀補附錄諸字，當日以爲不可釋，今得確定者，什佰中亦恆二三，此均其明驗矣。」〔註7〕

　　羅振玉在甲骨學上的成就，固然有他過人的求知精神與研究毅力。然而憑心而論，這些成就均非困知勉學所能一日之間達成。多年來浸淫於文字研究所積累的識見才學，尤其是對金文材料的蒐羅與研究，是達成此一成就最根本的重要因素。

（二）徵引金文以訂正《說文》

　　羅振玉徵引金文以訂正《說文》的研究成果同樣豐碩，列述如下：

1. 在〈孟鼎跋〉中訂正《說文》據秦篆譌變的字形，釋「奔」爲「从夭卉聲」的錯誤：

　　　　《說文》：「奔、走也。从夭卉聲。」按从賁省聲，然賁字何以从卉，亦不可曉。今此鼎奔作「🔾」，效卣同，象眾趾奔走之狀。古金文止字作「🔾」，與「🔾」形相近，从🔾乃从🔾之譌，知賁字亦从🔾而譌🔾也。又此「🔾」字與「石鼓文」之「🔾」爲一字，「🔾」爲眾走，此省三火爲一耳。然🔾之譌🔾亦甚古，石鼓文內奔字又作🔾，古鼎作🔾，效卣作🔾，

〔註6〕見〈殷虛書契考釋序〉《羅雪堂先生全集》初編・冊一，頁95至98。

〔註7〕見《羅雪堂先生全集》初編・冊一，頁98至101。

知傳譌蓋已久矣。

2. 依據《說文》的說解，再以鼎銘爲證，認爲《說文》所載「畏」字的小篆字形，爲後世展轉傳刻所造成的錯誤。

　　《說文》畏，注「惡也，从⊗虎省，鬼頭而虎爪，可畏人也。」然今篆作「鼎」，不知何以云从虎省，尤不可見虎爪之形，此鼎畏字作「開」，下从氺，正肖虎爪形，與浚長說正合。古金文虎字作「虧」，ㄨ象爪，許書有注文與篆文不可者，殆皆後世寫失也。

3. 在〈矩尊跋〉中，依據鼎銘辨正《說文》據秦篆譌變的字形，釋「矩」爲「从矢」的錯誤：

　　此尊矩字作「趺」，象人持矩形。丨象矩，大象人，又象手持之，「伯矩彝」作「趺」；「伯矩卣」作「柜」；「矩父敲」作「趉」，形雖小異，然並從大。「矩叔壺」兩器，一書矩作「趺」，又一器作「趺」，是矩或从夫。「毛公鼎」、「彔伯戎敲」、「吳尊」內鼏字並從夫。按《說文》：榘从矢，予向以規字从夫例之，疑从矢殆从夫之誤。今證以金文，竊喜曩疑之非妄矣。

4. 在〈龏鼎跋〉中，辨正《說文》將「龍」拆解爲「从肉从童省聲」的錯誤：

　　此鼎四字，曰：龏作寶器。龏作「龏」，从龍从耳。㔾上从乎，下从夕者，象其首；己象其身。「邵鍾」龍字作「肜」，亦从乎，下象首與身。「頌敲」龏作「龏」，亦以㔾象龍身首形。篆文作「龍」，許君云：「从童省聲，从肉。」雖誤以龍首形爲肉，而文猶不誤。其他半从壹，則由己而變，其初形遂不可知矣。惟龍之从己，則尚存於碑板中。〈北齊道興造象記〉龏作「龏」，上从記，正與此合。又〈漢周憬功勳銘〉龏作「龏」；柳書〈玄秘塔銘〉襲作「龏」，皆後世所謂別體俗作，不知其爲古文之僅存者也。

5. 在〈周敲跋〉中，辨正《說文》「至」字析形說解的譌誤：

　　《說文》：「坙，鳥飛从高下至地也，从一，一猶地，象形。」謂「乎」爲飛鳥形。然考古金文，如此敲及「散氏盤」至作並作「坙」，从乎，實象矢形。「告田敲」侯字作「疾」，「匽侯鼎」同，並从矢。「量侯敲」及「盂鼎」作「疾」，从矢（乃矢之變）。「矢伯卣」矢字作「矢」。以此例之，知乎乃矢之倒文，一象地，乎象矢遠來降至地之形，非象鳥形也。

6. 在〈女婦卣跋〉中，辨正《說文》釋「帚」爲「从又持巾」的錯誤：

　　《說文》：「帚，冀也。从又持巾，掃門內也。」證以此器，及他金

文帚字並作「帚」，从帚，象帚倒植架上之形。帚爲帚倒植，木象其柄。
猶戈之作木也，冂象其架。許書以木爲巾，殆未確矣。

7. 在〈毛公鼎跋〉中，依據鼎銘字形，認爲《說文》中所載「非」字的小篆，
乃後世輾轉傳刻錯誤所造成的結果：

   《說文》：「非，違也。从飛下兩翅，取其相背也。」王菉友氏謂飛
   篆之形羽皆向上，非字則上二筆向上、下二筆向下，故曰「下兩翅」，此
   翅不指全翼言也。此又謂上下相背與上文左右相背亦異。玉按：飛字篆
   作「飛」，許書注从飛下兩翅，謂飛字下半之非也，兩翅共六翮，此正
   象六翮形。證以此鼎內非字，正作非（「智鼎」非字亦如此作）與許書説
   吻合，可見許書篆文本不誤，而經展轉傳寫遂失原形也，王氏則又不知
   篆文而曲爲之説矣。

8. 在〈師奎父鼎跋〉中，藉由鼎銘「凶」字的形體與《說文》互證，因而贊許
   慎「博采通人」的貢獻：

   鼎中「用匄眉壽」之「凶」，从人从亾，他金文亦多如此作。按，《說
   文》匄作「匄」，與此形異。然汮長于匄文下引逯安説：「亾人爲匄。」
   證以金文之从亾人作「凶」，正合。金文與許書互證，乃得其誼，許書博
   采眾説之功偉矣哉。

9. 藉由金文字形，考證《說文》所載「及」字的古文作「逮」；「笈」字的古文
   作「笈」，都是字形傳刻的錯誤：

   《說文》及之古文作「逮」（「碧落碑」作「逮」），笈之古文作「笈」，
   證之古金文無如此作者。「沇兒鐘」及字作「承」，「邾公鐘」作「承」，
   此鼎作「承」（「格作簋」作「伻」，與此鼎同）。詳加審諦，始知今篆之
   「及」，乃由「及」之傳譌（及見石鼓文）。及與承同，不過人字短縮耳，
   从彳从又，象一人前行，後一人从手追及之形。此鼎于承旁增彳，于人
   己前行而他人手執之誼尤完密。《說文》之「逮」，乃彳變爲求，彳譌爲
   个（「碧落碑」又譌个爲艸），又於个下加八（笈字古文則僅加人，無下
   二點），實爲由彳傳繕之訛，無可疑者。許書要被傳寫，若不藉古金文是
   正之，則所錄古籀文豈復可識耶。

10. 在〈罴尊跋〉中，以金文考證《說文》所載「賓」字古文作「賓」，乃字形
    傳刻錯誤的結果：

    《說文》賓古文作「賓」，《玉篇》《集韻》作「賓」；此尊作「罴」，
    从万（「史頌敦」同）。知《說文》从万，殆由万致譌。《玉篇》《集韻》

作賓，从宊，又由《說文》从穴而譌矣。

11. 在〈克鼎跋〉中，以鼎銘考證《說文》所載「野」字古文作「壄」，乃傳刻錯誤的結果：

第十八行「埜」即野字。《說文》野字古文作「壄」，然〈注〉云：「从里省从林」，則字應作埜。今本加[illegible]，非許書原本如此。《集韵》野古作「埜」，〈宋夢英大師篆書千文〉野作「埜」，知北宋時尚不誤矣〔註8〕。

12. 在《遼居乙稿》的〈璽印文字徵序〉中，考證鉨文中與《說文》古文相合的「棄、虐、期、吳、州、禹」等六字：

棄作「[illegible]」、虐作「[illegible]」（《說文》作「[illegible]」）、期作「[illegible]」（《說文》作「[illegible]」）、吳作「[illegible]」（《說文》作「[illegible]」）、州作「[illegible]」、禹作「[illegible]」，與許書所載或略有變易，而確爲一字。

13. 在〈史秦鬲跋〉中，考證鬲銘「秦」字作「[illegible]」，與《說文》所載籀文字形相合：

《說文解字》秦籀文作「[illegible]」，「許子妝簠」亦作「[illegible]」，並與鬲文合。

14. 在〈丁未角跋〉中，辨正《說文》誤分「伐」與「[illegible]」爲二字：

文內伐商之伐作「[illegible]」，與「畢仲𣪘」之「[illegible]」正同，从手執戈，當是伐字。說文丮部「[illegible]」字，注：「擊踝也，从[illegible]戈。」按執戈之誼必定爲擊踝，誼殊難通，[illegible]與从亻从戈之伐字疑是一字，許書不知爲重文，致歧爲二也。《攈古錄》「有子執戈觚」其文作「[illegible]」，象人持戊，殆亦伐字與。

15. 在〈遣小子𣪘跋〉中，辨正《說文》誤分「遣」與「𦥑」爲二字，曰：

《說文》：「遣、縱也。从辵𦥑聲。」又𦥑注：「𦥑、商小塊也，从𠂤从臾，古文蕢字。」以遣爲形聲，而說𦥑字亦紆曲不可通。今此𣪘遣字作「[illegible]」（「城虢𣪘　鼎」並如此作）。遣「叔簠」作「[illegible]」；「季娟鼎」作「[illegible]」，皆从𠂤（即師字，詳〈兮仲鐘跋〉）。𠂤，眾也。从[illegible]从口，執眾誥誡而遣之也。又「太𣪘」遣字作「[illegible]」省辵，知「遣、𦥑」乃一字。許書不明从𠂤即師字之誼，致爲支說，非得古金文何由是正之乎〔註9〕。

16. 在《遼居乙稿》的〈得罍跋〉中，辨正《說文》誤分「得」與「㝵」爲二字：

〔註8〕以上十則並引自《雪堂先生金石文字跋尾》卷一。
〔註9〕以上三則并引自雪堂先生金石文字跋尾卷一。

此器蓋各一字曰「徸」，即得字，《説文解字》彳部：「得，行有所得也，从彳𢔩聲，古文省彳作𢔩。」又見部：「𢔩，取也，从見寸，寸度之，亦手也。」按古文得均从又持貝，會意字也。或增彳，殷虛遺文作「𢔩」，亦作「徸」，與盉文同。他金文中「智鼎」作「得」，「㹜敦」作「得」，是增彳者亦古文也。許書誤認「𢔩、得」爲二字，以省彳者爲古文，以增彳者爲篆文，分隸二部，又譌貝爲見。蓋東漢末季小學已不修，至洨長始博訪通人，稽譔其説，其功至偉，不得以其偶然失誤而漫議之也。

17. 在《松翁近稿》的〈璽印姓氏徵跋〉中，考證璽印文字可補《説文》佚文六則：

（1）考證《説文》闕收「滕」字的異體「𤍠」：

許書滕國字从水，而予家所藏「𤍠虎敦」則从火。閩江陳氏澂秋館藏𤍠侯戈、戟各一，皆從火。而此編中滕姓七見，其從水者六，從火者一。又「建德周氏藏閩滕印」，字亦从火。蓋𤍠、滕義與騰近，𤍠从火，象上騰；其从水、从馬，則象奔騰。今則从水者行，而从火者廢矣。

（2）考證《説文》闕收「弦」字的異體「弝」：

許書弦从𢎺，「漢景君碑」管弦字作「弝」，从糸。此編中弦字十一見，皆作「弝」，从𢎺，與「景君碑」同。古文从糸之字，或作「8」，知8即糸，弓糸爲弦，蓋會意字。予意篆文當作「弝」，从𢎺，古文从8。許君乃以从8爲篆文，于是以8者行，而从𢎺者廢矣。

（3）考證《説文》闕收「行」字的異體「衍」：

「石鼓文」行字，篆作「衍」，从人从行，象人類于四達之衢。今許書但有行，而無从人之衍。漢印中人名有「庸衍」者，字正作「衍」，與石鼓合。知本有「衍」字，許書佚之也。

（4）考證《説文》闕收「轡」字的異體「𨏔」：

印文中有「𨏔最」，衆印轡字从車繼聲，其文不見許書。古璽中人名有「繼和」，字又从車，从繼省，殆即車轡之本字。今許書有「轡」，而「𨏔」佚矣。

（5）考證《説文》闕收「启、啓」的異體「戺」：

古璽多戺姓，其文从攴户，殆與启啓同字，戺象敲門，启象呼門，啓則象呼且敲。今許書有启啓，而戺佚矣。

（6）考證《説文》闕收「壐」、「雒」、「傷」、「閣」等字：

印文中彌姓作「彌」，下從土，與「漢王君石路碑」同。今則此字但見《玉篇》，而不見許書矣。《正字通》有「雓」，云：「俗鵻字」；又有「傀」，曰：「俗褱字」。今漢姓有雓、有傀。又見有「張傀」印，是此二字漢已有之，不得以未見許書而遽詆爲俗。又如許書無「閣」字，而已見於印文。

18. 在〈說文古籀補跋〉中，列舉吳大澂《說文古籀補》一書中的缺失五端：

（1）器物取捨待商榷者：

中丞既備采古禮器文字，復益以古貨幣，古匋璽。然稽其時代，雖均屬先秦，而論其書體，則因所施而各異。文多省變，可識者寡。今考證古籀，宜專采之彝器，貨幣、匋璽宜爲別錄。

（2）疑信倒置宜改正者：

中丞書例：可識之字列入正編，疑不能決及不可識者，別爲附錄，體例至善。然正編中如「醬」之釋藺；「咎」之釋咨；「咲」之釋吒；「徝」之釋逋；「竟」之釋境；「鮮」之釋鬻；「餝」、「稽」之釋舒；「慮」之釋爵；「賓」之釋貧；「癹」、「鴼」、「从」之釋質；「賕」之釋賣；「窰」之釋窯；「頵」之釋顛；「結」、「溍」之釋洧；「聑」之釋聊；「錯」之釋錯，皆有未安，宜入〈附錄〉。而〈附錄〉中如「鬲」疑烝、「丙」疑獻」、「禮」疑躋、「農」疑農、「参」疑後、「孝」疑孝、「祁」疑昶，咸疑所不必疑，宜改列正編。

（3）誤釋當訂正者：

⊙ 正編中「畢」、「畢」二字均釋干，殷虛文字畢字作「畢」、「畢」。今雲南人所用掩兔之畢，其形尚如此，知此亦畢字，非干字也。

⊙ 「鞏」、「鞏」均鞏字，而釋奉。

⊙ 「差」下「左」即左字。予藏古馬銜，其銘亦有「左」字，其字從「𠂆」，與從「𠂇」之「又」不同。古文雖左右向往往任意，而「𠂆」、「𠂇」字則未嘗或亂。殷虛文字右亦作「又」，許書差之籀文作「差」，從二。知古左右字或從二，或從𠙴，一也。乃釋距末之「差」作佑，「宋公戈」之「差」爲佐，其實均是差字，非佐佑也。

⊙ 「敦」釋敦，案此字見「白達敦」，其蓋藏予家，其文曰：「的白達作寶敦，諆萬年。」蓋文作「敦」，器文作「敦」，均即其字，非敦字也。

⊙ 「亭」釋亭，殷虛文字亳作「亳」、「亳」，與此略同，此亦亳，非

亭也。

⊙ 「□」釋鬻，其文从示，从又持肉，是祭字，非鬻也。

⊙ 「□」釋帥，又「□」釋師，考古文帥皆从□，無从□者，「□」、「□」，殷虛文字作「□」、「□」，即師所止爲次之次。後世假次字爲之，非帥亦非師也。

⊙ 「□」釋然，其字从舟，从□、从火。「孟鼎」朕作「□」，此朕下加火，乃滕國之滕，古从火，□从水，非然也。

⊙ 「□」釋龜，其字與「不嬰敦」之「□」同，即束字，象束矢形，非龜也。

⊙ 「□、□、□、□」等字釋七，古七字作「□」，無作「□」者，此九字，非七也。

⊙ 「□」釋申，其文象兩手奉杵形，與小篆之「□」同，非申也。

(4) 附錄中確然可識當改入正編者：

⊙ 附錄中諸字，有確可辨識者，如「□」即農，諆田鼎作「□」，「史農觶」作「□」，均从田，晨而趨田曰農，會意字也。

⊙ 「□」象人逆入形，乃逆字。

⊙ 「□」从龍，从耳，乃聾字。

⊙ 「□」从屰，从欠，乃欮字。

⊙ 「□」即禹字，與小篆不殊，中丞乃誤以爲古肸字。

⊙ 「□」舊釋穌，案即蘇字，古己姓之國，古金文皆作穌，从木不從禾。近出土有蘇公之孫鼎，字作蘇，雖加艸，亦从木，可證□即蘇字。

⊙ 「□」即尞，象木下有火，□爲火燄狀，殷虛文字作「□」、「□」，正與此同。

⊙ 「□」注疑古利字，不从刀，考許書利之古文正作□，與此同。

⊙ 𡜏注从四，从攴，《說文》無此字。考从四即目，下从攴，乃許書部首之𡜏。

⊙ 「□」上象人形，與□同，下□象尾形，即尾字，許君所謂：「古人或飾系尾，西南夷亦然者」是也。

⊙ 「□、□」注疑古聯字，考其文从弓从耳，乃弭字，非聯也。

⊙ 「□」注象三玉相連形、□注疑古聯字，考□即玉字，《說文》玉象三玉之連，——其貫也，非別有三玉相連之□字。

⊙ 「𢎤」即「弘吉」二字合文，殷盧文字亦有之，作「𢎤」、「𢎤」，正與此同。

（5）說解錯誤當更正者：

⊙ 又有說解之誤。如：說「奚」爲象人戴寠數形，奚隸之役也。考奚於文作「奚」，象手牽索以係人，蓋奚爲俘奴，殷盧文字作「奚」、「奚」，古俘奴殆男女並有之，故或從女，𢇁象索，非象戴物也。

⊙ 「德」注從彳、從㥁、從心。「㥁」古相字，相心爲德。「㞢」、「㞢」注古相字，從㥁，十目所視也。案相從目、從木，許書引《易》曰：「地可觀者，莫可觀於木」，以釋從木之義，故殷盧文字作「相」，與篆文同，亦作「㞢」。古金文從屮，屮乃木之省，如杞字殷盧文字作「𣏞」，亦作「𣏞」，其證也，與十之作「十」不同。德從㥁，無從㞢者，不可混合爲一也。

⊙ 「匽」、「匽」注象燕處巢見其首，小篆從日女，形相近而古義亡，考此文正是從日從女，乃匽安之匽。古人日入而處內，乃強指從日爲象燕首形，近乎嚮壁之談。〔註10〕

19. 在〈古文間存於今隸說〉中，檢得古文存於今隸者五十四字〔註11〕：

（1）今隸合於古文者：
計有「皇、牢、哉、周、格、趄、逆、邊、遣、衛、對、啓、魯、集、于、膚、既、射、明、克、穋、南、宮、呂、寶、方、匍、兒、涉、原、漁、戎、凡」等33字。

（2）今隸或體合於古文者：
計有「福、曾、德、博、夐、分、會、高、邦、鍾（鐘）、實、龍、野」等13字。

（3）今隸中存有古文者：
計有「盉、昶、朝、愈、猷、妥、銘」等七字。

（4）今隸合於古文或體者：
計有「上、下」2字。

〔註10〕〈古文間存於今隸說〉見《羅雪堂先生全集》續編・冊一，頁53至57。

〔註11〕見《羅雪堂先生全集》初編・冊七，頁2891至2902。本文非唯創立藉今隸可證甲骨、金文的論點，並足據以考正《說文》所載秦篆的形譌；補《說文》所闕收的字。

羅振玉金文學著述所見頁次索引

參考書目

壹　圖書著作類

1. 錢坫撰，《十六長樂堂古器款識》，（嘉慶元年自刻本）。
2. 羅福頤撰，《三代秦漢金文著錄表》，（藝文印書館）。
3. 馬衡撰，《凡將齋金石叢稿》，（明文書局）。
4. 陳光憲撰，《王國維學術》，（帕米爾書店）。
5. 葉嘉瑩撰，《王國維學術及其文學批評》，（源流出版社）。
6. 王德毅撰，《王觀堂先生年譜》，（台灣商務印書館）。
7. 胡樸安撰，《中國文字學史》，（台灣商務印書館）。
8. 衛聚賢撰，《中國考古學史》，（台灣商務印書館）。
9. 梁啟超撰，《中國歷史研究法》，（台灣商務印書館）。
10. 王懿榮撰，《天壤閣筆記》，（王文敏公遺集）。
11. 紀昀撰，《四庫全書總目提要》，（漢京文化事業）。
12. 唐蘭撰，《古文字學導論》，（洪氏出版社）。
13. 趙英山撰，《古青銅器銘文研究》，（台灣商務印書館）。
14. 劉紹唐撰，《民國人物小傳》，（傳記文學叢刊）。
15. 趙萬里撰，《民國王靜安先生國維年譜》，（台灣商務印書館）。
16. 李孝定撰，《甲骨文字集釋》，（中研院史語所專刊）。
17. 董作賓撰，《甲骨學六十年》，（藝文印書館）。
18. 邵子風等撰，《甲骨學論著提要目錄三種》，（華世出版社）。
19. 司馬遷撰，《史記》，（藝文印書館）。
20. 羅振玉等撰，《考古學論集》，（香港中山圖書公司）。
21. 呂大臨撰，《考古圖》，（黃晟亦政堂刻本）。

22. 王永誠撰，《先秦彝銘著錄考辨》，（師大國研所博士論文）。

23. 梁詩正等編撰，《西清古鑑》，（內府刻本）。

24. 容庚撰，《西清金文眞僞存佚表》，（燕京學報第五期單行本）。

25. 孫詒讓撰，《名原》，（光緒三十一年自刻本）。

26. 陳俊成撰，《宋代金石著述考》，（政大中研所碩士論文）。

27. 容媛撰，《金石書錄目及補編》，（台灣大通書局）。

28. 朱劍心撰，《金石學》，（台灣商務印書館）。

29. 李遇孫撰，《金石學錄》，（台灣商務印書館）。

30. 胡自逢撰，《金文釋例》，（文史哲出版社）。

31. 容庚撰，《金文編、續編》，（洪氏出版社）。

32. 趙明誠撰，《金石錄》，（順治四年刻本）。

33. 王讚源撰，《周金文釋例》，（文史哲出版社）。

34. 黃公渚撰，《周秦金石文選評註》，（台灣商務印書館）。

35. 鄭玄注、賈公彥疏，《周禮注疏》，（藝文印書館）。

36. 孔安國傳、孔穎達等正義，《尚書正義》，（藝文印書館）。

37. 屈萬里撰，《尚書釋義》，（中華文化出版事業社）。

38. 蔣復璁等撰，《故宮文物》，（台灣商務印書館）。

39. 容庚、張維持撰，《殷周青銅器通論》，（科學出版社）。

40. 容庚撰，《商周彝器通考》，（哈佛燕京社）。

41. 譚旦同撰，《商周銅器》，（國立歷史博物館歷史文物叢刊第一輯）。

42. 王國維撰，《國朝金文著錄表》，（藝文印書館）。

43. 張掄撰，《紹興內府古器評》，（津逮秘書本）。

44. 端方撰，《陶齋吉金錄》，（宣統元年刊印本）。

45. 陳介祺撰，《陳簠齋文筆記附手札》，（滂喜齋叢書本）。

46. 傅斯年撰，《傅斯年全集》，（聯經出版事業事業公司）。

47. 歐陽脩撰，《集古錄跋尾》，（歐陽文忠公全集本）。

48. 歐陽棐撰，《集古目錄》，（歐陽文忠公全集本）。

49. 王厚之撰，《復齋鐘鼎款識》，（阮刻本）。

50. 魏徵等撰，《隋書》，（鼎文書局）。

51. 溥儀撰，《溥儀自傳》，（金川出版社）。

52. 鄭玄箋，《毛詩鄭箋》，（新興書局）。

53. 《寧壽鑑古》，（涵芬樓石印本）。

54. 吳大澂撰，《說文古籀補》，（台灣商務印書館）。

55. 段玉裁注，《說文解字注》，（漢京文化事業）。

56. 李師國英撰，《說文類釋》，（南嶽出版社）。

57. 李孝定撰，《漢字史話》，（聯經出版事業）。

58. 班固撰，《漢書》，（藝文印書館）。

59. 鄭玄注、賈公彥疏，《儀禮注疏》，（藝文印書館）。

60. 福開森撰，《歷代著錄吉金目》，（台灣商務印書館）。

61. 薛尚功撰，《歷代鐘鼎款識法帖》，（于氏影本）。

62. 阮元撰，《積古齋鐘鼎彝器款識》，（藝文印書館）。

63. 鄭玄注、孔穎達等正義，《禮記正義》，（藝文印書館）。

64. 吳式芬撰，《攗古錄金文》，（樂天出版社）。

65. 王俅撰，《嘯堂集古錄》，（醉經堂刻本）。

66. 潘祖蔭撰，《攀古樓彝器款識》，（同治十一年刻本）。

67. 羅振玉撰，《羅雪堂先生全集一編》，（文華出版社）。

68. 羅振玉撰，《羅雪堂先生全集二編》，（文華出版社）。

69. 羅振玉撰，《羅雪堂先生全集三編》，（文華出版社）。

70. 羅振玉撰，《羅雪堂先生全集四編》，（台灣大通書局）。

71. 羅振玉撰，《羅雪堂先生全集五編》，（台灣大通書局）。

72. 羅振玉撰，《羅雪堂先生全集六編》，（台灣大通書局）。

73. 羅振玉撰，《羅雪堂先生全集七編》，（台灣大通書局）。

74. 王辰編，《續殷文存》，（臺聯國風）。

75. 王國維撰，《觀堂集林》，（烏程蔣氏本）。

貳 期刊論文類

1. 周法高，《三十年來的殷商金文研究》，（大陸雜誌六十卷六期）。

2. 陳竸明撰，《三十五年來的考古學》，（北平燕大考古學社社刊三期）。

3. 柯昌泗撰，《弔上虞羅先生》，（中和月刊一卷八期）。

4. 王德毅撰，《王國維先生事略》，（圖書館學報八期）。

5. 容庚撰，《王國維先生考古學上之貢獻》，（燕京學報二期）。

6. 吳其昌撰，《王觀堂先生學術》，（國學論叢一卷三期）。

7. 屈萬里撰，《甲骨文的發現傳播及其對學術的貢獻》，（中華文化復興月刊二卷十一期）。

8. 那志良撰，《古器物研究與教學的新方向》，（國立歷史博物館館刊十二卷）。

9. 商承祚撰，《古器彝器偽字研究》，（金陵學報三卷二期）。

10. 《考古學社社員著作及印書介紹》，（北平燕大考古學社社刊二期）。

11. 《考古學社社員出版書籍介紹》，（北平燕大考古學社社刊三期）。

12. 王國維撰，《宋代之金石學》，（國學論叢一卷三號）。

13. 楊殿珣、容庚撰，《宋代金石書考目》，（北平燕大考古學社社刊四期）。

14. 楊殿珣、容庚撰，《宋代金石佚書目》，（北平燕大考古學社社刊四期）。

15. 羅振玉撰，羅福頤節錄，《松翁自敘》，（北平燕大考古學社社刊三期）。

16. 鮑垂恩撰，《金文在歷史上的價值及其分類之商榷》，（新天地雜誌六卷五期）。

17. 姚名達撰，《哀餘斷憶》，（國學月報王靜安先生紀念號）。

18. 容媛撰，《書評》，（燕京學報三十一期）。

19. 王永誠撰，《清代著錄彝器研究》，（明志工專學報十二期）。

20. 唐蘭撰，《理想中之商周古器物著錄表》，（北平燕大考古學社社刊一期）。

21. 容庚撰，《悼羅振玉先生》，（燕京學報二十八期）。

22. 顧頡剛撰，《悼王靜安先生》，（文學周報五卷一、二期）。

23. 徐中舒撰，《靜安先生與古文字學》，（文學周報五卷一、二期）。

24. 孔德成撰，《圖書以外的我國古史資料之一——金文》，（中國圖書館學會會報二十五期）。

25. 田倩君撰，《論金文在學術上之重要》，（人文學報七期）。

26. 徐中舒撰，《論古銅器之鑑別》，（北平燕大考古學社社刊四期）。

27. 莫榮宗撰，《羅雪堂先生年譜》，（大陸雜誌二十六卷五至八期）。

28. 莫榮宗撰，《羅雪堂先生著述年表》，（大陸雜誌二十五卷二、三期）。

29. 莫榮宗撰，《羅雪堂先生校刊群書總目》，（大陸雜誌二十八卷二期）。

30. 董作賓撰，《羅雪堂先生傳略》，（大陸雜誌二十四卷四期）。